北大历史课

经典课程编委会 编著

北京联合出版公司
Beijing United Publishing Co.,Ltd.

图书在版编目（CIP）数据

北大历史课 / 经典课程编委会编著 .—北京：北京联合出版公司，2013.12（2025.4 重印）

ISBN 978-7-5502-2032-4

Ⅰ . ①北… Ⅱ . ①经… Ⅲ . ①世界史—通俗读物 Ⅳ . ① K109

中国版本图书馆 CIP 数据核字 (2013) 第 239924 号

北大历史课

作　　者：经典课程编委会
出 品 人：赵红仕
责任编辑：昝亚会　徐秀琴
封面设计：孙丽莉

北京联合出版公司出版
（北京市西城区德外大街83号楼9层 100088）
北京新华先锋出版科技有限公司发行
三河市中晟雅豪印务有限公司印刷　新华书店经销
字数219千字　787毫米×1092毫米　1/16　22印张
2014年2月第1版　2025年4月第15次印刷
ISBN 978-7-5502-2032-4

定价：39.80元

中国历史研究法

钱　穆

　　近人治学，都知注重材料与方法。但做学问，当知先应有一番意义。意义不同，则所采用之材料与其运用材料之方法，亦将随而不同。即如历史，材料无穷，若使治史者没有先决定一番意义，专一注重在方法上，专用一套方法来驾驭此无穷之材料，将使历史研究漫无止境，而亦更无意义可言。黄茅白苇，一望皆是，虽是材料不同，而实使人不免有陈陈相因之感。

　　……

　　让我首先问为何要研究中国史？简单回答："中国人当知道些中国史。"这是一项极普通极基本的道理，我们应当承认。每一个国家的公民都应该知道些关于他们自己本国的历史，中国人应该知道些中国史。中国史讲的中国人之本原和来历，我们知道了中国史，才算知道了中国人，知道了中国人之真实性与可能性，特异性与优良性。我们也可说，知道了中国史才算知道了我们各自的自己。譬如我们认识一位朋友，总不能单在他的高矮肥瘦上去认识，当然该知道一些他以往的历史，如他的姓名、籍贯、学历、性情、才干等，我们才算是知道认识了此朋友。我们是中国人，只有在中国史里来认识我们自己。不仅要认识我们的以往，并要认识我们的将来。若非研究历史，即无从得此认识。

历史有其特殊性、变异性与传统性。研究历史首先要注意的便是其特殊性。我们以往的传统，与其他民族有变有异，有自己的特殊性。没有特殊性，就不成为历史。如果世界上一切国家民族，都没有其相互间的个别特殊性，只是混同一色，那就只需要，亦只可能，有一部人类史或世界史便概括尽了。更不须，也不能，再有各国国别史之分。

其次，历史必然有其变异性。历史常在变动中进展。没有变，不成为历史。我们读小说，常见说："有事话长，无事话短。"所谓有事即是有变，无变就不见有事。年年月月，大家都是千篇一律过日子，没有什么变动，此等日常人生便写不进历史。历史之必具变异性，正如其必具特殊性。我们再把此二者，即特殊性和变异性加在一起，就成为历史之传统性。我们研究历史，首先就当知道历史的三种特性。

现在再讲中国史和西洋史有何不同。据我个人意见，至少西洋史是可分割的，可以把历史上每一个时期划断。如希腊史和罗马史，两者间就显可划分。以下是他们的中古时期，这又是一个全新的时期，与以前不同。此下则是他们的近代史，现代国家兴起，又是另一段落了。如此划分开来，各有起讫。而中国史则是先后相承不可分割的，五千年一贯下来，永远是一部中国史，通体是一部中国史。战国以后有秦汉，决不能和西方之希腊以后有罗马相比。这显然见得双方历史互有不同，此即是我上面所指述的历史之特殊性。但此处当注意者，我们只可说，西洋史可分割，中国史不可分割，却不能说中国历史没有变动性。我们只能说，西方历史的变动比较显而在外，使人易见；中国历史的变动，却隐而在内，使人不易觉察。我常说，西洋历史如一本剧，中国历史像一首诗。诗之衔接，一句句地连续下去，中间并非没有变，但一首诗总是浑涵一气，和戏剧有不同。

……

西洋史总分上古、中古和近代三时期。上古史指的是希腊和罗马时期，中古史指的是封建时期，近代史指的是现代国家兴起以后。但中国人讲历史常据朝代分，称之为断代史。如先秦史、魏晋南北朝史、隋

4

唐史、宋辽金史、元史、明史、清史等。因此有人说中国史只是一部帝王家谱，乃用王朝兴亡来划分时代，李家做了皇帝就名唐史，朱家做了皇帝就称明史。此说实甚不然。一个统一王朝之兴起，其政府规模可以维持数百年之久，在这一时期中变动比较少。突然这一王朝崩溃了，另一新王朝起而代之，当然在这两朝代之间历史会起大变动，所以用断代史来划分时期，就中国历史言，可以说是一种自然划分，并无很大不妥之处。

若我们非要比照西洋史分法，则中国的上古史当断在战国末年。秦以下，郡县政治大一统局面开始，便该是中国的中古史了。但这与西方的中古时期不同。大体说来，西方中古时期是一段黑暗时期，而中国汉唐时代，政治社会各方面甚多进步。不仅不比我们的上古史逊色，又且有许多处驾而上之。我们也可将秦代起至清末止，两千年来一气相承，称之为中国历史之中古期，不当在中间再加划分。若定要划分，亦可分做两期。五代以前为一期，我们不妨称五代以前为中国的中古史，这一段历史，因离我们比较远，由我们现代人读来，有许多事情也比较难了解难明白。宋以下的历史，和我们时代相接近，读来较易了解易明白。我们也可说，中国的近代史，自宋代即开始了。

如此说来，可以说中国史常比西方史走先了一步。秦代已是中国的中古时期，宋代已是中国的近代时期了。如此便发生了一问题，即中国史为何似比西方历史先进，这是否可称为中国历史之早熟？但现代史上的中国，却比西方落后，其原因又何在呢？历史本不是齐轨并进的，把一部中国史比起西方史来，何以忽然在前，又忽然在后？近代西方何以如此突飞猛进，近代中国何以如此滞迟不前？这里面便见出有问题，值得我们去研究与解答。

中国历史

◎ 三国、魏晋南北朝时期

◎ 隋、唐、宋时期

◎ 元、明、清时期

世界历史

◎ 古代文明

◎ 希腊、罗马时期

◎ 中世纪

◎ 文艺复兴时期

◎ 资产阶级革命时期

◎ 工业革命时期

◎ 两次世界大战

◎ 战后新世界

中国历史

先秦时期

> 至晚到了周代，楚文化或南方文化已经达到了相当高的水平，同域外的文化交流也已经有了一些。在这些方面，至少可以同北方文化并驾齐驱。
>
> ——季羡林 曾任北京大学教授、系主任、副校长

盘古开天辟地

盘古是中国古代传说中开天辟地的神，他殚精竭虑，以自己的生命演化出生机勃勃的大千世界，给后人留下无穷无尽的宝藏，是中华民族崇拜的英雄。

据民间神话传说，盘古出生在一团黑暗中，他不能忍受黑暗，于是用神斧劈向四方，一股清新的气体散发开来，飘飘扬扬升到高处，变成天空；另外一些混浊的东西缓缓下沉，变成大地。从此，混沌不分的宇宙变成天和地两部分，不再是漆黑一片。为了防止天和地重新合并，他不断地施展法术。每当盘古的身体长高一尺，天空就随之增高一尺，经过一万八千多年的努力，盘古变成一位顶天立地的巨人，而天空也升得高不可及，大地也变得厚实无比。

盘古临死前，他嘴里呼出的气变成了春风和天空的云雾；声音变成了天空的雷霆；盘古的左眼变成太阳，照耀大地；右眼变成皎洁的月亮，给

夜晚带来光明；千万缕头发变成颗颗星星，点缀在美丽的夜空；鲜血变成江河湖海，奔腾不息；肌肉变成千里沃野，供万物生存；骨骼变成树木花草，供人们欣赏；筋脉变成了道路；牙齿变成石头和金属，供人们使用；精髓变成明亮的珍珠，供人们收藏；汗水变成雨露，滋润禾苗。盘古倒下时，他的头化作了东岳泰山，他的脚化作了西岳华山，他的左臂化作南岳衡山，他的右臂化作北岳恒山，他的腹部化作了中岳嵩山。传说盘古的精灵魂魄也在他死后变成了人类，所以才会有"人类是万物之灵"的说法。

盘古是自然大道的化身，在开天辟地的传说中蕴涵了极为丰富而深刻的文化、科学和哲学等内涵，是研究宇宙起源、创世说和人类起源的重要线索。而他的"鞠躬尽瘁，死而后已"的献身精神，更是人类精神的至高境界。

❦ 燧人氏钻木取火

从原始人群到氏族公社初期人类生活是怎样进化的，我国古代有许多传说。传说中往往把成就归于个别的大人物。

原始人的工具简陋，周围又有许多猛兽，随时随地会遭到它们的伤害。后来，他们看到鸟儿在树上做窝，野兽爬不上去，不能伤害它们。原始人就学着鸟儿，在树上做起窝来，也就是在树上造一座小屋。后来的人把这叫作"构木为巢"。传授这种方法的人，被人们称作"有巢氏"。

最早的原始人，也不知道利用火，采摘来的植物果实和捕捉到的野兽都是生吃的。后来，才发明了用火（在周口店的北京人遗址上，已发现用火的痕迹，说明那时候我国的先民已经知道利用火）。火的现象，自然界早就有了，火山爆发、打雷闪电的时候，树林里也会起火。可是原始人开始看到火，不会利用，反而怕得要命。后来偶尔捡到被火烧死的野兽，拿来一尝，味道挺香。经过多次的试验，人们渐渐学会用火烧东西吃，并且想办法把火种保存下来，使它常年不灭。又过了相当长的时期，人们把坚硬而尖锐的木头，在另一块硬木头上使劲地钻，钻出火星来；也有的把燧石敲敲打打，敲出火星来。这样人们就明白了人工也能取火（从考古材料发现，山顶洞人已经懂得人工取火）。从那时候起，人们就随时可以吃到烧熟的东西，而且食物的品种也增加了。人们把教授他们人工取火方法的人称为"燧人氏"。据说，燧人氏还教人捕鱼。原来像鱼、鳖、蚌、蛤一类东西，生的有腥臊味不好吃，有了取火办法，就可以烧熟来吃了。这样，人们的身体素质就有了极大的提高。

不知过了多长的时间，人们开始用绳子结网，用网去打猎，还发明了弓箭。这样，平地上的走兽、天空的飞鸟、水里的游鱼，都可以射杀、捕捉起来供人类食用。捕来的鸟兽，多半是活的，一时吃不完，还可以留到下次吃，这样，人们又学会了饲养。这种结网、打猎、养牲口的经验，都是人们在劳动中共同积累起来的。

这种渔猎的时期又不知经过了多少年，人类的文明越来越进步。开始，人们偶尔把一些野生谷子撒在地上，到了第二年，发现地面上长出苗来，一到秋天，又结出了更多的谷子。于是，人们就大量栽种起来。他们用木头制造一种耕地的农具，叫作耒耜。他们用耒耜耕地，种植五谷，收获的作物就更多了。后来传说中把这些种植庄稼的人说成一个人，名叫"神农氏"。传说中的神农氏还亲自尝过各种野草野果的味儿，有甜的，也有苦的，甚至碰到有毒的。他不但发现了许多可以吃的食物，还发现了许多可以医治人们疾病的药材。

从有巢氏到神农氏，这些传说中的大人物实际上是不存在的。从钻木取火，一直到渔猎、畜牧，发展农业，反映出原始文明的发展进程。

涿鹿之战

涿鹿之战，指的是距今约 4600 年前，黄帝部族联合炎帝部族，与东夷集团中的蚩尤部族在今河北省涿县一带所进行的一场大战。这是远古时代一次很大规模的战争。

传说约四五千年前中国母系氏族社会时期，兴起于今关中平原、山西西南部的黄帝族与炎帝族经过融合，沿着黄河南北岸向今华北大平原西部地带发展。而兴起于今冀、鲁、豫交界地区的蚩尤九黎族，则由东向西发展。两大部落为争夺宜于牧猎和浅耕的地带，展开长期的争夺战。

据说蚩尤族善于制作兵器，其铜制兵器精良，且部众勇猛彪悍，生性善战，进入华北地区后，与炎帝部族发生了正面冲突。蚩尤族联合巨人夸父部族和三苗一部，用武力击败炎帝族。炎帝族为了维持生存，向黄帝族求援。黄帝征集各部落兵众，与蚩尤大战于涿鹿（今河北涿鹿东南）。

黄帝族率领以熊、罴、狼、豹、雕、鹖等为图腾的氏族，数战不胜。后来，黄帝命应龙布水阵阻挡蚩尤，但被效忠于蚩尤的风伯雨师所破。蚩尤率领所属七十二氏族（或说八十一氏族）利用浓雾天气围困黄帝族。黄帝请旱神女魃作法，天气骤然放晴，旱热难当，使习惯东南方阴雨气候的蚩尤无法忍受，败阵南逃，结果在冀州之野被擒杀。

远古时代的这场战争，结束了部落时代的历史，各部落的人都愿归顺轩辕，一致拥戴他为盟主。从这时起，世界上第一个中央有共主的国家建立起来了。中华民族开始形成了，从此以后，人们都尊称黄帝为中华民族的始祖。

涿鹿之战是我国历史上见于记载的最早的"战争"，对于古代华夏族由野蛮时代向文明时代的转变产生过重大的影响。

尧舜禅让

尧，中国古代传说的圣王，姓尹祁，号放勋。因封于唐（今河北境内），故称"唐尧"，《尚书》和《史记》都说他名叫放勋。后代又传说他号陶唐，姓伊祁，因此称为唐尧。尧当上部落联盟的首领，和大家一样住茅草屋，吃糙米饭，煮野菜做汤，夏天披件粗麻衣，冬天只加块鹿皮御寒，衣服、鞋子不到破烂不堪绝不更换。老百姓拥护他，如爱"父母日月"一般。

舜名重华，又称虞舜，建国号有虞。按先秦时代以国名作为姓氏的习惯，被称为有虞氏帝舜。传说他是颛顼的七世孙，距黄帝九世，生于诸冯（在今山东省境内），家世非常寒微。

尧在位七十年，有德政，常征求四岳的意见，而且设立谤木，让平民可以发表意见，创立多个政权组织，要求荐举贤人，加以任用。传说尧还发明了围棋。尧晚年的时候，想找一个贤能的接班人，人们一致推举舜。尧听说舜很贤德，还把自己的两个女儿娥皇和女英嫁给他。经过一番考察后，尧把部落联盟首领的全部职权让给了舜。这就是历史上的"尧舜禅让"。如果用四个字来概括禅让制度的话，就是：能者居之。

舜接位后，亲自耕田、打鱼、制陶，深受大家爱戴。他通过部落联盟会议，让八元管土地，八恺管教化，契管民事，伯益管山林川泽，伯夷管祭祀，皋陶作刑，完善了社会管理制度。他也仿照尧的样子召开继位人选会议，经过民主讨论，大家推举禹来做继承人。舜到晚年身体不好，依旧到南方各地去巡视，竟病死在去往苍梧（今湖南境内）的途中。舜死后，禹做了部落联盟的首领。

〰 大禹治水

禹又名文命，字高密，相传生在西羌（今甘肃、宁夏、内蒙古自治区南部一带），后随父迁徙于崇（今河南登封附近），父亲是鲧（gǔn），尧时被封为夏伯，故又称夏禹或伯，是中国第一个王朝——夏朝的建立者，同时也是奴隶社会的创建者。

尧在位的时候，黄河流域发生了很大的水灾，尧就让禹的父亲鲧去治水。舜接替尧当部落联盟首领以后，亲自到治水的地方去考察。他发现鲧办事不力，就把鲧杀了，又让鲧的儿子禹去治水。禹改变了他父亲用堤坝挡水的做法，而是通过开渠排水、疏通河道，把洪水引到大海中去。当时禹新婚不久，为了治水，他四处奔波，三次经过自己的家门，都没有进去，因此留下了"三过家门而不入"的典故。经过十三年的努力，他终于取得了成功。

在治理水患的同时，大禹还积极指导人们恢复和发展农业生产，大兴水上运输，重建家园。史书记载，洪水退去后，一块块平原露出水面，他带领人们在田间修起条条沟渠，引水灌溉，种植粟、黍、豆、麻等农作物，还让人们在地势低洼的地方种植水稻。大禹为当时农业的发展做出了突出的贡献。难怪孔子对禹毫不吝啬自己的赞美之词："禹，吾无间然矣。菲饮食而致孝乎鬼神，恶衣服而致美乎黻冕，卑宫室而尽力乎沟洫；禹，吾无间然矣。"孔子认为禹王的功德是无可非议的：禹自己饮食菲薄，然而祭祀的祭品却非常丰富，这是至孝；平常他只穿粗恶的衣服，然而朝衣则讲究华美，这是恭敬群臣；他不注重自己的宫室，所以宫室很简陋，却尽力来为农民修建沟渠，以利农田，这是厚爱百姓。孔子说了这些事实以后，再次夸赞"禹，吾无间然矣"。

公元前2070年，舜正式把天子位禅让给禹。禹以安邑（今山西夏县）为都城，国号夏，分封丹朱于唐，分封商均于虞，改定历日称为夏历，又收取天下的铜，铸成了九鼎，作为天下共主的象征。由于禹在治水中的功绩，提高了部落联盟首领的威信和权力。传说禹年老的时候，曾经到东方视察，并且在会稽山（在今浙江绍兴一带）召集许多部落的首领。去朝见禹的人手里都拿着玉帛，仪式十分隆重。有一个叫作防风氏的部落首领缺席，禹认为怠慢了他的命令，把防风氏斩首。这说明，那时候的禹已经从部落联盟首领变成名副其实的国王了。禹死后，他的儿子启即位，打破了禅让制度，开创了子继父位的世袭王朝制度。

父传子，家天下

夏朝（约公元前2146～前1675年），始于大禹，终于桀，共有十七位统治者，是我国历史上第一个朝代，也是我国第一个奴隶制朝代。大禹是我国历史上"相揖逊"禅让制度的最后一位受益人，史书上记载，与大禹一起治水的皋陶之子伯益功勋卓著，理应是禹的继承人，但禹死后人们爱屋及乌，拥戴了禹的儿子启继承了王位，开始了"家天下"的历史。

夏王朝建立以后，夏王朝内部的贵族有扈氏反对夏启即位，启动用军队镇压了有扈氏的叛乱，才巩固了夏王朝的统治。夏启在位十年后去世，其子太康继立。太康治国无方，追求奢侈淫乐的生活，由此发生太康兄弟五人争夺王位的斗争，在太康的孙子相统治期间，东夷的后羿趁夏朝内部王权之争夺取了统治权，夏朝自此中断了四十年。相的儿子少康逃到有虞氏，得到有虞氏的帮助，组织夏的旧部，夺回了政权，才恢复了夏王朝的统治。这就是夏代历史上的"太康失国""后羿代夏"和"少康中兴"。少康死后，其子予即位。予重视发展武装和制造兵甲，形成了夏代中兴的局面。夏王朝经过较长一段时间的中兴稳定后，到孔甲时，夏王室内政不修，外患不断，阶级矛盾日趋尖锐，逐渐走向崩溃。

夏桀即位后不思进取，骄奢淫逸，挥霍无度，日夜饮酒作乐，置百姓的困苦于不顾。一些正直的大臣向他进谏，他却厚颜无耻地将自己比作太阳。百姓得知后，纷纷指着太阳咒骂夏桀。而这时，黄河下游的商部落在其首领成汤的领导下兴盛起来。成汤以讨伐暴君夏桀为名，发动了灭夏的战争；夏桀兵败，死于南巢（今安徽寿县），夏朝宣告灭亡。一个强大的国家经历了四百余年历史，却为一个小国所灭，不能不引起人们的震惊与思考，所以后来出现了"殷鉴不远，在夏后之世"的告诫。

夏朝距今大约有四千年的历史，由于年代久远，加之至今我们仍未发现任何原始的文献与文字记载，所以历史上是否有夏代存在，曾被许多人怀疑。近年来，通过对夏都遗址的考古工作及"夏商周断代工程"的研究，使我们对夏代的政治、经济及文化等方面的发展又有了新的认识。在河南偃师县二里头村发现的二里头文化正是夏朝文化的代表。其中，发现了大量青铜器、陶器及大面积宫殿遗址群。由此看来，夏朝已由石器时代进入了青铜器时代，并且掌握了冶金与铸造技术。与石器时代相比，生产力水平有了很大的提高，农业文明达到很高的程度，传说禹的大臣仪狄开始造酒，夏王少康又发明了秫酒的酿造方法。为了适应农业生产的需要，夏朝人们努力探索出农事季节的规律，现代仍旧流行的称为夏历的农历就是那个时代发明的。此外，畜牧业也有一定发展，马的饲养受到人们的重视。

夏作为上古三代之开始，为华夏文明的发展打下了良好的基础，甚至可以说，没有夏朝就没有此后中华民族三千多年光辉灿烂的文明历史。

❧ 商汤伐夏

传说，商人的祖先是帝喾之子契的后裔，契因辅佐大禹治水有功，被舜封于商地（今黄河下游地区），开始兴起。关于契的出生，有"天命玄鸟，降而生商"的传说。经过五百年的发展，到成汤时，已经成为夏国东方的强大部落。

成汤，名履，又称武汤、大乙、天乙，是商朝的第一代君王，因此后人也称他为商汤。他本是夏朝的方伯，专管征伐之事。夏末，王室内部矛盾日趋尖锐，君王荒淫无道。成汤则在国内布德施惠、轻赋薄敛，使百姓亲附、政令通行。汤看到夏桀的无道，决定推翻夏朝，于是开始实行灭夏的计划。他先灭掉了商附近的一个小国，后经过十一次出征，灭掉了夏王朝的三个重要同盟国，剪其羽翼，之后一举灭夏，历史上称之为"鸣条之战"。鸣条之战是我国军事历史上一篇辉煌的杰作。它是中国古代通过"伐谋""伐交""伐兵""用间"的全面运用，最终达到战争速胜的最早的成功战例，对于后世战争的发展、军事理论的构筑，都有着相当深远的影响。

公元前 1600 年，汤正式建了我国第二个奴隶制国家——商。商汤立国后，吸取夏代灭亡的深刻教训，废除了夏桀时的暴政，采用了"宽以治民"的政策，使商王国内部矛盾比较缓和，政治局面趋于稳定，国力也日益强盛起来。商汤开了以武力夺得天下的先例，打破了天子是不可变的定律，是中国政治史上的第一次改革，史称"商汤革命"。

🌊 伊尹辅政

成汤在位十二年后去世了，死后由外丙即位。自外丙经仲壬至太甲几代执政时间都很短，商朝的大权实际掌握在伊尹的手里。伊尹努力教太甲如何做一个好君王，但是太甲不遵汤规，横行无道，被伊尹流放到桐宫（今山西省万荣县），令其悔过和重新学习汤的法令。三年后，迎回太甲复位。商的统治又呈现出清明气象。伊尹为贯彻商汤的治国方略和商王朝长治久安做出了不懈努力，伊尹因此也获得了"大仁""大义"的美名。太甲死后，传位于其子沃丁，其后历经太庚、小甲、雍己、太戊四代，商朝统治曾一度衰落，直至太戊执政期间，商朝才再度兴盛起来，出现了继成汤之后最好的政治局面，因此商人称太戊为"中宗"。商朝中期，国力衰败，诸侯不朝，各种矛盾交错，危机四伏。盘庚为了挽救王朝的危机，于大约公元前 1300 年不顾当时权贵的反对，强行将都城迁至殷，并进行改革，推行成汤的政治，革除奢侈恶习，使局势得以安定，政治、经济、文化开始迅速发展，史称"盘庚迁殷"。从此，直到商亡的二百七十三年间再未迁都，所以商朝又称作殷商或殷朝。武丁即位后，大力选拔人才，任用傅说、甘盘等贤能志士，征服了周围各方国，大大地扩充了商朝的疆域。这段时间，商朝的政治、经济、文化都有了空前的发展，达到商朝后期的鼎盛时期，史称"武丁中兴"。武丁之后的商朝，开始逐渐走向了衰亡。至帝辛（商纣王）时，商王朝终于走到了崩溃的边缘。帝辛于公元前1075年即位。他天资聪颖，不仅体格魁伟，而且能言善辩，但好酒色、喜淫乐，"以酒为池，悬肉为林"。除此之外，商纣王非常残暴，制定了很多严刑峻法。纣王在危机日益加深时，还大规模地对周边部族用兵，耗费大量的人力、物力，加速了商王朝的灭亡。现在看来，商纣王对历史的贡献也不可忽视。他开拓山东、淮河下游和长江流域，使商朝疆域得以扩展，促进了中原文明的传播。公元前1046年，西方周族在周武王的领导下，在牧野一举击溃商军，从而结束了商王朝的统治。

商王朝在政治、经济以及科学等各方面都比夏代有了长足的进步。从我们考古出土的殷墟遗址来看，商朝已完全脱离了原始部落的生活方式，由游牧而改为定居。农业和畜牧业都有了一定的发展，开始了人工养殖淡水鱼。手工业全部由官府管理，分工细，规模巨，产量大，种类多，工艺水平高，商朝的的青铜冶炼和铸造技术已达到相当高的水平。其中，在安阳发现的"后母戊鼎"是我国迄今为止出土的最大的青铜器。除此之外，商朝人已经发明了原始的瓷器，洁白细腻的白陶颇具水平，造型逼真、刻工精细的玉石器表现了商代玉工的高超技艺。在殷墟中还出土了大量的占卜龟甲，上面的文字是我国已发现的古代文字中时代最早、体系较为完整的，因此称为甲骨文。甲骨文继承了陶文的造字方法，是商朝后期王室用于占卜记事而刻（或写）在龟甲和兽骨上的文字。目前有专门研究甲骨文自身规律的学科"甲骨学"。

在商朝统治的同时代，古埃及王国的统治已进入鼎盛时期，古希腊的迈锡尼文明正在崛起，两河流域的古巴比伦帝国也在崛起。它们和商朝东西辉映，对整个人类文明的发展做出了不可磨灭的贡献。

牧野之战

周族是西方一个古老的民族，灭商之前，生活于渭河流域，其始祖姬弃就是被称为农神的"后稷"。后来经过公刘的贤明统治，周族开始兴旺起来。《史记·周本记》说："周之兴自此始。"公刘下传九世，到古公亶父时，又迁到岐山南边的周原（今陕西岐山县）定居下来，逐渐发展成一个新兴的西部势力。姬昌（周文王）即位后，继承先人后稷、公刘开创的事业，仿效先人制定的法度，实行仁政，敬老爱幼，礼贤下士，治理岐山下的周族部落。他对内奉行德治，大力发展农业生产；对外招贤纳士，对于许多外部落的人才以及从商纣王朝来投奔的贤士，他都以礼相待，予以任用。岐周在他的治理下，国力日渐强大。这引起了商纣王的不安，因崇侯虎向纣王进谗言，周文王被囚在羑里，在囚禁期间他在狱中写了《周易》一书，即司马迁笔下的"盖西伯拘而演《周易》"。被释放后，他拜姜尚为军师，问以军国大计，使"天下三分，其二归周"。就在这大功即将垂成之际，姬昌不幸死去。后来，文王的儿子姬发即位，称周武王，继续文王未竟的事业。

商汤所建立的商王朝，历经初兴、中衰、复振、全盛、渐弱等阶段后，到了商纣王时期，已步入了全面危机的深渊。在纣王的统治下，殷商王朝政治腐败、刑罚酷虐，连年对外用兵，民众负担沉重，痛苦不堪；贵族内部矛盾重重，分崩离析，从而导致整个社会动荡不安。周文王死后，武王做灭商准备，曾率师东观兵于孟津，诸侯不约而至孟津相会助周王八百，这就是有名的"孟津观兵"。武王以时机尚未成熟，率师还周。两年（公元前1046年）后，纣王残暴更甚，武王在姜子牙等人辅佐下率战车三百乘、虎贲三千人、甲士四万五千人，渡孟津伐纣，诸侯会集，其他方国也出兵助周。商纣王也发兵十七万来与武王对抗。两军会战于牧野，商军大败。纣见大势已去，登上鹿台，自焚而死。武王率兵入商都，商朝灭亡。

武王灭商之后，建立了中国历史上历时最长的一个朝代——周朝，开启了奴隶制社会最兴盛的时代。周朝分为西周和东周。西周是从公元前1046年到公元前771年，东周自公元前770年到公元前256年。根据这样的计算方法，周朝共延续约八百年的时间，是我国历史上统治时期最长的朝代。

❧周公辅政

武王死后，年幼的成王即位，由叔叔周公旦摄政当国，成王的兄弟管叔、蔡叔和霍叔等人不服，勾结商纣的儿子武庚和徐、奄等东方夷族反叛。周公旦奉命出师，三年后平叛，并将势力扩展至东海。后建成洛邑，号称东都。相传，周公旦还制礼作乐，建立了周朝的各项典章制度和礼乐制度，确立了以宗法制度为中心的政治体制。西周的统治进一步巩固，形成了"普天之下，莫非王土；率土之滨，莫非王臣"的局面。此后周朝向外扩张长年不断，并对周边的一些国家分封了诸侯国，疆域覆盖了长江、黄河流域和今天的东北、华北的大部分地区。

成王死后，即位的康王继承先王的事业，勤于政事，平易近民，社会更加安定。武王、成王、康王三代，政治清明，是周的黄金时代。但到第四代周昭王时，就出现了危机。周昭王作为天子，竟然在南征楚国的回途中沉水而死。其子周穆王即位后，采取了一系列巩固政权的措施，但是难以改变西周逐渐衰微的大势。之后，经过周共王、周懿王、周孝王、周夷王四代，加上周围少数民族的不断侵扰，王朝陷入长期的战争之中，国力消耗很大。在这种情况下即位的周厉王，不仅不采取安抚民众、发展生产的措施，反而贪财好利，暴虐无道，压制民言，残酷地剥削和压迫奴隶和平民。他任用荣夷公为卿士，实行专制政策，又命令卫巫监谤，禁止国人谈论国事，违者杀戮。对大臣提出的"防民之口，甚于防川"的忠告听而不闻。公元前841年，忍无可忍的国人（平民或庶人）在都城镐京发动武装暴动。周厉王仓皇逃跑，死在外地。宗周无主，朝政由周定公、召穆公共同执掌，史称共和执政。同时这（共和元年）也是我国历史上有确切纪年的开始。

后来，周厉王的儿子宣王即位，整顿朝政，出现了短暂的"中兴"。但到第十二代天子周幽王时，王朝的危机更为严重。幽王在位期间，沉湎酒色，不理国事，各种社会矛盾急剧尖锐化，政局不稳。他还任用贪财好利善于逢迎的虢石父主持朝政，引起国人怨愤。又听信宠妃褒姒的谗言，废掉王后申后及太子，立褒姒为后，立褒姒之子伯服为太子。为博取褒姒的一笑，烽火戏诸侯。公元前771年，犬戎兵临城下，周幽王急忙命令点燃烽火，但是诸侯们之前上当的次数太多，没有派出一兵一卒，周幽王被杀。后来诸侯们拥立幽王的儿子继承王位，是为周平王。平王将国都迁至东都，这就是历史上的"平王东迁"。以这一事件为标志，东周开始。

中国文明在周朝又有了发展。所以孔子说："周监于二代，郁郁乎文哉。"（《论语·八佾》）周人从其始祖时起便非常重视农业，整个西周时期，农业是最重要的生产部门。这一时期出现了少量的青铜农具，农作物种类较商代有所增加，而且人们已经开始重视对土地肥力的保护，采用了休耕制。手工业、商业以及自然科学的发展也得到了促进。青铜业生产进一步扩大，用途也更广，几乎涉及社会生活的各个方面。文字的使用途径也更广泛，除了在甲骨上契刻文字外，还有在铜器上铸刻的铭文，记录了当时社会生活中发生的许多事件。周朝礼仪制度比较健全，有自己的官制、兵制、刑法、地制以及礼制。由于儒家的推崇，周礼对后世的影响很大。

夏、商、周所处的时代是我国的奴隶制社会。以现在的眼光来看，夏、商、周在当时只不过是一个众多小国中的一个，只是它们的实力比较强大，受到其他小国的拥护，担任主持公道的角色。儒家对这三个朝代有着独特的看法。《礼记·礼运》中提到，尧、舜、禹的时代是"大道之行也，天下为公，选贤与能，讲信修睦，故人不独亲其亲，不独子其子，使老有所终，壮有所用，幼有所长，矜寡孤独废疾者，皆有所养"的"大同社会"，而夏、商、周只能算是"大道既隐，天下为家，各亲其亲，各子其子，货力为己"的"小康社会"。这也是我们现在所提倡的"小康社会"最早的系统阐述了。

春秋争霸

东周时期分为春秋（公元前 770～前 476 年）与战国（公元前 475～前 221 年）两个时期。这一时期是中国社会制度的转变时期。

平王东迁以后，一些诸侯国经过长期休养生息发展了起来，而王室的力量却逐步衰微，周天子渐渐失去了对诸侯的控制。诸侯国之间经常为了争夺土地、人口以及对其他诸侯国的支配权，进行兼并战争。在这种情况下，一些实力较强的诸侯就出来充当仲裁者的角色，通过会盟的方式发号施令，这就是所谓的"霸主"。历史上把先后称霸的五个诸侯叫作"春秋五霸"。春秋五霸是指齐桓公、宋襄公、晋文公、秦穆公和楚庄王；另一种说法是齐桓公、晋文公、楚庄王、吴王阖闾、越王勾践。不过以各自的实力来看，宋襄公和吴王阖闾是不能入选"五霸"的。

"春秋"得名于孔子修订的《春秋》，是我国历史上社会经济急剧变化，政治局面错综复杂，军事斗争层出不穷，学术文化异彩纷呈的一个变革时期。这段时期，铁农具较多地使用和牛耕的推广，极大地提高了农业生产力。许多荒地被开垦为良田，耕作技术由粗放转向精耕细作，农业产量大增。私田增加，井田制崩溃，土地关系向私有化发展。春秋时期，青铜器上的雕镂纹饰趋向细致工整、造型轻巧灵便，出现了错金铭文。此外，煮盐、冶铁、漆器等部门也发展起来。

曹刿论战

春秋初期，即位不久的齐桓公，不听主政大夫管仲内修政治、外结与国、待机而动的意见，于公元前684年春发兵攻鲁，企图一举征服鲁国。鲁庄公注意整修内政，取信于民，决心抵抗。深具谋略的鲁国士人曹刿自告奋勇，请随庄公出战。鲁军根据齐强鲁弱的形势，在长勺（今山东莱芜东北，一说曲阜北）迎击齐军。两军列阵毕，鲁庄公欲先发制人，被曹刿劝止。齐军见鲁军按兵不动，便一而再，再而三地发起冲击，均未奏效。齐军疲惫，士气涣散。鲁军阵势稳固，斗志高昂。曹刿见战场形势已呈现"彼竭我盈"的有利变化，建议庄公实施反击。鲁军将士一鼓作气，击溃齐军。庄公急于追击，曹刿恐齐军佯败设伏，即下车察看齐军车辙痕迹，又登车眺望齐军旌旗，发现辙乱旗靡，判明齐军的确败退，才建议乘胜追击，终于将齐军逐出鲁国边境。

曹刿根据齐军来势凶猛、人数占优的实际情况，采取坚守不出、挫其锐气的策略。通过双方勇力的此消彼长，很快就扭转了双方力量对比的优劣关系，结果一举溃敌。取胜之后，曹刿并未盲目追击，因为他深知兵不厌诈之道，唯恐中齐国诱敌伏击的圈套，表明他在极善用计的同时，高度警惕，时刻防备对方运用计谋。曹刿在战争中知己知彼，运筹帷幄，表现出一位军事家的卓绝风采。他谋略得当，正是鲁军战场取胜的关键所在。

这次战争在中国古代战争史中，以后发制人、敌疲再打的防御原则取胜而著称。

管鲍之交

管仲青年时家里很穷，又要奉养母亲。鲍叔牙知道了，就找管仲一起投资做生意。做生意的时候，因为管仲没有钱，所以本钱几乎都是鲍叔牙拿出来的。可是，赚了钱以后，管仲却拿的比鲍叔牙还多。鲍叔牙的仆人看了就说："这个管仲真奇怪，本钱拿的比我们主人少，分钱的时候却拿的比我们主人还多！"鲍叔牙却说："不能这么说！管仲家里穷又要奉养母亲，多拿一点儿没有关系的。"通过一些日常的交往，鲍叔牙逐渐意识到管仲是位难得的贤才。

后来鲍叔牙侍奉齐国的公子小白，管仲侍奉公子纠。后来，齐国的国王去世后，公子诸当上了国王，他每天吃喝玩乐不做事，鲍叔牙预感齐国一定会发生内乱，就带着公子小白逃到莒国，管仲则带着公子纠逃到鲁国。不久之后，公子诸被人杀死，齐国发生内乱，管仲想杀掉小白，让纠能顺利当上国王，可惜管仲在暗算小白的时候，把箭射偏了，小白没死。后来，鲍叔牙和小白比管仲和纠还早回到齐国，小白就当上了齐国的国王，就是齐桓公。小白当上国王以后，决定封鲍叔牙为宰相，鲍叔牙却对小白说："管仲各方面都比我强，应该请他来当宰相才对呀！"小白一听："管仲要杀我，他是我的仇人，你居然叫我请他来当宰相！"鲍叔牙却说："这不能怪他，他是为了帮他的主人纠才这么做的呀！"小白听了鲍叔牙的话，请管仲回来当宰相，而管仲也真的帮小白把齐国治理得很好。

后来，大家在称赞朋友之间有很好的友谊时，就会说他们是"管鲍之交"。

管仲改革

公元前 685 年，齐桓公任用管仲进行改革，一时间齐国国力大增。

政治方面实行国野分治的方法，国都为国，其他地方为野，并划分各级官员的职权范围，属大夫管刑狱，县帅管划分田界，乡帅管一般政事，要求他们兢兢业业，不许荒废政事，不然处以刑罚。每年 1 月，五属大夫要向桓公汇报述职，桓公根据政绩来进行奖惩。军事方面实行军政合一、兵民合一的制度。经济方面采取通过减少税收、增加人口生育水平的措施，从而提高齐国的总体人口数量。在经济方面，对商业特别是盐商加以重税，以补足税收的差异，并实行了粮食"准平"的政策，避免富人抢夺穷人的粮食，进一步限制贫富的差距。这也间接承认了农民自由买卖粮食的权利及自由私田的合法性，并且还保障了私田农的生产利润。

管仲改革的一个重要内容就是"相地而衰征"：把田地按土质好坏、产量多少分为若干等级，按等级高低，征取数量不等的实物税，从而增加了国家的赋税收入，客观上打破了井田的界限，加速了井田制的瓦解，这些实际上都承认了私田的合法性。

管仲改革的本质影响，是废除奴隶制，向封建制过渡。管仲改革成效显著，齐国由此国力大振。对外，管仲提出"尊王攘夷"，联合北方邻国，抵抗山戎族南侵。

齐桓公九合诸侯

最早称霸的是齐桓公。齐是太公吕尚的封国，其历代君主致力于整顿政治，发挥滨海鱼盐的优势，提倡家庭纺织业，发展商业和手工业，使其国力逐渐发展起来。齐桓公，于公元前685年到公元前643年在位。在位期间，他任用管仲改革，选贤任能，加强武备，发展生产，迅速成为当时最富强的国家。然后，就提出了"尊王攘夷"的口号。他助燕败北戎，援救邢、卫，阻止狄族进攻中原；联合中原各国攻楚的盟国蔡，与楚在召陵（今河南郾城东北）会盟；又安定周朝王室内乱，多次会盟诸侯。

公元前655年，周王室内讧，齐桓公联合诸侯保住了太子郑的地位。不久，又拥立太子郑为王，即周襄王。公元前651年，齐桓公召集宋、鲁、郑、许等诸侯在葵丘会盟，周襄王派代表参加，对齐桓公极力表彰。在葵丘之会上，齐桓公代表诸侯各国宣读了共同遵守的盟约。其主要内容是，不准把祸水引向别国；不准因别国灾荒而不卖给粮食；不准更换太子；不准以妾代妻；不准让妇女参与国家大事。这些内容，有些是各国在经济上互相协作的要求，有的是维护宗法统治秩序的需要。条约规定："凡我同盟之人，既盟之后，言归于好。"通过葵丘的盛会，齐桓公终于达到了联合诸侯、称霸中原的目的。这是齐桓公多次召集诸侯会盟中最盛大的一次，标志着齐桓公的霸业达到了顶峰。

公元前651年的葵丘会盟是齐桓公称霸的标志。在齐桓公称霸的过程中，管仲至关重要，正如《史记》中所述："齐桓公以霸，九合诸侯，一匡天下，管仲之谋也。"

晋文公退避三舍

在齐桓公去世晋文公崛起之前，宋襄公以抵制楚人北侵为号召，企图充当中原的霸主。但无论从国力还是从业绩来看，宋襄公都不能够称霸。

齐桓公死后，齐国出现争夺君权的内乱，力量削弱，晋国发展了起来。晋文公重耳，因为他的父亲立幼子为太子，曾被迫流亡国外十九年，后在秦王的援助下于公元前636年回国即位。他在贤臣的辅佐下，实行

"通商宽农""明贤良""赏功劳"等政策，整顿内政，发展农业、手工业，增强军队战斗力，国力大增。因平定周室内乱，接襄王复位，获"尊王"美名。

公元前632年，晋文公为营救遭楚攻打的宋国，出兵讨伐楚的盟国曹、卫。由于晋取得了齐、秦的支持，楚王意欲退兵，但楚将子玉执意与晋决战，于是北进抵抗晋兵。晋文公遵守当年对楚王的承诺，退避三舍（舍：古时行军计程以三十里为一舍），到达城濮（在今山东境内）与楚军对峙。晋军利用楚军的轻敌，歼灭楚军两翼，子玉率中军逃走，晋军大胜。在这场战争中，楚军在实力上占有优势，但是由于晋军善于"伐谋""伐交"，并在战役指导上采取了正确的扬长避短、后发制人的方针，从而击败了不可一世的楚军。

城濮之战确立了晋文公的霸主地位。不久，晋文公会诸侯于践土，周襄王正式册封晋文公为侯伯（诸侯之长，也就是霸主），并赏赐他黑、红两色弓箭，表示允许他有权自由征伐。由此，晋文公成为中原霸主。

晋文公死后，西方的秦国和南方的楚国相继强盛起来。秦国原是地处西隅的小国，因为在周平王东迁的过程中护卫有功，获得了王室的赏赐才逐渐强大起来，在秦穆公时期达到鼎盛。秦穆公于公元前659年即位，非常重视人才，在位期间获得了百里奚、蹇叔、由余、丕豹、公孙支等贤臣的辅佐，击败晋国，俘虏了晋惠公，又协助晋文公回到晋国夺取王位。但在后来的崤（今河南三门峡东南）之战中败给晋军，转而向西发展。在周襄王时期出兵攻打蜀国和其他位于函谷关以西的国家，获得大片土地。因而，周襄王任命他为西方诸侯之伯，于是称霸西戎。

❧ 楚庄公一鸣惊人

楚国原是南方的诸侯小国，春秋初期由于兼并了汉水流域的一些小

21

国而逐渐强盛起来，开始雄心勃勃地争霸中原。楚国在城濮之战后，向东发展，灭了许多小国，势力南达今天的云南，北达黄河，同时，经济文化也有了极大的发展。楚国到了楚庄王时期具备了争霸的实力。

公元前613年，楚成王的孙子楚庄王新即位，做了国君。晋国乘这个机会，把几个一向归附楚国的国家又拉了过去，订立盟约。楚国的大臣们很不服气，都向楚庄王提出要他出兵争霸权。但是楚庄王终日郊游围猎，沉湎声色，并下命："有敢谏者，死无赦！"大夫伍参冒死进谏，逢庄王左抱郑姬，右抱越女，坐钟鼓之间。伍参请猜谜语："有鸟止于阜，三年不飞不鸣，是何鸟也？"庄王答："三年不飞，飞将冲天；三年不鸣，鸣将惊人！"

之后，庄王亲理朝政，先后得到伍参、苏从、孙叔敖、子重等卓有才能的文臣武将的辅佐，在内政方面做了一些改革，赏罚分明，群臣和睦，百姓安居乐业，国力日益强盛，为取得霸业奠定了基础。齐国衰落后，楚国便向北扩张与晋国争霸。公元前598年，楚庄王率军在邲（今河南郑州）与晋军大战，打败晋军。中原各国背晋向楚，楚庄王成为中原霸主。

🌊 吴越争霸

当中原诸侯争霸接近尾声时，地处江浙的吴、越开始发展。公元前506年，吴王阖闾以伍子胥为大将，统兵伐楚，攻进楚都郢。公元前496年，吴王阖闾又挥师南进伐越。越王勾践率兵迎战，阖闾战败，因伤身亡，其子夫差立志报仇，于次年打败越兵。为了保存力量，勾践退兵至会稽山（今浙江绍兴南），用范蠡的计策，向吴称臣乞和。勾践归国后，卧薪尝胆，时时不忘灭吴雪耻。他任用范蠡、文种等人，改革内政，休养生息。后来勾践利用夫差北上争霸、国内空虚之机，一举攻入吴国并杀死了吴太子，夫差返国后只得言和。勾践不断举兵伐吴，吴亡后，勾践又乘船进军北方，宋、郑、鲁、卫等国归附，并迁都琅琊（今山东胶南），与齐、晋诸侯会盟，后经周元王正式承认，成为春秋时期最后一位霸主。此后不久，历史进入战国时期。

连续不断的战争给人民带来巨大的灾难，也引起中小国家的厌倦，加以晋、楚两大国势均力敌，谁都无法吃掉对方。于是由宋发起，于公元前579年和公元前546年，举行了两次弭兵会盟，从此，战争大大减少。

兔死狗烹

春秋末期，吴、越争霸，越国被吴国打败，屈服求和。越王勾践卧薪尝胆，任用大夫文种、范蠡整顿国政，十年生聚，十年教训，使国家转弱为强，终于击败吴国，洗雪国耻。吴王夫差兵败出逃，连续七次向越国求和，文种、范蠡坚持不允。夫差无奈，把一封信系在箭上射入范蠡营中，信上写道："兔子捉光了，捉兔的猎狗没有用处了，就被杀了煮肉吃；敌国灭掉了，为战胜敌人出谋献策的谋臣没有用处了，就被抛弃或铲除。两位大夫为什么不让吴国保存下来，替自己留点余地呢？"文种、范蠡还是拒绝议和，夫差拔剑自刎。

越王勾践灭了吴国，在吴宫欢宴群臣时，发觉范蠡不知去向，第二天在太湖边找到了范蠡的外衣，大家都以为范蠡投湖自杀了。可是过了不久，有人给文种送来一封信，上面写着："飞鸟打尽了，弹弓就被收藏起来；野兔捉光了，猎狗就被杀了煮来吃；敌国灭掉了，谋臣就被废弃或遭害。越王为人，只可和他共患难，不宜与他同安乐。大夫至今不离他而去，不久难免有杀身之祸。"文种此时方知范蠡并未死去，而是隐居了起来。他虽然不尽相信范蠡的这番话，但从此常告病不去上朝，但时间久了还是引起了勾践的疑忌。一天，勾践登门探望文种，临别留下佩剑一把。文种见剑鞘上有"属镂"二字，正是当年吴王夫差逼忠良

23

伍子胥自杀的那把剑。他明白勾践的用意，悔不该不听范蠡的劝告，只得引剑自尽。

❧ 战国风云

公元前 475～前 221 年，是中国的战国时期，经过春秋长期激烈的争霸战争，到战国开始，主要的诸侯国有齐、楚、燕、韩、赵、魏、秦七国，历史上称之为"战国七雄"。

战国早期，比较强大的是晋、齐、楚、越四国。其中晋国经过六卿之间的兼并，公元前 453 年，形成赵、魏、韩"三家分晋"的局面，号称"三晋"。三晋在战国初期最强大，常常联合兵力进攻其他国家。公元前 403 年，周天子正式策命三晋为诸侯。齐国自公元前 481 年，形成"田氏代齐"的局面。但战国初期，齐的实力暂时弱于三晋。楚国虽向东方掠地扩展，但其北上与三晋争夺郑却遭受失败。越国灭吴后曾强盛一时，进入战国后因长期内乱，于公元前 306 年，被楚国灭亡。战国中期，齐、楚、燕、韩、赵、魏、秦七国争雄的格局逐渐形成。

历经 254 年的战国时期，大致可以分为以下几个阶段：

从公元前 475～前 356 年，是魏国最先强盛的时期。在这期间，魏国任用李悝实行变法，从而强大起来。但是，魏国的强大，引起了周围赵、韩等国的不安。他们邀集秦国和齐国介入斗争。公元前 362 年，魏国被秦国打败，丢失了战略要地河西，而且不得不迁都。虽然魏惠王在公元前 344 年称王，但在桂陵之战（公元前 353 年）和马陵之战（公元前 341 年）中两次败给齐国，从此一蹶不振。

从公元前 365～前 241 年，是齐国和秦国东西对峙的时期。这时，东方的齐国与秦实力旗鼓相当，双方在不断兼并周围弱国、扩大势力范围的同时，又进行着所谓"合纵""连横"的外交斗争。以苏秦、张仪为代表的纵横家人物在外交斗争中十分活跃。秦在这一期间基本占据上风，先后制服韩、魏，重创楚国，攻灭巴、蜀。齐因未与秦直接交锋，仍保持东方霸主地位。公元前284年，燕昭王任命乐毅为将，合燕、秦、韩、赵、魏五国攻齐，占领齐国长达五年。公元前279年，齐将田单组织反攻，收复失地。齐虽复国，但元气大伤，从此无力与秦抗衡。公元前241年，最后一次合纵攻秦战争以失败而告终，从此，东方六国联盟不复存在。

从公元前241年开始，秦国以绝对优势向东方六国开展了大规模的兼并战争。秦国采用"远交近攻"的战略，自公元前230～前221年，先后灭韩、赵、魏、楚、燕、齐，完成了"扫六合"的统一大业，形成"海内为郡县，法令由一统"的统一国家。七国争雄的局面结束。

战国时期，商业和交通的发展互相促进，出现了一些著名城市。都江堰、郑国渠、鸿沟等著名的水利工程不仅促进了当时农业的发展，而且造福后世。在文化和思想学术方面，战国时期百家争鸣，辩家鹊起，创造了辉煌的先秦文化，对后世有极大的影响。可以说，春秋战国时期是中华文明发展的黄金时期。

🌀 李悝、吴起变法

战国初期，魏文侯当政期间（公元前445～前396年），任用李悝为相，主持变法。其主要内容为：经济上推行"尽地力"和"善平籴"的政策，鼓励农民精耕细作，增加产量，国家在丰年以平价购买余粮，荒年以平价售出，以平抑粮价，主张同时播种多种粮食作物，以防灾荒；政治上实行法治，废除维护贵族特权的世卿世禄制度，按"食有劳而禄有功"的原则选拔官吏；又制定《法经》，分《盗经》《贼经》《囚经》《捕经》《杂经》《具经》六篇，以加强法制。历史上称这次变法为"李悝变法"。

李悝变法增加了魏国的国力，使之成为战国初期强国之一。变法同时开启了战国大变法运动的序幕，各国纷纷变法强国，最终汇成了一股时代潮流，这是中国古代规模最大、历时最长、成效最显著的一场变法运动。

战国初期，楚国民不聊生、饿殍遍野，楚声王竟至被"盗"所杀。而此时北方三晋正在兴起，国力强大，对楚步步进逼，楚国处于一种十分困窘的境地。在楚国内忧外困之时，中原的政治家吴起从魏国来到楚国。楚悼王素闻吴起贤能，公元前 382 年，楚悼王任命吴起为令尹，主持变法。吴起变法，从打击大贵族入手，旨在富国强兵。变法的内容是消灭世卿世禄制，任用贤能，因此这又是一次打击世袭贵族政治、经济特权的运动。吴起变法打击了楚国大贵族既得的政治经济利益，遭到大贵族的激烈反对。变法因楚悼王和吴起的死而遭遇挫折。

吴起变法虽然失败，但变法却在楚国贵族政治中激起了巨大的波澜。吴起变法所采取的各项措施在楚国的政治生活中留下了深刻的影响。

❧ 商鞅变法

商鞅变法是商鞅于公元前 356 年在秦孝公在位期间以富国强兵为目的实施的改革，对战国末年秦国的崛起发挥了重要的作用。

春秋战国时期是奴隶制崩溃、封建制确立的大变革时期，在这一时期，铁制农具的使用和牛耕的逐步推广，导致奴隶主的土地国有制逐步被封建土地私有制所代替。随着封建经济的发展，新兴地主阶级纷纷要求在政治上进行改革，发展封建经济，建立地主阶级统治。各国纷纷掀起变法运动，如魏国的李悝变法、楚国的吴起变法等。商鞅变法正是在这种背景下发生的。

商鞅对经济的改革是以废除井田制、实行土地私有制为重点。这是战国时期各国中唯一用国家的政治和法令手段在全国范围内改变土地所有制的变革。主要内容如下：废井田、开阡陌，废除奴隶制土地国有制，实行土地私有制；重农抑商、奖励耕织，发展封建经济；统一度量衡。

商鞅对政治的改革是以彻底废除旧的世卿世禄制，建立新的封建专制主义中央集权制为重点。主要内容如下：奖励军功，实行二十等爵制，废除世卿世禄制，鼓励宗室贵族建立军功，以增强军队战斗力；改革户籍制度，实行连坐法，并推行县制；定秦律，"燔诗书而明法令"等。

苏秦合纵

秦国经过变法，国力日益增强。面对不断强大的秦国，六国感到非常恐慌。为了抵抗秦国，有人建议六国采取联合的策略，称为"合纵"。也有人站在秦国的立场上，建议拉拢各国与秦国合作，破坏六国的联合，这种策略称为"连横"。苏秦和张仪是"合纵连横"的主要代表人物。

苏秦，战国时期韩国人，主张联合其他国家对抗强大的秦国，为此他四处游说。他出身农家，素有大志，曾随鬼谷子学习纵横捭阖之术多年。苏秦连横说秦惠王，其主张未被采纳。凭着坚强的毅力终于在燕国打动燕文侯而一举成名，促成了六国之王结盟于洹水。

在燕文公的支持下，苏秦继续去游说赵国。

苏秦来到赵国，对赵肃侯说：现在的局势是，赵国是崤山以东最强的国家，同时也是秦国的心腹之患。秦国之所以没有起兵攻赵，是担心螳螂捕蝉，黄雀在后，背后遭受韩、魏两国的算计。但是秦国攻打韩、魏两国很方便，因没有险要的山川做保护，秦国只要占领一些土地，很快就会威胁到这两国的国都。韩国、魏国不是秦国的对手，就会依附秦国，俯首称臣；到那时秦国没有了后顾之忧，马上就会把矛头指向赵国了。

再让我给您分析一下天下的地图吧！各国的土地面积之和是秦国的

五倍，各国的兵力恐怕是秦国的十倍，如果六国结成同盟，一致向西，抵抗秦国，一定可以攻破它。依我看来，为您自己着想，您不如和韩、魏、齐、楚、燕等友邦联合，共同抵抗秦国。约定各国派出大将、相国在洹水商议大事，各国互换人质，结成同盟，宣誓：不论秦国攻打哪一个盟国，其他五国都要尽心竭力，出兵相助，要么从后方牵制它的行动，要么直接出兵救援。如有一国不遵守盟约，其他五国就合力攻讨它！各国团结一致，对抗秦国。秦国也害怕强敌，就再也不敢派兵出函谷关，觊觎崤山以东各国了。

苏秦的话正合了赵肃侯的心意，他非常高兴，把苏秦当作贵宾，赏赐他许多财物，资助他继续联合其他国家。

于是，苏秦的奔走游说，终于促成了六国的联合。苏秦当仁不让，成为六国联盟的纵约长，兼任六国的国相。他联合成功，向北回赵国复命时，车马随从成群，简直就是一个君王的气势。后来，苏秦与赵秦阳君共谋，发动韩、赵、燕、魏、齐诸国合纵，迫使秦国废帝退地。

张仪连横

张仪，生年不详，卒于公元前 310 年，一说卒于公元前 309 年。魏国贵族后裔，早年和苏秦一起在鬼谷子先生门下求学。完成学业之后，张仪到各诸侯国游说，希望得到重用。

张仪历经千辛万苦来到了秦国，得到了秦惠王的赏识，被任命为秦国的相国。当时，六国正在组织"合纵"，秦国面临危机。六国中，齐国和楚国的实力最强大。张仪认为，如果要破坏六国的"合纵"，必须拆散齐国和楚国的联盟。那时秦惠王想用秦武关以外的地方，换楚国黔中之地，于是派人通知楚怀王。楚怀王嫉恨张仪曾经蒙骗楚国，说："我不想换地，但黔中之地可以给你，我要用张仪交换。"张仪并不害怕，还主动请求秦王同意他出使楚国。张仪刚到楚国就被楚王下到狱中，准备处死。张仪巧妙地利用楚王宠姬郑袖的关系，安全脱险，被赦免后还得到了丰厚的赠礼。

张仪劝说楚王道：秦国强如猛虎，现在各国要联合起来对付秦国，那简直就是把羊赶到一起去进攻猛虎，羊再多，也不会是猛虎的对手。现在大王您不肯向秦国屈服，如果秦国一怒之下，逼迫韩、魏两国联合攻楚，楚国可就岌岌可危了。如果秦国在西部巴、蜀两地，准备战船，征用粮草，沿岷江顺流而下，战船可日行五百里，十天之内就会兵临武关。惊动了武关，人人自危，由此以东的各城都要修护城墙，准备防守，黔中、巫郡就不再受大王您控制了。如果秦国兴师动众攻出武关，那么楚国就会失去北部的屏障，秦兵再南攻楚国，三个月内就能决定楚国的存亡，而各国要来救援，楚国至少要等上半年。无视强秦的威胁，只期盼着那些弱国危难之时来救援，大王您现在的做法很让人担心啊！如果大王能真心诚意听我劝告的话，我可以说服秦国与楚国结为永久的兄弟之邦，绝不互相攻掠。

楚王并不是真心想用黔中之地来交换张仪，于是答应了张仪，退出抗秦联盟。之后，张仪继续到韩国、齐国、赵国游说，并取得了成功。

接下来就到了张仪的最后一站——燕国。他对燕王说："如今赵王想要把河间献给秦国讨好秦王，他现在已经在路上了。大王您再不行动，向秦国示好，秦国就会进军云中、九原，让赵国进攻燕国，您就会失去易水、长城了！况且，现在齐国、赵国就像秦国的附属一样，哪里敢和秦国兵戎相向。如果大王您臣服于秦国，齐国、赵国就威胁不到您了。"燕王赶紧请张仪带上恒山脚下的五个城献给秦国，表示愿意求和。

从公元前 328 年开始，张仪运用纵横之术，游说于魏、楚、韩等国之间，利用各个诸侯国之间的矛盾，或为秦国拉拢，使其归附于秦；或拆散其连盟，使其力量削弱。但总的来说，他是以秦国的利益为出发点的。在整个秦惠王时期，他不仅使秦国在外交上连连取得胜利，而且帮助秦国开拓了疆土。

张仪作为杰出的纵横家出现在战国的政治舞台上，对列国兼并战争形势的变化产生了较大的影响。

🌿 田单退燕的连环计

燕国攻打齐国安平时，田单只是临淄市的一个小官，当时他正在城中。他料到安平将不保，于是计划如何逃跑，预先让族人用铁把车轴头包好。安平被攻破时，人们争相逃跑，混乱中碰撞，许多人的车轴碰断，使得车辆无法前进，因此被燕军俘虏。可是田单一族因为提前做了准备，用铁皮包裹车轴，从而顺利逃到了即墨。

当时，燕国将军乐毅带领燕军一连攻下齐国数城，占领了他们大部分地区，仅有莒城、即墨还未攻陷。于是，要集中攻打这两城，他把右军、前军集中起来包围莒城，左军、后军就被集中去包围即墨。即墨大夫为护城阵亡，城中百姓拥立田单为守将，带领人们抵御燕军。

一年后，乐毅和这两城还是处于相持的状态。三年过去了，两城还是没有攻下。这时燕昭王去世了。继位的燕惠王从当太子时，就和乐毅不和。田单得知后，想出用反间计离间乐毅和燕惠王的主意。于是，他派人到燕国散布说："齐国已经没有君主，现在只差两座城就被完全占领了。乐毅又不被燕国新王宠信，他担心被新王杀害而不敢回国。他现在虽然声称要攻打齐国，实际是想自己在齐国称王。"燕惠王本来就不信任乐毅，听了谣言，更加怀疑他，于是将乐毅召回，派骑劫代替他担任大将军。乐毅知道燕王将他换走是别有用心，于是逃奔赵国去了。乐毅战功卓越，又忠于燕国，却被驱逐，燕军将士都愤愤不平，从此军队内部有了分歧。

离间计成功后，田单一方面想出各种方法来激发城内守军的斗志，另一方面麻痹城外的敌军。田单看时候已到，这时的齐军斗志昂扬，一定会拼命死战。于是带领士卒拿起板、锹一起修筑城墙，自己的妻妾也被编进军队，还把全部的食品都分发了出去，犒劳将士。他下令全副武装的盔甲兵在城下潜伏，只让老弱妇孺登城守卫。同时派人去向燕军投降，燕军听说他们要投降，都欢呼雀跃，放松了戒备。田单却在积极准备回击燕军，他搜罗了一千多头牛，将大红绸衣给它们披上，身上画上五彩天龙花纹，把锋利的尖刀绑在牛角上，而将灌好油脂的苇草绑在牛尾巴上。当晚，趁着夜色，齐军点燃牛尾，再把牛从预先凿好的几十个城墙洞中赶出去，牛群后面尾随着五千名壮士。牛尾被火燎烧灼痛，一千多头牛都疯了一样，奔向燕军大营。燕军完全没有防备，而且天黑混乱，他们只能看到牛身上有天龙花纹，碰到的非死即伤。加上锣鼓齐鸣、呐喊助威、敲击铜器的声音铺天盖地而来。燕军无从分辨，惊恐万分，早就忘记抵抗，纷纷逃跑了。齐军对逃亡的燕军紧追不舍，并收复了那些曾经被燕国占领的城邑。田单乘胜追击，军队日益壮大，所到之处，燕军望风而逃。一直把燕军打退到黄河边，齐国失去的七十几座城都失而复得。

于是，田单到莒城把齐襄王迎回国都临淄，田单被封为安平君。

🦢 完璧归赵

赵惠王得到了一块名贵宝玉"和氏璧"。公元前283年，秦昭襄王知道了这件事，就写了封信，派人去见赵王，说秦王愿意用十五座城来换那块宝玉。赵王想来想去拿不定主意，就跟大臣们商量。蔺相如知道了，对赵王说："大王，让我带着'和氏璧'去见秦王吧，到那里我见机行事。如果秦王不肯用十五座城来交换，我一定把'和氏璧'完整地带回来。”

蔺相如到了秦国，秦王在王宫里接见了他。蔺相如双手把"和氏璧"献给秦王。秦王接过来左看右看，非常喜爱。他看完了，又传给大臣们一个一个地看。蔺相如一个人站在旁边，等了很久，也不见秦王提起割让十五座城的事儿，知道秦王根本没有用城换宝玉的诚意。他想出了一个计策，就走上前去，对秦王说："这块'和氏璧'看着虽然挺好，可是有一点儿小毛病，让我指给大王看。"秦王一听赶紧叫人把宝玉交给蔺相如。

蔺相如拿着"和氏璧"往后退了几步，身子靠在柱子上，气冲冲地对秦王说："方才大王把宝玉接了过去，随便交给下面的人传看，却不提起换十五座城的事情来。这样看来，大王确实没有用城换璧的真心。现在宝玉在我的手里，如果大王硬要逼迫我，我情愿把自己的脑袋跟这块宝玉一块儿碰碎在这根柱子上！"说着，蔺相如举起"和氏璧"，对着柱子，就要撞过去。

秦王本来想叫武士去抢，可是又怕蔺相如真的把宝玉摔碎，连忙向蔺相如赔不是，并叫人把地图拿来，假惺惺地指着地图说："从这儿到那儿，一共十五座城，都划给赵国。"蔺相如说："大王要接受这块宝玉，应该斋戒五天，在朝廷上举行接受宝玉的仪式，我才能把宝玉献上。"秦王说："好！就这么办吧！"他就派人送蔺相如到旅店去休息。蔺相如拿着那块宝玉到了公馆里，就叫一个手下人打扮成一个买卖人的样儿，把那块宝玉包着，藏在身上，偷偷地从小道跑回赵国去了。至于秦王会把他怎么样，他一点儿也没有考虑。

后来秦王发觉这件事，后悔已经来不及了，想发兵攻打赵国吧，赵国在军事上做了准备，怕打不赢，最后只好作罢。

🌸负荆请罪

蔺相如因多次为国争誉立功，被封为上卿，位于大将廉颇之上。

廉颇很不服气，他对别人说："我廉颇攻无不克，战无不胜，立下许多大功。他蔺相如有什么能耐，就靠一张嘴，反而爬到我头上去了。我碰见他，得给他个下不了台！"这话传到了蔺相如的耳朵里，蔺相如就请病假不上朝，免得跟廉颇见面。

有一天，蔺相如坐车出去，远远看见廉颇骑着高头大马过来了，他赶紧叫车夫把车往回赶。蔺相如手下的人可看不顺眼了，他们说，蔺相如怕廉颇像老鼠见了猫似的，为什么要怕他呢？蔺相如对他们说："诸位请想一想，廉将军和秦王比，谁厉害？"他们说："当然秦王厉害！"蔺相如说："秦王我都不怕，会怕廉将军吗？大家知道，秦王不敢进攻我们赵国，就因为武有廉颇，文有蔺相如。如果我们俩闹不和，就会削弱赵国的力量，秦国必然乘机来打我们。我所以避着廉将军，为的是我们赵国啊！"

蔺相如的话传到了廉颇的耳朵里。廉颇静下心来想了想，觉得自己为了争一口气，就不顾国家的利益，真不应该。于是，他脱下战袍，背上荆条，到蔺相如门上请罪。蔺相如见廉颇来负荆请罪，连忙热情地出来迎接。从此两人结为生死之交，赵国将相和睦，国势大振。

🌸远交近攻

范雎（？～公元前255年），又名范且，字叔，战国时魏人，著名政治家、军事谋略家。范雎当初想为魏国建立功业，因家贫无法见到魏王，只得投在中大夫须贾门下当门客。魏昭王让须贾出使齐国，范雎也跟着一同前往，凭雄辩之才深得齐王敬重。齐王欲留他任客卿，并赠黄金十斤，牛、酒等物，但都被范雎谢绝了。须贾回国，不仅不赞扬他的高风亮节，反向相国魏齐诬告他私受贿赂，出卖情报。魏齐将他拷打得肋折齿落，体无完肤。范雎装死，才躲过这次劫难。返家后，范雎托好友郑安平将自己藏匿，化名张禄，并让家人举丧，使魏齐深信自己已死。半年后，秦昭王派使臣王稽访魏。郑安平设法让范雎暗中同王稽会面。经交谈，王稽发现范雎是难得的人才，于是将他和郑安平带回秦国。

公元前266年，范雎出任秦相，辅佐秦昭王。他上承孝公、商鞅变法图强之志，下开秦皇、李斯统一帝业，是秦国历史上继往开来的一代名相，也是我国古代在政治、外交等方面极有建树的谋略家。对外，为达到兼并六国，范雎提出了"远交近攻"的战略思想。他认为秦国对齐、楚等距秦较远的国家先行交好，稳住他们不干预秦攻打邻近诸国之事。魏、韩两国地处中原，有如天下之枢纽，离秦又近，应首先攻打，以除心腹之患。魏、韩臣服，那么就可以威慑北方的赵国，向南又可以讨伐楚国，最后再攻打齐国。这样由近及远，得一城是一城，逐步向外扩张，好比蚕食桑叶一样，必能统一天下。对内，范雎主张实行"固干削枝"的政策，坚决剥夺亲贵手中的大权。通过这些变革，消除了内部隐患，使权力集中于以秦昭王为首的中央手中，政权更加巩固。

范雎同商鞅、张仪、李斯先后任秦国丞相，对秦的强大和统一天下起了重大作用。他提出的"远交近攻"的谋略在今天依然被政治家推崇。

长平之战

公元前262年，秦、赵为了争夺韩的上党郡，发生了长平（今山西高平县西北）之战。

赵将廉颇考虑到秦远道来攻欲速战的情况，就采用坚壁高垒等到秦军疲困的时候，然后再反击的策略。廉颇坚守三个月不出击，秦军不能进。赵孝成王多次派人责让廉颇出战，范雎又派人用重金到赵国行反间计，称秦军只怕赵括，廉颇容易对付，他将要降秦了。赵王中秦计，于是派赵括代替廉颇为将。赵括是赵奢的儿子，兵书是读了一些，但丝毫没有实战经验，是位只会纸上谈兵的人。赵王要任他为将时，赵括的母亲不同意，赵王不听。赵括母亲要赵王保证其子失败后，不牵连她。赵王也同意了。

赵括取代廉颇后，全部改变了廉颇的作战方针。秦国听到赵括已代替廉颇，于是暗中任命武安君白起为上将军、王齕为副将，下令军中绝对保密。赵括到后，改守为攻，全线出击。秦将白起兵分两路，一方面假装溃败引诱赵军深入，一方面切断赵军退路，使赵军粮道断绝，被困在长平。赵括战死，四十余万降军被全部活埋。长平之战使赵国国力大衰。

长平之战是我国历史上最早、规模最大的包围歼灭战。这场战争，由于最有实力统一中国的赵国遭受毁灭性打击，从而令秦国国力大幅度超越于同时代各国，极大地加速了秦国统一的进程。

🐚 鸡鸣狗盗

战国时候，齐国的孟尝君喜欢招纳贤才做门客，号称宾客三千。

有一次，孟尝君率领众宾客出使秦国。秦昭王将他留下，想让他当相国。孟尝君不敢得罪秦昭王，只好留下来。不久，大臣们劝秦王说："留下孟尝君对秦国是不利的，他出身王族，在齐国有封地和家人，怎么会真心为秦国办事呢？"秦昭王觉得有理，便改变了主意，把孟尝君和他的手下人软禁起来，只等找个借口杀掉。

秦昭王有个最受宠爱的妃子，昭王对她言听计从。孟尝君派人去求她救助，妃子答应了，条件是拿齐国那一件天下无双的狐白裘当报酬。这可叫孟尝君作难了，因为刚到秦国，他便把这件狐白裘献给了秦昭王。

就在这时候，有一个门客说："我能把狐白裘找来！"说完就走了。原来这个门客最善于钻狗洞偷东西。他先摸清情况，知道昭王将那件狐白裘放在宫中的精品贮藏室里。他便借着月光，轻易地钻进贮藏室把狐白裘偷出来。妃子见到狐白裘高兴极了，想方设法说服秦昭王放弃了杀孟尝君的念头，并准备过两天为他饯行，送他回齐国。

孟尝君并没有等两天，而是立即率领手下人连夜偷偷骑马向东快奔。到了函谷关正是半夜。按秦国法规，函谷关每天鸡叫才开门。大家正犯愁时，只听见几声"喔，喔，喔"的雄鸡啼鸣，接着，城关外的雄鸡都打鸣了。原来，孟尝君的另一个门客会学鸡叫。守关的士兵虽然觉得奇怪，但也只得起来打开关门，放他们出去。孟尝君靠着鸡鸣狗盗之士逃回了齐国。

高枕无忧

冯谖是战国时期齐国相国孟尝君的门客。有一次，他自愿为孟尝君到薛地去讨债，不但没有把钱讨回来，反而把债券都烧掉了。当地的人们以为是孟尝君叫他那样做的，所以对孟尝君非常感激。后来孟尝君被齐王解除了相国的职务，只好前往薛地，受到了当地人们的欢迎。孟尝君这才知道冯谖烧债券的原因。但是冯谖却对孟尝君说："狡兔有三窟，才能免除一死。现在您仅有一窟，还不能高枕无忧，我愿意替您再凿两窟。"于是冯谖去见梁惠王说："齐国解除了孟尝君相国的职务，使诸侯有了任用孟尝君的机会。谁如果先把他请去治理国家，一定能够富国强兵。"梁惠王听到这话，就派使臣带着黄金万两和车马百乘，去请孟尝君到梁国做相国。冯谖又建议孟尝君不要答应梁国的聘请，梁国的使臣跑了三趟，都没有把孟尝君请去。齐王知道了这件事，害怕孟尝君会到梁国去做官，赶紧用隆重的礼节，请孟尝君回去仍做相国。冯谖又劝孟尝君向齐王请求赐给他先王传下来的祭器，以保证薛地的安全。冯谖对孟尝君说："现在三窟已经凿成，您可以'高枕无忧'了。"后来，人们便使用"高枕无忧"来形容满足现状，无忧无虑。

秦、汉时期

一统天下

公元前 221 年，秦王嬴政建立起我国历史上第一个统一的中央集权的封建国家——秦朝，定都咸阳。秦的统一，结束了长期以来诸侯割据称雄的局面，有利于人民生活的安定和社会生产的发展。秦朝的疆域，东到大海，西到陇西，北到长城一带，南到南海，大大超过了前代。

秦最初的领地在今天陕西省西部，在当时属于边缘部分。在春秋时代早期它是一个不显眼的国家，直到秦穆公时才参与中原争霸，成为仅次于晋国、楚国、齐国的二等强国。就科学技术、文化等方面而言，秦在战国初期也比较落后。直到公元前 361 年，秦孝公任用商鞅进行变法，才开始改变这种情况。从此秦国开始不断强大。公元前 325 年秦惠文王称王。经过从秦孝公到秦始皇先后六代人的努力，秦国拥有了当时最雄厚的经济实力和最强大的军队。公元前 246 年，年幼的秦王嬴政登基。公元前 238 年，二十二岁的嬴政亲理朝政，八年之后，开始实施筹划已久的统一霸业。公元前 221 年，秦国完成了统一大业。

为了巩固政权，秦始皇在统一之后将国家的最高统治者称为皇帝，集政治、经济、军事一切大权于一身；在中央实行"三公九卿"制；在地方推行郡县制，将全国划分为三十六郡；采取"车同轨、书同文、行同伦"的措施；修建西起临洮、东至辽东的万里长城，以抵御北方匈奴的进攻。这些措施在一定程度上有利于调整长期生活在战乱和分裂状态下百姓的思想，但是未能从根本上解决秦与原来六国的尖锐矛盾。而当时极为繁重的赋役和文化专制政策，更激化了这些矛盾。公元前 210 年，秦始皇在巡游途中去世，他的儿子胡亥即位，是为秦二世。胡亥采用极为血腥的手段来巩固权位。终于，矛盾像火山一样爆发了。公元前 209 年，陈胜、吴广揭竿而起，率先敲响了秦朝的丧钟。

秦国以十年的时间横扫六合，结束了长达数百年的诸侯割据的混战局面，建立了全面的郡县制中央集权，为随后中国两千多年的君主专制统治提供了典范。但是这个被梁启超定义为"亚洲之中国"由此开端的朝代，仅仅经历了十五年的短暂经营就从中国的版图上永远地消失了。西汉初期的政论家、文学家贾谊在《过秦论》中通过对秦国兴盛历史的回顾，指出秦国变法图强而得天下，"仁义不施"而不能守天下的道理。他认为秦兼并六国，用的是"诈力"；统一以后，仍然迷信法家重赏刑罚的统治方术，不了解"取与攻守不同术"，即不能随着历史条件的变化采取不同的政策，结果"一夫作难而七庙隳，身死人手，为天下笑者"。

❧ 千古第一帝

秦王刚刚一统天下，便对丞相、御史下令道："寡人以渺小的身躯，起兵诛灭了暴乱，靠的是祖宗的神灵保佑，六国国王都受到了应得的惩罚，天下太平了。现在如果不改换名号，就无法彰显我的功业，让我名垂青史。

所以请各位议定帝号。"丞相王绾、御史大夫冯劫、廷尉李斯等人都说：
"从前五帝的土地纵横千里，此外侯服、夷服等地区的各类诸侯有人来
朝见，有人不来朝见，天子控制不了他们。现在陛下您兴的是正义之师，
讨伐的是四方之残贼，天下平定了，在全国设置郡县，令法令归于一统。
这是亘古未有的局面，五帝也比不过您。我们商议说：'古代有天皇、
地皇和泰皇，其中，泰皇是最尊贵的。'我们这些臣子冒着死罪献上尊号，
王称为'泰皇'，命被称为'制书'，令被称为'诏书'，天子自称为'朕'。"
秦王道："去掉'泰'，留下'皇'，采用上古'帝'的位号，称'皇帝'，
其他就按你们商议的办。"嬴政下令并追尊他的父亲庄襄王为太上皇。
又下令道："朕听说上古有号而无谥，中古有号，死后根据生前的品行
事迹定谥号。这样做的话，就是儿子评议父亲，臣子评议君主了，非常
没有必要，朕不认同这种做法。从今以后，废除谥法。朕就叫作始皇帝，
后代就按辈数计算，称二世、三世直到万世，永相传，无穷尽。"

嬴政还将天下分为三十六个郡，每郡都设置了守、尉、监；改称人
民为"黔首"；下令特许全国人民聚饮以示欢庆；收集全国的兵器，将
其聚集到咸阳，熔化后铸成大钟以及十二个铜人，每个铜人都重达千石，
被放置在宫廷内；统一法令和度量衡的标准；统一车辆两轮之间的宽度；
使用统一的隶书来书写文字。

秦始皇建立起第一个以早期汉族为主体的多民族统一的封建大帝
国，对以后的历史产生了深远的影响。

❧ 李斯成就千古一相

李斯生于战国末年，是楚国上蔡（今河南上蔡）人，年轻时做过掌
管文书的小吏。不甘心平庸一生的李斯辞去小吏，到齐国荀子门下求学。
荀子的思想很接近法家的主张，也是研究如何治理国家的学问，即所谓

的"帝王之术"。经过多年的学习，李斯终于学有所成，是荀子的得意弟子。李斯认为，秦国是唯一能够发挥他才干的地方，于是学成之后，就到秦国去实现自己的愿望了。

李斯到了秦国以后，得到了秦相吕不韦的器重，当上了秦国的小官，有了接近秦王嬴政的机会。李斯对嬴政说："凡是干成事业的人，都必须要抓住时机。过去秦穆公时虽然很强，但未能完成统一大业，是因为时机不成熟。自秦孝公以来，周天子力量衰弱，各诸侯国之间连年战争，秦国才乘机强大起来。现在秦国力量强大，大王贤德，消灭六国如同扫除灶上的灰尘那样容易，现在是完成帝业，统一天下的最好时机，千万不能错过。"接着，李斯将自己筹划多时的策略对嬴政和盘托出，受到了嬴政的赞赏。对于六国，李斯还提出了"先灭韩，以恐他国"的吞并顺序，被提拔为客卿。嬴政还同意了他的计谋，派出谋士用重金游说关东六国，离间各国君臣，取得了非常不错的效果。公元前237年嬴政接受了宗室老臣的建议，下令驱逐六国客卿。李斯上《谏逐客书》阻止，嬴政明辨是非，果断地采纳了李斯的建议，立即取消了逐客令，李斯仍然受到重用，被封为廷尉。期间，他尽心协助嬴政完成统一六国的事业。秦统一天下后，他与王绾、冯劫议定尊秦王政为皇帝，并制定有关的礼仪制度，被任为丞相。他建议拆除郡县城墙，销毁民间的兵器，以加强对人民的统治；反对分封制，坚持郡县制；又主张焚烧民间收藏的《诗》《书》和百家语，禁止私学，以加强专制主义中央集权的统治。他还参与制定了法律，统一车轨、文字、度量衡等制度。秦始皇死后，李斯与赵高合谋，伪造遗诏，迫令始皇长子扶苏自杀，立少子胡亥为二世皇帝。后为赵高所忌，于公元前208年被腰斩于咸阳闹市，祸及三族。

李斯受到秦王嬴政的赏识后，以卓越的政治才能和远见，辅助秦王完成了统一六国的大业，顺应了历史发展的趋势。秦朝建立以后，李斯升任丞相。他继续辅佐秦始皇，在巩固秦朝政权，维护国家统一，促进经济和文化的发展等方面做出了卓越的贡献，因此被尊称为"千古一相"。

🌿 焚书坑儒

公元前 213 年，秦始皇在咸阳宫摆酒宴，有七十位博士上前敬酒。仆射周青臣走上前去颂扬道："从前秦国的土地不过才千里罢了，全仰仗陛下您的神灵明圣，才能平定天下，驱逐蛮夷，凡是日月能照耀到的地方的百姓，没有不臣服于您的。您把诸侯国改为郡县，使人人都安居乐业，没有战争的祸患，功业则可以万代相传。自上古至今无人能与陛下您的威德相比。"始皇听后十分高兴。博士齐人淳于越上前进言："臣听说殷朝、周朝的君王统治天下一千多年，他们分封子弟功臣，用以辅佐自己。如今陛下您拥有天下，而您的子弟却是平民老百姓，一旦出现像齐国田常、晋国六卿之类的臣子，您没有辅佐之人，靠谁来救援呢？凡是办事不效法古人而能长久的，我还没有听说过。刚刚周青臣又当面对您阿谀奉承，以加重陛下的过失，他不是一个忠臣。"

始皇让群臣议论他的建议。丞相李斯说道："五帝的制度没有一代重复一代，而夏、商、周的制度也没有一代因袭一代，都是各自凭着各自的制度来治理，并不是他们故意要彼此不同，而是由于时代不一样了，情况也就不同了。现在陛下您开创了大业，建立了万世不朽的功业，这本就不是愚笨的儒生所能理解的。更何况淳于越说的是夏、商、周三代的旧事，哪里值得效法呢？从前诸侯纷争并起，所以才重金招揽游说之士。现在天下太平，法令统一了，百姓在家就努力从事农工生产，读书人就学习法令刑禁。如今儒生们不以今人为师，却要效法古人，还以此来非议当世，惑乱民心。臣李斯冒死进言：古代天下散乱，没有人能统一它，所以诸侯并起，都是在称赞古人，非难当今，粉饰虚言，混淆真假，人人只欣赏自己私下所学的知识，而非议朝廷所建立的制度。如今皇帝已统一天下，辨别是非黑白都取决于至尊皇帝一人。可是私学却群起非议法令，使得人们一听说有命令下达，就根据各自所学加以议论，入朝时就在心里暗自指责，出朝后就去街巷议论，浮言欺主以谋求名利，标新立异以抬高自己，率领民众制造谣言。这样如果还不禁止，那么在上君主的威势就会下降，在下党羽的势力就会形成。臣以为应该禁止这些。我请求让史官将不是写秦国历史的历史典籍全部焚毁。除了博士官所掌管的之外，天下有敢收藏《诗》《书》诸子百家著作的，全都交到地方官那里一起烧掉。敢聚在一块儿议论《诗》《书》的就处死，借古论今的满门抄斩。官吏如果知情而不举报的，以同罪论处。下达命令达三十天仍不烧书的，处以黥刑，并发配去筑城四年。不必烧毁的，是医药、占卜、种树之类的书。如果有人想学习法令，就向官吏学习。"秦始皇下令道："可以。"

第二年，由于卢生、侯生欺骗始皇能得长生不老之药，败露后始皇大怒，认为儒生多以妖言惑众，于是将四百六十多名儒生活埋于咸阳，引起了儒生的普遍反抗。

焚书和坑儒是秦统一中国后为统治思想而采取的两项重大措施，暴露了秦政的暴虐以及当时社会矛盾日益加剧和统治阶级内部的离心离德。秦始皇想利用严厉的手段巩固自己的统治，强制推行思想的统一，只会禁锢思想，摧残学术文化的发展，激起人民的普遍反抗。焚书坑儒加速了秦朝的灭亡。

陈胜、吴广起义

陈胜是阳城人，字涉。吴广是阳夏人，字叔。陈胜年轻时，曾经与别人一起当雇工耕田，有一次累了，走到田埂上休息时，陈胜愤愤不平了好一会儿，对同伴们说："假如谁日后富贵了，可不要忘记现在的穷伙伴。"别的长工笑话他道:"你是被人家雇来耕田的,哪有富贵的一天呢?"陈胜长叹着说道:"唉!燕子、麻雀这一类小鸟怎么会知道鸿鹄一飞冲天的远大志向呢!"

公元前209年,秦二世下令征发淮河流域的九百名贫苦农民去防守渔阳(今北京密云),中途在大泽乡驻扎。陈胜、吴广都被编入这一行人中,还当了屯长。正好遇到天降大雨,道路不通,他们计算了日程,肯定不能按期到达渔阳了。过了规定的期限,按照秦朝法律的规定,都是要被杀头的。陈胜、吴广就谋划道:"如今如果逃走,被抓回来是死,如果举事起义,失败了也是死,同样都是死,为自己打天下而死怎么样?"为了进一步树立威信,他们用朱砂写了"陈胜王"这三个红字在一块白绸子上,将绸子偷偷塞进捕鱼人捕来的一条鱼的肚子里。陈胜又暗地里派吴广到驻地附近的一处草木丛生的古庙里,夜间燃起篝火,模仿狐狸的声音叫唤道:"大楚兴,陈胜王。"

随后他们杀死了朝廷派来的几个官吏,然后召集了所有戍卒说道:"因大雨,误了期限,按规定是要杀头的。即使不被杀头,将来肯定也有十之六七为守边而死去。何况大丈夫不豁出命来便罢了,要豁出命就应该名扬后世,王侯将相难道只有贵族才能当吗?"众戍卒听后都异口同声地说:"我们甘愿听凭您差遣。"大家推举陈胜为将军,吴广为都尉,提出了"伐无道,诛暴秦"的口号,组成一支农民起义军。他们一边进军,一边不断扩大队伍。攻占陈县后,陈胜自立为王,国号为张楚。就在这个时候,各郡县不堪忍受秦朝暴政之苦的人,都逮捕他们的官吏,宣判官吏们的罪状,杀死他们以响应陈胜。但是由于缺乏经验,起义军在几次战斗中都损失惨重。一部分起义军后来与项羽、刘邦等人领导的起义军会合,继续同秦军战斗。

陈胜、吴广领导的农民起义,是我国历史上第一次大规模的农民起义,在中国历史上第一次显示了封建社会农民阶级的伟大力量。

刘邦和项羽

西汉高祖刘邦（公元前 256～前 195 年），字季（一说原名季），沛郡丰邑（今江苏丰县）人，西汉的开国皇帝，共在位八年。秦朝时他曾担任泗水亭长。在秦末农民战争中起义，他登高一呼，天下英雄云集于麾下。在楚汉相争中，他打败项羽，于公元前 202 年称帝，定国号为汉，史称西汉。登基后，刘邦采取宽松无为的政策，例如：分封天下诸侯、减轻赋税、与民休息、士兵复员等。这样做不仅安抚了人民、凝聚了民心，也促成了汉代雍容大度的文化基础。刘邦晚年还曾返回故乡，与父老子弟饮酒，席间作《大风歌》："大风起兮云飞扬，威加海内兮归故乡，安得猛士兮守四方！"可见其英雄气概。可以说刘邦使四分五裂的中国真正的统一起来，而且还逐渐把分崩离析的民心聚集起来。他对汉民族的形成、中国的统一强大以及汉文化的保护发扬有决定性的贡献。

项羽（公元前 232～前 202 年），名籍，字羽，下相（今江苏宿迁）人，楚国名将项燕之孙，中国古代起义领袖，著名军事家、战略家。在公元前 207 年的决定性战役巨鹿之战中统率楚军大破秦军，秦亡后自封"西楚霸王"，统治黄河及长江下游的梁楚九郡，后在楚汉战争中被汉高祖刘邦打败，自刎而死。他的一生大致可以分为以下几个阶段：少年英雄，志在天下；定陶之战，初露头角；巨鹿之战，雄霸天下；彭城之战，以弱胜强；垓下之战，英雄末路。项羽的主要军事对手韩信曾批评项羽为：遇强则霸的匹夫之勇，和遇弱则怜的妇人之仁。既不能任用贤能将帅，又用兵赶尽杀绝。虽名为霸王，其实民心尽失。尽管如此，司马迁仍然把项羽归入"本纪"，以表示对他功绩的认同。

巨鹿之战

秦朝末年，天下大乱，诸侯割据，军阀混战。公元前208年，秦军上将军章邯击败了项梁军队以后，认为楚国的兵力不足为虑，于是引兵渡过黄河（北上）攻打赵国，占领赵都邯郸后，把赵王围困在巨鹿城。无奈之下赵王派使者向楚怀王以及各国诸侯求援。当时秦军十分强大，没有人敢前去迎战。项羽为报秦军杀叔父项梁之仇主动请缨，于是楚怀王便以宋义为上将军，项羽为次将，范增为末将，率军六万余北上以解巨鹿之困。

楚军行到安阳，停留四十六天，不再前进。项羽对宋义说："我听说秦军在巨鹿围住赵王，我们应该尽快带兵渡过黄河，楚军攻打他们的外围，赵军在里面响应，必定可以击破秦军。"宋义说："不对，拍击牛身上的虻虫，不可以消灭毛里藏的虮虱。现在秦国进攻赵国，打胜了，军队一定疲惫，我们可以趁他们的疲惫之机；打不胜，我们就率领大军，擂鼓长驱西向，必定推翻秦朝，所以不如先让秦赵相斗。披甲胄，执兵器，宋义我不如你，但坐下来运用策略，你不如我宋义。"于是给军中下达命令说："势如猛虎，违逆如羊，性贪如狼，倔强不听指挥者，一律斩首。"当时天寒大雨，士兵冻饿交加。项羽说："正当合力攻秦，我们却久留而不前进。今年收成不好，百姓穷困，士卒只能吃芋头、豆子，军中没有存粮，齐王却大宴宾客，不肯引兵渡黄河从赵国取粮食，与赵国合力攻打秦国，却说'趁着他们疲惫'。凭秦朝的强盛，攻打新建立的赵国，势必破赵。赵国破灭，秦更强大，还有什么秦兵疲惫的机会可乘？"项羽早晨去见上将军宋义，就在帐中斩下了宋义的头，在军中发布命令说："宋义与齐国同谋反楚，楚王密令我杀掉他！"这时，诸将都畏服，不敢有异议，拥立项羽为代理上将军。项羽又派桓楚去向楚怀王报告。怀王于是传令让项羽担任上将军，当阳君、蒲将军都归项羽属下。12 月，项羽先派人截断秦军的粮道，然后再亲自领军渡过黄河。过河后，下令烧毁军营、破釜沉舟，每人只带三日粮，以示誓死决战的决心。项羽身先士卒，率楚军连续进攻，九战九捷。楚军大破秦军，解巨鹿之围。诸侯共尊项羽为上将军。

巨鹿之战一举歼灭秦军主力，扭转了整个农民战争的战局，对于推翻秦王朝反动腐朽的统治具有决定性的意义。

✿ 楚汉相争

由前楚国贵族后裔项羽率领的楚军和由平民出生的刘邦率领的汉军，是众多起义队伍中实力最强的两支。从公元前 206 年到前 202 年，刘邦和项羽为了争做皇帝而展开了将近四年的战争，史称"楚汉相争"。

公元前 206 年 10 月，刘邦灭秦后在关中称王。12 月，项羽挥军破函谷关，想消灭刘邦军队。刘邦自知不敌，亲赴鸿门谢罪。不久，项羽入咸阳，烧阿房宫、杀秦王子婴，并自立为西楚霸王，定都彭城（今江苏徐州），同时分封诸侯，封刘邦为汉王，领巴、蜀及汉中地，并故意封秦降将领关中地，以扼制刘邦。刘邦只好忍气吞声接受封号，于公元前 205 年 4 月领兵入汉中，并烧毁栈道，表示再也无意出兵，以麻痹项羽。5 月，齐国贵族后裔田荣不满分封，自立为齐王。刘邦乘乱重返关中，击败秦朝降将，并用计欺骗项羽，使其相信自己取得关中后就心满意足，不会东进。项羽放心东去，对西边没有加强防范。10 月，刘邦挥军东出，拜韩信为大将，名为怀王发丧，暗中派人联络诸侯，公开声讨项羽，拉开了楚汉战争的序幕。经过彭城、成皋之战后，项羽屯兵于今河南荥阳与刘邦形成对峙。不久，韩信在潍水之战中歼灭齐楚联军，完成对楚侧翼的战略迂回，又派灌婴率军直奔彭城。项羽腹背受敌，兵疲粮尽，只得与汉订盟，以鸿沟为界，中分天下，东归楚，西归汉。9月，项羽引兵东归。

楚、汉订盟后，刘邦本想退兵，在张良、陈平的提醒下，下令全力追击楚军。同年 10 月两军战于固陵（今淮阳西北），项羽小胜。刘邦以封赏笼络韩信、彭越、黥布等，垓下一战重创楚军，项羽自刎于乌江（今安徽和县），终于结束了为期四年的楚汉战争。

四面楚歌

公元前202年,项羽和刘邦原来约定以鸿沟(在今河南荥县境贾鲁河)东西边作为界限，互不侵犯。后来刘邦听从张良和陈平的规劝，觉得应该趁项羽衰弱的时候消灭他，就又和韩信、彭越、刘贾会合兵力追击正在向东开往彭城的项羽部队，布置了几层兵力，把项羽紧紧围在垓下（今安徽灵璧县东南）。这时，项羽手下的兵士已经很少，粮食又没有了。夜间项羽听见四面围住他的军队都唱起楚地的民歌，不禁非常吃惊地说："刘邦已经得到了楚地了吗？为什么他的部队里面楚人这么多呢？"说着，心里已丧失了斗志，便从床上爬起来，在营帐里面喝酒，自己写了一首诗，诗曰："力拔山兮气盖世，时不利兮骓不逝。骓不逝兮可奈何，虞兮虞兮奈若何？"并和他最宠爱的妃子虞姬一同吟诵。一曲既罢，虞姬自刎于项羽的马前，项羽英雄末路，带领八百余名骑士突围，最终只余下二十八人。他感到无颜面对江东父老，最终自刎于江边。刘邦独揽天下。

因为这个故事里面有项羽听见四周唱起楚歌，感觉吃惊，接着又失败自杀的情节，所以后人就用"四面楚歌"形容人们遭受各方面攻击或逼迫的人事环境，而致陷于孤立窘迫的境地。

韩信崭露头角

　　韩信是淮阴人，出身在贫苦人家，没有被人称颂的德行，不能靠推选得到一官半职，经商做买卖也不会。早年，他身无长物，又不会谋生，常常吃别人家的闲饭，大多数人都厌恶他。当时，淮阴县有些以杀猪为生的屠户，其中有个青年很鄙视他，侮辱韩信道："你只是看上去身材魁梧，平常又喜欢佩刀带剑，其实却是个像老鼠一样胆小的人。"接着还得寸进尺，当众羞辱他说："如果你韩信真的有胆量，就拿刀来刺我；如果承认怕死，就从我的胯下爬过去！"韩信仔细打量了那青年一会儿，决定忍一时之辱，便俯下身子，匍匐在地，真的从他的胯下爬了过去。市井之人都嘲笑他，认为他太过懦弱。

　　后来，项梁起义，渡过淮河北上。韩信去投奔他，留在项梁部下，却一直没能有所作为。项梁失败后，韩信便归属项羽，担任郎中一职。韩信为了能得到重用，多次向项羽献计献策，项羽都弃之不用。汉王刘邦进入蜀中，韩信见在楚军中不能施展抱负，便逃离楚军归顺了刘邦，做了个小官，主要负责接待宾客，依旧默默无闻。

　　丞相萧何曾多次与韩信谈话，他觉得此人非同凡响，答应向刘邦推荐他，但是过了一段时间之后，韩信依然没被重用。韩信想萧何等人肯定已经多次向刘邦举荐过他，看来刘邦无意重用自己，留在这里也不会有什么作为，就逃跑了。萧何得知韩信逃走了，等不及和刘邦说一声，就亲自去追赶他了。别人不明就里，便向刘邦报告说："丞相萧何逃跑了。"刘邦震怒，茫然若失。没想到一两天后，刘邦又看见萧何前来拜见。他又生气又好笑，骂萧何道："你怎么逃跑了呢？"萧何说："我哪里敢逃跑，只是去追赶韩信了。"刘邦又问道："你为什么单单去追韩信呢？"萧何说："千军易得，良将难求。韩信就是那种天下无双的杰出人才。如果大王您只想在汉中称王，自然没有韩信的用武之地；但是如果您想一统天下，除了韩信，就没有人能与您共图大业了。"刘邦道："那让他担任大将军怎么样呢？"萧何说："太好了，为了表示要诚心重用，授给他官职，应选在良辰吉日，举行完备的授职仪式，这样才行啊。"刘邦答应按萧何说的做。

大将军的授职仪式结束后，刘邦就座，对韩信道："丞相多次向我称赞您的才能，对于现在的形势，不知您有何指教啊？"一番谦让之后，韩信将自己心中的韬略娓娓道来。刘邦大喜过望，大有相见恨晚的感觉，于是马上就行动起来，按照韩信的计策，给众将领分派任务。他让萧何留下收取巴、蜀两郡的租税，以便为军队提供粮草。之后，韩信取得一系列胜利，为刘邦夺得江山立下了汗马功劳。公元前202年，刘邦称帝，为了巩固新兴的西汉政权，便开始了逐一剪灭异姓王的斗争。韩信逐渐被排挤，最后被降为只有虚名的淮阴侯。公元前197年，阳夏侯举兵谋反，自立为王。刘邦亲率大军前去征讨。当时韩信推说自己有病，没有随同前往。谁知，韩信手下的人上书告发，说韩信是同谋。汉高祖皇后吕雉一听事关重大，便急忙秘密召见丞相萧何，商量对策，后将韩信诱杀于宫内，并灭其三族。

❧ 大汉雄风

汉朝是由刘邦建立的中国第二个大一统的王朝，分为西汉（公元前206～25年）和东汉（公元25～220年）。

西汉是我国封建社会初期第一个强盛、富饶的王朝。在西汉统治的近三百年的历史中，通过一系列的政治经济改革，国力强盛、人民安乐，呈现出一派太平盛世的景象。

刘邦在萧何、韩信、张良等人的辅助下，取得楚汉相争的胜利，于公元前202年正式称帝，定都长安，国号汉，汉朝就此开始。虽然刘邦称帝的时间是公元前202年，但为了与秦朝灭亡时间相接，史学家们将汉朝的历史从公元前206年刘邦称"汉王"算起。刘邦登基后，先分封功臣韩信、陈豨、彭越、英布等为王，等到政权稳固，为了防止反叛和巩固皇权稳定又以种种罪名取消他们的王爵，或贬或杀，并立下了"非刘氏而王者，天下共击之"的誓言；采用叔孙通的建议，恢复礼法，设三公和九卿；任用萧何为丞相，采取与民休息、清静无为、休养生息的黄老政策；鼓励生产，轻徭薄赋，为汉朝盛世奠定了基础。

刘邦死后，汉惠帝刘盈即位，但此时政权实际已掌握在太后吕雉的手中。吕后尊刘邦遗嘱用曹参为丞相，沿用刘邦的"无为而治"的政策，达到了"政不出房户，天下晏然"的效果。公元前183年，刘恒即位，为文帝，他与景帝（文帝之子，于公元前156～前143年在位）都继续执行高祖所制定的"与民休息"的政策方针，减轻人民赋税，使汉朝经济蓬勃发展，人民生活安定，国力大大增强，史家称为"文景之治"。通过"文景之治"，汉朝国力逐渐强大起来。

萧规曹随

汉惠帝二年（公元前193年），丞相萧何病重。汉惠帝亲自探望，问他将来可以接替丞相的人选。汉惠帝问他："曹参怎么样？"萧何和曹参早年都是沛县的官吏，萧何明白曹参是个治国的人才，所以汉惠帝一提到他，就表示赞成。萧何死后，曹参接任丞相。可是他一天到晚都在请人喝酒聊天，好像根本就无心治理国家。惠帝感到很纳闷儿，于是就让曹参的儿子曹窋回家问问。曹窋接受了皇帝的旨意，回家后跟他父亲闲谈。曹参听了儿子的话后，大发脾气，还把儿子狠狠地打了一顿。

曹窋挨了父亲的打骂后，向汉惠帝大诉委屈。惠帝听了后就更莫名其妙了，于是就在第二天找曹参单独交谈。曹参大胆地说："请陛下好好地想想，您跟先帝相比，谁更贤明英武呢？"惠帝立即说："我怎么敢和先帝相提并论呢？"曹参又问："陛下看我的德才跟萧何丞相相比谁强呢？"汉惠帝笑着说："我看你好像不如萧丞相。"

曹参接着说："陛下说得好。既然您的贤能不如先帝，我的德才又比不上萧丞相，那么先帝与萧丞相在统一天下以后，陆续制定了许多明确而又完备的法令，难道我们还能制定出超过他们的法令规章来吗？"汉惠帝听了曹参的解释后就立刻明白了。

曹参在担任丞相期间，极力主张清静无为，遵照萧何制定好的法规治理国家，使西汉政治稳定、经济发展。百姓们编了一首歌谣称颂他：萧何定法律，明白又整齐；曹参接任后，遵守不偏离。施政贵清静，百姓心欢喜。这就是历史上的"萧规曹随"。

❧七国之乱

七国之乱是发生在汉景帝三年（公元前 154 年）的一次诸侯王国的叛乱。参与叛乱的是吴王濞、楚王戊、赵王遂、济南王辟光、淄川王贤、胶东王雄渠、胶西王昂，其中吴王濞是这次叛乱的主谋。七国之乱的根源，是强大的王国势力与专制皇权的矛盾。汉初，刘邦一面铲除异姓诸侯王，一面分封同姓的子弟为王。后来受封的诸侯王割据势力迅速扩张，严重威胁中央集权。吕氏当权以及汉文帝刘恒（庶出）登基等政治事件，加剧了这一矛盾。

汉景帝刘启采纳晁错的《削藩策》，下令削夺王国土地。景帝的这一举措在朝野引起了很大震动，被削地的诸侯王们心怀不满，而未被削地的诸侯王们兔死狐悲，也都惶惶不可终日。景帝三年（公元前 154 年）

冬，景帝下令削夺吴国的会稽、豫章郡。吴王刘濞闻讯后，串通楚、赵、胶西、胶东、淄川、济南等六国的诸侯王公开反叛。刘濞共聚众三十余万人，号称五十万，又派人与匈奴、东越、闽越贵族勾结，以"诛晁错，清君侧"的名义，举兵西向，从而开始了西汉历史上的吴楚七国之乱。

由于刘濞早有预谋，所以七国军队在叛乱之初进展顺利，先攻梁，再围齐，前锋直指今河南东部。景帝见叛军来势凶猛，一时慌了手脚，听信了爰盎的谗言，将晁错腰斩，以图换得吴、楚退兵。但叛乱的诸侯醉翁之意不在酒，不但没有退兵，反而认为景帝软弱无能，刘濞公然自称东帝，与西汉政权分庭抗礼。当此之时，景帝才恍然大悟，下决心以武力镇压叛乱。太尉周亚夫奉命率军出蓝田经武关至洛阳，出奇兵断绝了叛军的粮道。当时正值天寒地冻，叛军士卒粮尽援绝，终于自行崩溃。周亚夫率军追击，大破吴、楚联军，吴王刘濞逃走后被杀。此后，其他诸侯王的叛军也相继被击败，纷纷投降，叛乱被平息。

吴楚七国之乱在三个月内全部平息，同姓诸侯王的势力受到致命打击。景帝趁势收夺各诸侯国的支郡、边郡归朝廷所有，同时取消了王国自行任命官吏和征收赋税的特权，削减了王国的属官，王国的丞相改称为相，相还负有监察王的使命，规定诸侯王不得治理民政，只能"衣食租税"，即按朝廷规定的数额收取该国的租税作为俸禄，王国的地位已与汉郡无异。七国之乱的平定和诸侯王权力的削弱，沉重地打击了分裂割据势力，在制度上，基本解决了刘邦实行诸侯王制度时所产生的弊病，进一步加强了中央集权制度。

❧ 汉武帝的雄才大略

汉武帝刘彻（公元前 156 ~ 前 87 年），生于长安，幼名彘，是汉朝的第七位皇帝。四岁被册立为胶东王，七岁时被册立为太子，十六岁登基，在位五十四年，葬于茂陵。汉武帝创立年号，同时也是中国第一个使用年号的皇帝。

他登基之初，继续他父亲生前推行的养生息民政策，国力进一步增强。在之后的统治期间，武帝采取了一系列改革措施，锐意进取，使得汉朝的政治、经济、军事变得更为强大。在政治上，武帝加强皇权，采纳主父偃的建议，施行推恩令，以法制来推动诸侯分封诸子为侯，使诸侯的封地不得不自我缩减；同时他设立刺史，用来监察地方。在军队和经济上，武帝加强中央集权，将冶铁、煮盐、酿酒等民间生意变由中央管理，同时禁止诸侯国铸钱，将财政权集于中央。在文化上，他采用董仲舒的建议，"罢黜百家，独尊儒术"，为儒学在古中国的特殊地位铺平了道路。在外交上，武帝派张骞前往西域联络大月氏，开通了"丝绸之路"。

汉武帝是雄才大略的封建政治家，在他统治期间，以汉民族为主体的统一的多民族封建国家得到了巩固，中国开始以高度文明和富强的国家闻名于世。但是由于连年的战争，汉朝的国力逐渐衰弱。汉武帝在执政后期也意识到这些问题，于是采取了一些积极有效的措施，使得汉朝的经济继续发展。

❧ 罢黜百家，独尊儒术

汉初，在政治上主张无为而治，经济上实行轻徭薄赋，在思想上，主张清静无为和刑名之学的黄老学说受到重视。武帝即位时，从政治上和经济上进一步强化专制主义中央集权制度已成为封建统治者的迫切需要。主张"清静无为"的黄老思想已不能满足上述政治需要，更与汉武帝的好大喜功的性格相抵触；而儒家的春秋大一统思想、仁义思想和君臣伦理观念显然与武帝在位期间所面临的形势和任务相适应。于是，在思想领域，儒家终于取代了道家的统治地位。

公元前134年，汉武帝下诏征求治国方略。儒生董仲舒在著名的《举贤良对策》中系统地提出了"天人感应""大一统"学说和"罢黜百家，独尊儒术"的主张。董仲舒认为，"道之大原出于天"，自然、人事都受制于天命，因此反映天命的政治秩序和政治思想都应该是统一的。他把儒家的伦理思想概括为"三纲五常"。汉武帝采纳了董仲舒的建议，儒学开始成为官方哲学，并延续至今，从此，经学研究在汉代盛行。

汉武帝的"罢黜百家，独尊儒术"有其时代特点，他推崇的儒术，实际上已经吸收了法家、道家、阴阳家等各种不同学派的思想，与孔孟为代表的先秦儒家思想有所不同。汉武帝把儒术与刑名法术相结合，形成了"霸五道杂之"的统治手段，对后世影响颇深。

匈奴未灭，何以家为

当时的汉王朝，边境不稳，时常遭受匈奴人的侵扰。作为游牧民族的匈奴，几乎把农耕为生的汉朝当成了自己予取予求的库房，烧杀掳掠无所不为。而面对这样的局面，长城内的国家却从秦以来就无力从根本上改变，胜利的时候极少，秦只能寄希望于修筑长城进行消极防御，而汉朝却以和亲以及大量的"陪嫁"财物买来暂时的相对平安。

公元前123年，十七岁的霍去病跟从卫青（霍去病的舅舅）领军征战。卫青任命霍去病为骠姚校尉，带领八百骑兵，作为一支奇兵脱离大军在茫茫大漠里奔驰数百里奇袭匈奴，打击匈奴的软肋。这次战役霍去病斩敌2028人，杀匈奴单于的祖父，俘虏单于的相国以及叔叔。霍去病的首战，以这样夺目的战果，向世人宣告，汉家最耀眼的一代名将横空出世了。

公元前121年，霍去病被武帝封为骠骑将军，春、夏两次率兵出击占据河西（今河西走廊及湟水流域）地区的匈奴部，歼四万多人。同一

55

年秋，他奉命迎接率众降汉的匈奴浑邪王，在部分降众变乱的紧急关头，率部驰入匈奴军中，斩杀变乱者，稳定了局势，浑邪王得以率四万余众归汉。从此，汉朝控制了河西地区，打通了西域道路。公元前 123 年，霍去病与卫青各率五万骑兵过大漠（今蒙古高原大沙漠）进击匈奴。霍去病击败左贤王部后，乘胜追击，深入两千余里，歼七万余人，后升任大司马，与卫青同掌兵权。

霍去病用兵灵活，注重方略，不拘古法，勇猛果断，每战皆胜，深得武帝信任，并留下了"匈奴未灭，何以家为"的千古名句，于公元前 117 年病逝。

张骞通西域

在汉朝，人们将玉门关和阳关以西，也就是今天新疆以及新疆以西的广大地区统称为西域。

汉武帝为了联络大月氏夹攻匈奴，于公元前 138 年派张骞出使西域。这次出使虽未达到目的，但了解到西域各族的政治、经济、地理、风俗等情况。史书上把张骞的首次西行誉为"凿空"，即空前的探险。

公元前 119 年，张骞再次出使西域，访问了西域许多地区。西域各族政权也派人随汉使到汉朝答谢。从此，汉朝同西域的往来频繁，西域的音乐、舞蹈艺术，农作物如葡萄、苜蓿、核桃、胡萝卜等相继传入内地。内地的铸铁、凿井等技术也传到西域。汉朝同西域的经济文化交流，丰富了汉族与西域各族人民的生活。

为了促进西域与长安的交流，汉武帝招募了大量身份低微的商人，利用政府配给的货物，到西域各国经商。在这些具有冒险精神的商人中大部分成为富商巨贾，从而吸引了更多人从事丝绸之路上的贸易活动，极大地推动了中原与西域之间的物质文化交流，同时汉朝在收取关税方面取得了巨大利润。出于对匈奴不断骚扰与丝路上强盗横行状况的考虑，汉朝加强了对西域的控制，于公元前60年设立了汉朝对西域的直接管辖机构——西域都护府。以汉朝在西域设立官员为标志，丝绸之路这条东西方交流之路开始进入繁荣的时代。

丝绸之路的开辟，有力地促进了中西方的经济文化交流，对促成汉朝的兴盛产生了积极的作用。这条丝绸之路，至今仍是中西交往的一条重要通道。

盐铁之议

汉武帝刘彻在位期间起用桑弘羊等人，制定和推行一系列新经济政策，如统一币制、盐铁和酒类官营，实行均输平准、算缗告缗等。这虽然充裕了封建国家的财政，为汉武帝的文治武功奠定了经济基础，但是伴随农业生产的发展，土地兼并现象日益严重，广大农民的负担愈来愈沉重。盐铁、官营等政策的弊端也逐渐显现。至武帝晚年时，已是"海内虚耗，户口减半"。另一方面，经过汉王朝的连年出击，匈奴力量大为削弱，边患有所缓和。这些客观情况，促使武帝晚年的政策发生重大改变，在一定程度上恢复了汉初的"与民休息"政策。

武帝死后，昭帝继位。为保证"与民休息"的政策实行，在公元前81年昭帝下令丞相田千秋和御史大夫桑弘羊召集贤良文学询问民间疾苦，贤良文学与桑弘羊意见不一，就汉王朝的内外政策进行了辩论，这就是有名的盐铁之议。盐铁之议后，虽然没有废止盐铁、官营，但桑弘羊在政治上受到一定挫折，来自社会中下层的贤良文学活跃一时，酒类专卖废止，"与民休息"的政策进一步得到肯定，对昭帝、宣帝时期社会经济的恢复和发展产生了积极的影响。

🐚 汉室柱石霍光

汉武帝末年，围绕继位问题的一场明争暗斗已经逐步展开。武帝征和二年（公元前 91 年），武帝悉心培养的太子刘据因巫蛊之祸被逼自杀，这场斗争就更趋于表面化。汉武帝为了避免他死后政局发生变乱，将幼子弗陵立为太子，随即将其母钩弋夫人处死，以绝后宫专权之患。不久，便命画工画了一幅周公背负周成王的图画赐予霍光（名将骠骑将军霍去病的同父异母兄弟），嘱托霍光像当年周公辅佐年幼的周成王一样辅佐刘弗陵。

霍光辅政以来，首先遭遇到的挑战来自同为辅政大臣的上官桀，以及汉武帝之子，燕王刘旦。上官桀为了谋取汉朝的最高权力，取代霍光，依附于昭帝的姐姐盖长公主。而燕王刘旦，则因比昭帝年长而不得嗣立，心怀不满；另一位辅政大臣、御史大夫桑弘羊认为在汉武帝时期制定过盐铁专营的政策，使国家富强起来，功劳无人可比，不甘居于霍光之下，因此产生了推翻现政权，由他与上官桀来主政的欲念，于是与燕王刘旦勾结起来。这就形成了以长公主和燕王刘旦为首的两股政治势力。

他们袭用"清君侧"的故技，令人以燕王旦的名义上书昭帝，捏造说：霍光擅自调动所属兵力，是为推翻昭帝，自立为帝，并声称燕王刘旦为了防止奸臣变乱，要入朝护卫。上官桀企图等到霍光外出休假时，将这封奏章送到昭帝手中，而后再由他按照奏章内容来宣布霍光的"罪状"，由桑弘羊组织朝臣共同胁迫霍光退位，从而废掉汉昭帝。出乎他们意料的是，当燕王刘旦的书信到达汉昭帝的手中后，就被汉昭帝扣压在那里，不予理睬。次日早朝，霍光上朝，也已得知上官桀的举动，就站在张贴着那张汉武帝时所绘"周公负成王图"的画室之中，不去朝见昭帝，以此要求昭帝表明态度。汉昭帝见朝廷中没有霍光，就向朝臣打听，上官桀乘机回答说："因为燕王告发他的罪状，他不敢来上朝了。"昭帝十分平静，随即召霍光入朝，果断地说："我知道那封书信是在造谣诽谤，你是没有罪的；你要调动所属兵力是最近的事情，远在外地的燕王刘旦怎么可能知道呢？况且，你如果真的要推翻我，那也无须如此大动干戈！"上官桀等人的阴谋被十四岁的昭帝一语揭穿，所有在朝大臣对昭帝如此聪明善断无不表示惊叹，霍光的辅政地位得到了稳固，随后又一举击败了上官桀等人发动的政变。

公元前74年，聪慧的昭帝病逝，年仅二十一岁。霍光经与大臣协商，决定立刘贺为帝。谁知，刘贺荒淫无道、日益骄横。霍光与大司马密谋废黜刘贺，改立聪明贤德的汉宣帝，使汉室转危为安。

霍光忠于汉室，老成持重，又果敢善断，知人善任，其政治胆略可与萧何相比；他改变武帝末年急征暴敛、赋税无度的政策，不断调整阶级关系，与民休息，使汉代的经济出现了又一个发展时期。

❦ 西汉灭亡

武帝的儿子昭帝继承他父亲的方针，继续实行无为政治，发展经济，使西汉达到了鼎盛时期。经过昭帝、宣帝两代三十八年的"无为而治，与民休息"，西汉王朝的国力增强，但与此同时地方势力也随之增强，严重地影响了皇权的统治。自元帝起，至成帝、哀帝、平帝在位年间，皇帝对政权的统治力量已大不如以前。至刘婴即位，朝权已尽落于外戚王莽之手。公元8年，王莽篡夺皇位，建立新朝，西汉灭亡。

汉高祖至汉文景时期，国家经济实力直线上升，成为东方第一帝国，是当时与西罗马并称的两大帝国。而到了汉武帝时期，汉帝国已经成为世界上最强大的国家。张骞出使西域首次开辟了著名的"丝绸之路"，开通了东西方贸易的通道，使我国在此后一千多年都是世界贸易体系的中心。此外，汉代还是中华民族发展史上的一个重要时期，中华民族的核心——汉族就是在这一时期出现的。自秦始皇统一六国后，原战国时各国的文化便相互渗透融合，到西汉时中华地区在典章制度、语言文字、文化教育、风俗习惯多方面都逐渐趋于统一，构成了共同的汉文化。从此中华地区的各族就出现了统一的汉族。正是因为汉朝的声威远播，外族开始称呼中国人为"汉人"。"汉"从此成为华夏民族永远的名字。

绿林、赤眉农民起义

西汉末年，土地兼并愈演愈烈。大批农民丧失土地，多数沦为流民或奴婢。王莽改制使社会矛盾进一步激化。公元18年，山东琅琊人樊崇，在莒县（今山东莒县东北）集合饥民百余人起义。他们占据泰山，附近农民纷纷响应，不久起义队伍猛增至数万人。他们以泰山为中心，转战山东，到处捕杀官军，没收地主财物，严惩恶霸地主。这支起义军屡败王莽的军队。为了和王莽军队区别开来，他们把眉毛涂上红色，因此被称为"赤眉军"。赤眉军纪律良好，受到农民的拥戴，声势越来越大。在赤眉军起义的同时，全国农民起义军还有二十多支。其中力量最强的一支，是新市（今湖北京山）人王匡（与王莽太师同名）、王凤领导的队伍。他们以绿林山为基地，因此被称做"绿林军"。公元23年5月，绿林军已发展到十万人。经过昆阳之战后，他们攻入长安，推翻了王莽政权。后来绿林军逐渐腐化，赤眉军被刘秀所灭，刘秀建立东汉政权。

光武中兴

新朝王莽末年，汉景帝后裔刘秀起兵反对王莽，艰难奠定中兴之基。公元25年，刘秀在绿林军的协助下，以武力击败了篡位的王莽，夺得帝位。刘秀身为西汉皇族，因此仍定国号为汉，但建都洛阳，年号建武，是为汉光武帝，史称东汉。

刘秀在位期间，以文治国，重视教育，兴办学校，他还亲自到太学讲论经学，对东汉一朝文化的发展起了积极的推动作用。刘秀在政治上改革的重要一项是加强中央集权，特别是提高皇权。他加强了对地方行政机构和官员监察，使中央更好地控制和监督地方行政系统。他精简官僚机构，减少了国家的财政支出，间接地减轻了人民的负担。这为后世提供了一个好的范例。

经过光武帝、明帝、章帝三代的治理，东汉王朝已经逐渐恢复了往日汉朝的强盛，这一时期被后人称为"光武中兴"。在章帝后期，外戚窦氏日益跋扈，为东汉的衰落埋下伏笔。

宦官和外戚的争斗

公元88年，三十一岁的汉章帝突然驾崩。年仅十岁的刘肇即位，是为汉和帝。但是实际上都是窦太后操纵朝政，国家政治日益腐败。窦氏的跋扈引发和帝的不满，不久，十四岁的和帝成功抓捕外戚窦宪，外戚势力开始衰弱。但是之后和帝信用宦官，形成东汉王朝后期宦官与外戚专权的格局。桓帝继位以后，梁氏外戚专权，跋扈将军梁冀胡作非为，政治更加黑暗，很多官僚、士人投身到反对外戚、宦官的斗争中来。

在反对梁冀专权的斗争中，出现了很多敢于直言、不畏强暴的官僚、士人。如质帝死后，在围绕立帝的问题上，太尉李固和杜乔面对梁冀意气汹汹，而言辞激切的蛮横态度，坚持主张立年长有德、明德著闻的清河王刘蒜为帝。桓帝刘志即位后，李固、杜乔被梁冀罗织罪名，下狱处死。梁氏外戚被诛灭后，宦官集团独霸朝政。白马令李云公开露布上书，揭露宦官统治官位错乱，被逮捕下狱。弘农郡五官橡杜众对李云的忠谏行动十分赞赏，上书表示愿意与李云同日死。李固、杜乔和李云、杜众的斗争，得到了社会的普遍同情，名满天下。

继前后李、杜之后，司隶校尉李膺成为反对宦官集团斗争中的领袖人物。宦官张让的弟弟张朔为野王令，因贪残无道，畏罪躲到张让的家中。李膺亲自率领吏卒到张让家中将其捕获法办。此后，宦官稍有收敛，李膺声誉更高，人们以受到他的接待为荣，称为登龙门。尽管李膺等官僚、士大夫在反对宦官集团的斗争中取得了一些胜利，但握有实权的宦官集团决不甘心自己的失败，他们终于在桓帝延熹九年（公元166年）开始反扑了。

当时，河内郡人张成以占卜吉凶结交宦官。据说他推算到将要大赦，便故意令其子杀人。任河南尹的李膺将其捕获后不久，朝廷果然大赦。李膺非常愤怒，不顾诏令，将其处死。宦官集团以此为借口，唆使张成的门徒上书，控告李膺等人收买太学生，串连郡国学生，结成死党，诽谤朝廷，扰乱社会风俗。早已被宦官集团控制的桓帝大怒，下诏逮捕党人，有两百多人受到牵连。李膺在狱中供词故意牵连宦官子弟，宦官害怕受到牵连，加之太尉陈蕃极力劝谏，外戚窦武也上书请求，桓帝才宣布赦免党人不再治罪，但仍将其全部罢官归家，并终身禁锢，永不录用。这就是第一次党锢之祸。

桓帝死后，灵帝继位，太后父窦武以大将军身份辅政。窦武不满于宦官专权，解除党锢，起用被禁锢的党人，并与陈蕃密谋诛除宦官势力。但因事泄，窦武、陈蕃等反为宦官所害。建宁二年（公元169年），宦官侯览使人诬告张俭结党谋反，曹节乘机上奏搜捕党人，党锢之祸再起，李膺、杜密、范滂等百余人俱被处死，其他因陷害、牵连者六七百人，分别被流放、禁锢和处死。熹平元年（公元172年）窦太后死，有人在洛阳朱雀门书写反对宦官的文字，称曹节、王甫幽杀太后，宦官集团再一次大捕党人及太学生至千余人，凡与宦官有矛盾和过节的人，也都被牵连在内。熹平五年（公元 176 年），永昌太守曹鸾上书，为党人申冤，触犯宦官忌讳，复操纵灵帝再次下诏，凡党人的门生、故吏、父兄子弟甚至五服以内的亲属，都一律免官禁锢。这就是第二次党锢之祸。第二次党锢之祸持续了十几年，直到黄巾大起义，东汉朝廷才于中平元年（公元 184 年）宣布解除党锢、赦免党人，起用他们镇压起义军。

黄巾起义

东汉末年，宦官专政，横征暴敛，豪族大地主疯狂兼并土地，农民大量破产逃亡。冀州巨鹿（今河北平乡西南）人张角创立"太平道"，自称"大贤良师"，以传道和治病为名，在农民中宣扬教义，进行秘密活动。十余年间，徒众达十万，遍布青、徐、幽、冀、荆、扬、兖、豫八州，分为三十六方，大方万余人，小方六七千人，每方设一渠帅，由他统一指挥。张角广泛传播"苍天已死，黄天当立，岁在甲子，天下大吉"的谶语，又在各处府署门上用白土涂写"甲子"字样，作为发动起义的信号。公元 184 年（甲子年），张角相约信众在 3 月 5 日以"苍天已死，黄天当立，岁在甲子，天下大吉"为口号举行起义。

在起义前一个月，张角的一名叫作唐周的门徒告密，官兵大力逮杀信奉太平道的信徒，株连上千人，并且下令追捕张角。由于事出突然，张角被迫提前一个月在 2 月发难，史称黄巾起义或黄巾之乱。因为起义者头绑黄巾，所以被称为"黄巾"或"蛾贼"，张角自称"天公将军"。张宝、张梁分别为"地公将军""人公将军"在北方冀州一带起事。他们烧毁官府、杀害吏士、四处劫掠，一个月内，全国七州二十八郡都发生战事，黄巾军势如破竹，州郡失守、吏士逃亡，朝廷震惊。

起义初期，黄巾军的主力分散在巨鹿、颍川、南阳等地，他们各自为战，攻城夺邑、焚烧官府，取得了很大胜利。与此同时，各地还出现了许多独立的农民武装。但黄巾军各自为战，缺乏战斗经验，加上当友方有难时，各军都不会相救，以致东汉王朝能集中兵力各个击破。颍川、陈国、汝南、东郡和南阳的黄巾军相继失败。冀州黄巾军在张角病死后，由张梁统率固守广宗。同年10月，皇甫嵩率官军偷袭黄巾军营，张梁阵亡。三万多黄巾军惨遭杀害，五万多人投河而死，张角被剖棺戮尸。之后不久，张宝也在曲阳阵亡，十余万黄巾军被杀害。之后，黄巾余部和各地的农民武装，仍然坚持斗争。青州黄巾一度发展到拥众百万。后来因作战失利，被迫接受曹操的收编。曹操平定冀州时，张燕领导的黑山军也投降。

黄巾军共经历了七个月的英勇斗争，沉重打击了豪族大地主阶级，动摇了东汉王朝的统治。

东汉灭亡

由于政治经济的稳定，东汉的手工业、商业、人文艺术以及自然科学都得到长足的发展。随着科学技术的提高，以冶金、纺织为主的西汉手工业的生产效率大大提高。手工业的发展促使商业繁荣起来，以长安为中心形成了许多商业城市，并通过丝绸之路开启了与西亚诸国的外交、商贸等方面的交流。东汉在经济、文化、科学技术等方面都超过了西汉的水平。蔡伦在前人的基础上改造了纸张的制造技术，使我国的文字记录方式脱离了使用竹简的时代，同时造纸术也作为我们熟悉的中国古代四大发明之一而流传至今。东汉对后世的另外一项贡献是制陶业的发展，它使人们彻底脱离了青铜时代的材料束缚，把一些以前为豪门贵族专有的用品带入了寻常百姓家。同时，东汉在医学、自然科学等方面也取得了让世人瞩目的成就。

公元 189 年，灵帝驾崩，何太后临朝。当时皇宫内宦官专权，凉州董卓率兵侵入洛阳，废皇子刘辩，杀何太后，立刘协为帝，是为汉献帝。董卓独揽大权，残暴专横，使得各地官吏纷纷举兵反抗，逐步形成了诸强割据的局面，统一的王朝名存实亡。后来，献帝又为曹操控制。公元 220 年，曹操次子曹丕逼迫献帝让位，东汉王朝宣布灭亡，继之而来的是中国历史上又一个长期分裂的时期——三国时期。

三国、魏晋南北朝时期

　　魏晋南北朝时期是中国古代史上十分重要、值得研究的时期。过去往往被目为一团漆黑乱糟糟，显然是不正确的。

　　　　　　　　　　——周一良 历史学家，曾任北京大学历史系教授

董卓乱政

　　黄巾起义爆发后，汉灵帝派皇甫嵩、卢植及朱儁等率中央军压制，又令地方州郡政府和豪强地主招募军队协助。最后黄巾军的主力虽然很快被击溃，不过余部仍然散布各地。随着各地山贼土匪陆续出现，汉朝的中央军精疲力竭。公元188年汉灵帝采纳刘焉的建议，将负责监察各郡的刺史赋予兼有地方军政权力，以加强对各郡的控管，并且将部分刺史升为州牧，由刘姓宗室或重臣担任。这项措施虽有利于镇压各地叛乱，但当朝廷发生内乱后，掌握地方权力的州牧及刺史纷纷割据一方，不再受朝廷节制。

　　公元189年汉灵帝驾崩，外戚与宦官的斗争再次出现。宦官蹇硕等意图杀害外戚大将军何进，改立太子刘辩的弟弟陈留王刘协，然而失败。汉少帝刘辩顺利继立后，何进又与袁绍等士大夫企图去除以张让为首的十常侍及其他宦官。何进令凉州董卓、并州丁原带兵增援。

谁料宦官们先发制人，在董卓军到达洛阳前杀死何进。而袁绍则以为何进报仇为名率军入宫，杀死十常侍等宦官两千多人。虽然困扰东汉上百年的外戚与宦官之争就此终结，却也方便了率军入都城的董卓顺势夺取朝政大权。

董卓为了夺权，开始铲除反对者，手段残暴，引起了诸多不满。他指使吕布杀死掌管都城禁卫的丁原夺得其军队，袁绍及曹操等原先掌握过兵权的将领纷纷逃离首都洛阳。最后董卓废除并杀死了汉少帝，改立刘协为帝，史称汉献帝，至此董卓完全掌握了朝廷。

群雄割据

公元190年，东郡太守桥瑁诈称以京师三公之名向各地发檄文，陈述董卓的恶行，联络各地州牧、刺史及太守讨伐董卓，共有十一路地方军加入，群雄并起，共推袁绍为盟主，史称"关东军"。董卓为了回避其锋芒，挟持汉献帝、强迁居民，迁都到长安，并火烧旧都洛阳。其间，各路关东联军彼此观望，按兵不动，只有孙坚、曹操二人真正出兵与董卓对战，但因双方兵力悬殊，曹操兵败撤退，而关东军也随之解散。此后，群雄纷纷割据一方，互相攻击。董卓迁都后，自封为太师，继续掌控朝政。

公元192年，董卓最后被司徒王允和部下吕布等合谋刺杀，其族人也被屠灭殆尽。讨伐董卓之战结束后，各地方军阀对东汉皇帝政权已不加理会，转而发展各自的势力。此时期各势力中成绩最突出的是袁绍与曹操，袁绍先用计占据韩馥的冀州，继而打败田楷、臧洪、公孙瓒等人，掌握青、冀、幽、并四州，雄霸河北，气势强劲。曹操四处征战，收编黄巾军余部男女老少三十万人，选择精锐力量组成了著名的"青州军"，几经转折，控制了兖州。曹操奉立东逃的献帝于许城后，借由朝廷名义来讨伐各地群雄；先后破袁术、灭吕布、降张绣、逐刘备，奠定了成就霸业的基础。

枭雄曹操

曹操，字孟德，沛国谯县（今安徽亳州）人，出生于一个显赫的官宦家庭。曹操的祖父曹腾，是东汉末年宦官集团中的一员。父亲曹嵩，是曹腾的养子，于是改姓曹。年轻时期的曹操就非常机智，有随机权衡应变的能力。二十岁的时候，曹操担任了洛阳城的一个小官。在任期间，他不惧权贵，得到了百姓的交口称赞。公元184年，黄巾起义爆发，曹操在对抗黄巾军的战斗中崭露头角，后被封为西园八校尉之一。

公元189年，董卓带兵进入洛阳，废少帝，立献帝刘协，后又杀太后及少帝，自称太师，专擅朝政。曹操看不惯董卓的骄横跋扈，于是逃出了洛阳。到陈留后，号召天下英雄共同讨伐董卓。公元190年正月，袁术等人共推渤海太守袁绍为盟主，曹操任代理奋武将军，参加讨董联军。2月，被联军击败的董卓胁迫献帝迁都长安，自己则焚毁宫室，劫掠人民，致使洛阳方圆二百里荒芜凋敝无复人烟。而关东联军惧怕董卓精锐的凉州军的战力，无人敢向关西推进，全都屯兵酸枣（今河南延津北）一带。曹操认为董卓倒行逆施，使百姓生活在水深火热之中，应乘机与之决战，于是独自引军西进，结果遭遇与董卓大将徐荣交锋，因双方兵力悬殊，曹操大败，士卒死伤大半，自己也被流矢所伤，幸好得到堂弟的救护。

回到酸枣，曹操建议诸军各据要地，再分别向武关（今陕西丹凤东南）进军，围困董卓，关东诸将并不合作。他们名为讨董卓，实际各自心怀鬼胎，意在伺机发展自己的势力。不久，联军之间发生摩擦，相互火拼。联合军至此解散。曹操单独去了扬州，在那里招兵买马，养精蓄锐。公元 193 年，青州黄巾军大获发展，连破兖州郡县，曹操在众人推举下出任兖州牧，领兵对抗黄巾军。曹操"设奇伏，昼夜会战"，终于将黄巾军击败。曹操将黄巾军的精锐力量收为己用，组成军队，号青州兵，实力大增。

献帝刘协自被董卓劫至长安后，一直处于颠沛流离之中。公元 195 年，献帝终于回到洛阳。洛阳经董卓之乱，已是一片废墟。百官没有地方居住，连粮食也不充裕。这时，驻兵在许城（今河南许昌）的曹操接受了谋士毛玠"挟天子以令诸侯"的建议，亲自到洛阳朝见献帝。公元 196 年，汉帝迁都许城，从那时起，许城成了东汉的临时首都，改名为许都。从此，曹操取得了"挟天子以令诸侯"的政治优势。

青梅煮酒论英雄

刘备是西汉中山靖王刘胜之后，刘弘之子。他早年丧父，母亲以贩鞋织席为生。十五岁时跟随当世大儒卢植学习，并结识了军阀公孙瓒。

刘备平时沉默寡言，待人谦虚恭敬，情感很少表露于外，非常喜欢和豪杰游侠交往，许多有才能的人都围在他身边。黄巾起义爆发后，刘备因镇压起义军有功被封为安喜县县尉，后来，朝廷有令：如因军功而成为官吏的人，都要被选精汰秽。刘备听到自己要被遣散的消息，被迫与关羽、张飞逃亡。后来，刘备与青州刺史田楷一起对抗冀州牧袁绍，因为累次建立功勋而得到代理平原县县令的职位，后任平原相国。刘备外御贼寇，在内则乐善好施，在当地获得了百姓的爱戴。当时黄巾余党攻打北海，北海相孔融被大军所围，情势危急，便派太史慈突围向刘备求救。刘备立即派三千精兵随太史慈去北海救援。黄巾军得知有援军，都四散而逃，孔融得以解围。

公元 194 年，曹操借口为父报仇而再次攻打徐州，徐州牧陶谦不能抵挡，向青州刺史田楷求救。刘备率军前往救援，也被曹操击败。恰好这时张邈等人向曹操进军，曹操根据地失陷，于是退兵。陶谦任命刘备为豫州刺史。次年，陶谦病故，遗命将徐州交与刘备。刘备又得到糜竺、陈登、孔融等人拥戴，任徐州牧。公元198年，吕布派高顺和张辽进攻刘备，曹操虽派夏侯惇援救，但被击败。刘备在梁国国界中与曹操相遇，于是与曹操联合进攻吕布，吕布投降后，刘备力劝曹操杀死吕布。后来，刘备与曹操回到许都，被封为左将军。

公元199年，汉献帝觉得曹操权力太大，便要车骑将军董承设法除掉曹操。董承带着汉献帝的衣带诏秘密联络刘备要求一起共事，刘备同意了。不久之后的一天，曹操邀请刘备喝酒，两人谈得很投机。期间，曹操拿起酒杯，问刘备当今天下的英雄有几人。刘备摇头说不知。曹操说："唯使君与操耳。"刘备心惊，筷子掉落。这时正巧天边闪过一道电光，于是，刘备随机应变，说道："这么大的雷，吓死我了。"曹操哈哈一笑。

宴席散了之后，刘备觉得曹操日后必定难容自己，于是决定寻找机会离开许都。恰逢当时袁绍派儿子去青州接应袁术，曹操派熟悉青州情况的刘备去截击袁术。刘备接到曹操的命令后，就赶紧和关羽、张飞离开了许都，兵败后，投奔冀州袁绍去了。

🌊 官渡之战

公元196年，曹操把汉献帝挟持到许昌，形成"挟天子以令诸侯"的局面，取得政治上的优势。公元197年春，袁术（袁绍之弟）在寿春（今安徽寿县）称帝。曹操即以"奉天子以令不臣"为名，讨伐袁术。经过几次战役，曹操控制了黄河以南，淮、汉河以北大部分地区。公元198年，袁绍击败公孙瓒，占有青、幽、冀、并四州之地，从而与曹操形成沿黄河下游南北对峙的局面。袁绍的兵力在当时远远胜过曹操，自然不甘屈居于曹操之下，他决心同曹操一决雌雄。

公元 199 年，袁绍挑选精兵十万、战马万匹，企图南下进攻许都，官渡之战的序幕由此拉开。在此之前，曹操为避免腹背受敌，已先击溃与袁绍联合的刘备，并进驻易守难攻的官渡。4 月，曹操以声东击西之计，在白马击斩袁将颜良，大败袁军。袁绍初战失利，锐气受挫，改分兵进击为结营紧逼。两军对垒于官渡，相持数月。曹操外境困难，前方兵少粮缺，士卒疲乏，后方也不稳固，曹操几乎失去坚守的信心。多亏谋士荀彧的开导，曹操才得以坚持危局。他一方面加强防守，命负责后勤补给的任峻采取十路纵队为一部，缩短运输队的前后距离，并用复阵（两列阵），加强护卫，防止袁军袭击；另一方面积极寻求和捕捉战机，击败袁军。不久之后，曹操敏锐地抓到机会，派曹仁、史涣截击、烧毁袁军数千辆粮车，增加了袁军的补给困难。

同年 10 月，袁绍派车运粮，并令淳于琼率兵万人护送，将粮食囤积在袁军大营以北的故市、乌巢。恰在这时，袁绍谋士许攸投奔曹操，建议曹操轻兵奇袭乌巢，烧其粮草。曹操立即付诸实行，留曹洪、荀攸守营垒，亲自率领五千兵马，冒用袁军旗号，利用夜暗走小路偷袭乌巢，到达后立即围攻放火。袁绍获知曹操袭击乌巢后，只派轻骑救援，主力则猛攻曹军大营。可曹营坚固，攻打不下。曹操率兵力战，大破袁军，并将袁绍的粮草全数烧毁。袁军前线闻得乌巢被破，导致军心动摇，内部分裂，大军溃散。袁绍仓皇退兵。

官渡之战，经过一年多的对峙，以曹操的全面胜利而告结束。曹操以两万左右的兵力，出奇制胜，击破袁军十万兵力。公元 202 年，袁绍因兵败忧郁而死，曹操乘机彻底击灭了袁氏军事集团，五年之后，曹操又征服乌桓，至此，战乱多时的北方实现了统一。

⚘ 孙氏占江东

正当曹操在经营北方的统一事业的时候，南方有一股割据势力逐渐强大起来。这股势力的主人就是孙策、孙权兄弟。孙策，字伯符，他的父亲是因对抗黄巾军有功而被朝廷封为长沙太守的孙坚。

黄巾起义时，孙坚随朱儁到中原镇压黄巾，后转战于凉州和荆州江南地区。董卓专权时，孙坚参加讨伐董卓的联军，隶属于袁术，意外获得"传国玉玺"。在奉命进攻荆州刺史刘表时，被刘表部下黄祖射杀。孙坚死后，长子孙策统领部众，约于公元194年向袁术献玉玺后借三千兵马离开袁术，开始向江东发展，后得到周瑜等人的助力，经过几年的发展，实力增强。公元196年，献帝迁都许城以后，孙策反抗袁术而联合曹操，被封为吴侯。公元199年，孙策击破庐江太守刘勋，吞并了他的地盘。孙策到江东之后，军纪严明，不许士兵抢掠百姓，受到当地百姓的欢迎。次年，孙策出门打猎，被仇家射杀，临终将发展江东的重任交到弟弟孙权手上，并要求周瑜尽心辅助。

孙权自幼文武双全，早年随父兄征战沙场，精通骑射，相传年轻时常常乘马射虎，胆略超群。公元208年，孙权起兵西进，收复甘宁，剿灭了黄祖，为父亲报仇，同时扩展了自己的势力。在张昭和周瑜的辅助之下，孙权用心经营江东的事业。

⚘ 三顾茅庐

公元201年，曹操亲自讨伐刘备，刘备投靠荆州刘表。刘表亲自到郊外迎接刘备，安排刘备在新野屯兵。公元202年，刘表命令刘备带军北上，到叶县，遭遇到夏侯惇、于禁、李典军队的抵挡。刘备假装退兵，设下埋伏。李典认为这是刘备的计策反对贸然进军，夏侯惇不听，被刘备打败，幸好李典及时赶来。刘备军力过少，知道相持下去占不到便宜，于是退军。刘备在荆州数年，感慨时间的流逝，积极寻找机会实现自己的政治抱负。他四处招揽人才，为自己出谋划策。其中，刘备最赏识的是徐庶。

有一天，徐庶对刘备说，隐居在隆中的诸葛亮是当今少见的人才，既有学识又有谋略。于是刘备就和关羽、张飞带着礼物到隆中卧龙岗去请诸葛亮出山辅佐他。恰巧诸葛亮这天出去了，刘备只得失望而归。不久，刘备又和关羽、张飞冒着大风雪第二次去请。不料诸葛亮又出外闲游去了。张飞本不愿意再来，见诸葛亮不在家，就催着要回去。刘备只得留下一封信，表达自己对诸葛亮的敬佩和请他出来帮助自己挽救国家危亡局面的意思。过了一些时候，刘备斋戒了三天之后，准备再去请诸葛亮。关羽说诸葛亮也许是徒有一个虚名，未必有真才实学，不用去了。张飞却主张由他一个人去叫，如他不来，就用绳子把他捆来。刘备把张飞责备了一顿，又和他俩第三次拜访诸葛亮。到时，诸葛亮正在睡觉。刘备不敢惊动他，一直站到诸葛亮自己醒来，才彼此坐下谈话。诸葛亮精辟地分析了当时的形势，提出了首先夺取荆、益作为根据地，对内改革政治，对外联合孙权，南抚夷越，西和诸戎，等待时机，两路出兵北伐，从而统一全国的战略思想（这次谈话即是著名的《隆中对》）。刘备赞叹不已，并恳请诸葛亮出山。诸葛亮见刘备如此诚恳，于是答应出来辅助刘备成就一番事业。

从此，年仅二十七岁的诸葛亮用他的全部智慧，尽心辅助刘备实现政治抱负，成就霸业。

赤壁之战

曹操基本上统一了北方之后，于公元 208 年正月回到邺城（今河北临漳西南），立即开始为南征做好军事上和政治上的准备。军事方面，曹操下令建造了玄武池训练水军，派遣张辽、乐进等驻兵许都以南，准备南征；同时为了解除后顾之忧，对可能动乱的关中地区采取措施，上表汉献帝封马腾为卫尉，封其子马超为偏将军，继续代替马腾统领部队，令马腾及其家属迁到邺作为人质，以减轻西北方向的威胁；政治方面，自任丞相，进一步维护自己的政治权威。

同年秋天，曹操率领三十万大军，号称八十万，南下攻打荆州。而刘表也在此时病死，其次子刘琮接位。刘琮软弱无能，接受了蒯越与傅巽等的劝说，没有通知屯兵于樊城前线的左将军刘备，偷偷地投降了曹操。刘备直至曹操大军已经到达宛城附近时才得知刘琮已向曹操投降。刘备既惊骇又气愤，为避免陷入孤立，只好立即弃樊南逃。当他撤退的时候，荆州有十多万百姓跟随。刘备不舍放弃这些百姓，因此行军速度很慢，在长坂坡被曹军追上，大败，只得逃到刘琦驻守的夏口。

曹操夺得荆州的消息传到江东，孙权部下文武百官非常震惊，主战主降，议论不休。后来，孙权听从周瑜和鲁肃的劝说，决定与曹操决一死战。于是孙权派鲁肃以为刘表吊丧为名去荆州探听刘备等人的意向及消息。鲁肃建议刘备将军队驻扎到长江南岸的樊口，以便和东吴互通消息。刘备也派诸葛亮出使到江东，双方结盟，共抗曹军。

12 月，周瑜率领军队在樊口与刘备会合。然后两军逆水而上，行至赤壁，与正在渡江的曹军相遇。曹军当时瘟疫流行，而新编水军及新归附的荆州水军难以磨合，士气明显不足，因此初战被周瑜水军打败。

曹操不得不把水军"引次江北"与陆军会合，把战船靠到北岸乌林一侧，操练水军，等待良机。周瑜则把战船停靠南岸赤壁一侧，隔长江与曹军对峙。北方士卒不习惯水战，于是曹操下令将战船相连，减弱风浪颠簸。周瑜考虑到敌众己寡，久持不利，决意寻机速战。部将黄盖针对曹军"连环船"的弱点，建议火攻并通过诈降来接近曹军，得到赞许。黄盖派部下将投降书送到曹营，曹操不知是计，丝毫没有怀疑。

到了约定的时间，黄盖率领二十只装满干草等易燃物的战船向对岸驶去。在离曹军约二里左右时，黄盖下令将战船点燃，自己则率领部下乘坐事先预备好的小船。二十只战船像飞驰的火龙，顺着风驶入曹营。曹营顿时变成了一片火海。在对岸的孙刘联军横渡长江，趁乱大败曹军。曹操见败局已无法挽回，引军沿华容小道（今湖北监利北），向江陵方向退却，周瑜、刘备军队水陆并进，一直尾随追击。

赤壁之战是古代著名的以少胜多的战役，奠定了三国鼎立的基础。

三国鼎立

赤壁之战的失利使曹操失去了在短时间内统一全国的可能性，而孙、刘双方则借此机会开始发展壮大各自势力。三国鼎立的局面逐渐形成。

赤壁之战后，孙权、刘备双方也开始各自争夺荆州。刘备向荆南施压，成功逼降荆南四郡；而孙权部将周瑜也向荆州南郡发兵，用了很长时间，最终攻克南郡。孙权为向刘备示好，将其妹孙尚香嫁给刘备。而孙权为拓展势力，占据了交州。其后，周瑜曾想出兵攻打益州，但在途中病逝。鲁肃接替周瑜的职位之后，答应将南郡借给刘备。而曹操在南方战争失败，转移向西发展，曹操欲进攻汉中张鲁，西凉诸军阀怀疑曹操会攻击自己，在公元211年起兵，共推马超、韩遂为首领，曹操率军镇压，成功将西北一带收为领地。公元215年，曹军攻占阳平关，击败、降服了汉中张鲁。

公元 216 年，汉献帝册封曹操为魏王。公元 220 年 3 月 15 日，曹操于洛阳逝世，其子曹丕继位后不久称帝，追谥曹操为"武皇帝"。

公元 211 年，刘备率部进入益州，逐步占据了原来刘璋的地盘。公元 219 年，刘备从曹军手中夺得汉中，关羽也向曹军发起进攻，但是孙权遣军袭杀关羽，占领荆州大部，隔三峡与汉军相持。公元 221 年，刘备在成都即位自称汉皇帝，年号章武。公元 222 年，刘备出兵与吴军相持于夷陵，猇亭一战，被吴将陆逊击败，退回益州，不久便病逝于白帝城。猇亭之战以后不久，蜀汉、东吴恢复结盟关系，共抗曹魏。公元 229 年，孙权在武昌（今湖北鄂城）登基为皇帝，建国号大吴，东吴王朝正式建立，不久之后迁都建业（今江苏南京）。至此，三国鼎立局面正式形成。南北之间虽然还常有战事发生，有时规模还比较大，但是总的说来，力量大体平衡，鼎足之势维持了四十多年之久。

❧ 五虎上将

公元 219 年，刘备攻取汉中，自立汉中王，册封麾下关羽、张飞、赵云、马超、黄忠为"五虎大将"，后人也习惯称为"五虎上将"。

关羽（？～ 220 年），字云长，本字长生，河东解县（今山西运城）人，死后受民间推崇，又经历代朝廷褒封，被人奉为关圣帝君，尊称为"关公"。关羽重许诺，守信用，对刘备无限忠诚。他与刘备同甘共苦许多年，恪守信义，始终不渝。即使白马被擒，身在曹营，也仍不忘旧恩，终于复归刘备。关羽勇武异常，冠于全军。后世小说，写他温酒斩华雄、三英战吕布、斩车胄、斩颜良、诛文丑、挂印封金、千里走单骑、单刀赴会、水淹七军等，虽有些许违背史实之处，但却也突出表现了他的武勇和神韵。至于刮骨疗毒，更是尽人皆知的故事。

张飞（？～ 221 年），字益德（《三国演义》中为翼德），涿郡（今河北涿州）人，是《三国演义》中桃园结义的老三。曾在虎牢关与关羽、刘备一起迎战吕布。长坂坡桥头上一声吼，吓退曹操五千精骑，分定州县，率精兵万多人，败张郃大军，刘备称王后，拜为右将军，称帝后，拜为车骑将军，封西乡侯。公元221年为替关羽报仇，同刘备起兵攻伐东吴。临行前，被部将范强、张达刺杀，死时只有五十五岁。

赵云（？～229年），字子龙，常山真定（今河北正定）人，身长八尺，姿颜雄伟，官至镇东将军，永昌亭侯，谥曰顺平侯。赵云戎马一生，骁勇善战，胆略过人，刚毅谨细，刘备称其一身是胆，军士呼他为虎威将军。赵云见识卓远，清楚认识到吴蜀关系为唇齿相依，力主维护孙、刘联盟。蜀军街亭失利后，各处皆损兵折将，唯有赵云亲自断后，所属兵将及军资物品都无重大损失，丞相诸葛亮要把军队剩余物资奖赐赵云将士，赵云不受，认为蜀军兵败，不应受赏，诸葛亮对他的德行十分赞赏。赵云以霍去病"匈奴未灭，何以家为"之例劝阻刘备分田宅赐将，认为田地应交与百姓耕种，房宅也应归还百姓。赵云为国，不被天姿国色所迷，为民，不为良田豪宅所动，时人与后人皆敬其德。

马超（公元176～222年），字孟起，扶风茂陵（今陕西兴平）人。马超是东汉初年伏波将军马援的后人，起初随父亲马腾在西凉为一方军阀，后与韩遂一同进攻潼关，被曹操以离间计击败。此后马超又起兵攻杀凉州刺史韦康，不久被韦康故吏杨阜击败，投奔张鲁。刘备入蜀后，马超投奔刘备，并为刘备做先锋前驱，率兵进入成都。刘备称汉中王后拜马超为左将军；公元221年刘备称帝，又封马超为骠骑将军，领凉州牧，封氂乡侯。公元222年，马超病逝，终年四十七岁。

黄忠（？～220年），字汉升，荆州南阳（今河南南阳）人。黄忠原在荆州军阀刘表麾下任职中郎将，与刘表从子刘磐共守长沙攸县。后来曹操南侵荆州，仍然担任旧职，统属于长沙太守韩玄手下。赤壁之战后，刘备征荆南四郡。黄忠随长沙太守韩玄投靠刘备，并随刘备军队入川。后刘备与刘璋决裂，黄忠于葭萌关受命进攻成都，作战时身先士卒、勇冠三军。益州定后，被封为讨虏将军。公元 219 年，刘备北攻汉中时，黄忠在定军山战役中，对着魏军将领夏侯渊的精英部队，仍带领士卒奋勇杀敌，更斩杀夏侯渊，大败曹军，被升为征西将军。同年，刘备称汉中王，改封黄忠为后将军，赐关内侯，与张飞、马超、关羽同位。黄忠次年和刘备伐吴，不幸被乱箭射死，追谥刚侯。

🌀 空城计

公元 227 年冬天，诸葛亮率领大军驻守在魏蜀交界的汉中，以寻找机会向魏国进攻。蜀军经过诸葛亮的严格训练，士气旺盛，奇袭祁山之后，取得了一系列的胜利。魏国派司马懿领军五万，对抗蜀军。

诸葛亮因错用马谡而失掉战略要地——街亭，魏将司马懿乘势引大军向诸葛亮所在的西城蜂拥而来。当时，诸葛亮身边没有大将，只有一班文官，所带领的五千军队，也有一半运粮草去了，只剩两千五百名士兵在城里。众人听到司马懿带兵前来的消息都大惊失色。诸葛亮登城楼观望后，对众人说："大家不要惊慌，我略用计策，便可让司马懿退兵。"

于是，诸葛亮传令，把所有的旌旗都藏起来，士兵原地不动，如果有私自外出以及大声喧哗的，立即斩首。又叫士兵把四个城门打开，每个城门之上派二十名士兵扮成百姓模样，洒水扫街。诸葛亮自己披上鹤氅，戴上纶巾，领着两个小书童，带上一张琴，到城上望敌楼前凭栏坐下，燃起香，然后慢慢弹起琴来。

司马懿的先头部队到达城下，见了这种气势，都不敢轻易入城，便急忙返回报告司马懿。司马懿听后，笑着说："这怎么可能呢？"于是便令三军停下，自己飞马前去观看。离城不远，他果然看见诸葛亮端坐在城楼上，笑容可掬，正在焚香弹琴。左面一个书童，手捧宝剑；右面也有一个书童，手里拿着拂尘。城门里外，二十多个百姓模样的人在低头洒扫，旁若无人。司马懿看后，疑惑不已，便来到中军，命令后军充做前军，前军做后军撤退。他的次子司马昭说："莫非是诸葛亮军中无兵，所以故意弄出这个样子来？父亲您为什么要退兵呢？"司马懿说："诸葛亮一生谨慎，不曾冒险。现在城门大开，里面必有埋伏，我军如果进去，正好中了他们的计。还是快快撤退吧！"于是各路兵马都退了回去。

🐚 司马氏夺权

公元 234 年，操劳过度的诸葛亮病死在军中。在很长一段时间内，蜀国都没有足够的力量进攻魏国。魏国的外部压力暂时解除。

公元 239 年，魏明帝曹睿病逝，临终时托付曹爽与司马懿辅佐当时年仅八岁的齐王曹芳治理天下。曹爽与司马懿互相排挤，经过激烈的权力争斗，司马懿尽诛曹爽一党，魏国军政大权自此落入司马氏手中。

司马懿死后，大儿子司马师不久废黜了已经成年但迟迟未能亲政的曹芳，另立十三岁的曹髦为帝，权势比司马懿更大，但没有多久，就病死了。司马师在病重的时候，把一切权力交给了弟弟司马昭。司马昭总揽大权后，野心更大，总想取代曹髦。他不断铲除异己，打击政敌。年轻的曹髦知道自己即便做"傀儡"皇帝也很难当长，迟早会被司马昭除掉，就打算铤而走险，用突然袭击的办法，杀掉司马昭。

一天，曹髦把跟随自己的心腹大臣找来，对他们说："司马昭之心，路人皆知也。我不能白白忍受被推翻的耻辱，我要你们同我一道去讨伐他。"几位大臣知道这样做等于是飞蛾投火，都劝他暂时忍耐。在场的一个叫王经的人对曹髦说："当今大权落在司马昭手里，满朝文武都是他的人；君王您力量薄弱，莽撞行动，后果不堪设想，应该慎重考虑。"

曹髦不接受劝告，亲自率领左右仆从、侍卫数百人去袭击司马昭。

谁知大臣中早有人把这消息报告了司马昭。司马昭立即派兵阻截，把曹髦杀掉了。之后，司马昭立曹奂为帝，彻底控制了曹魏政权。

公元 263 年，司马昭派钟会、邓艾、诸葛绪分兵三路南平蜀汉，与蜀汉大将军姜维发生拉锯战，魏军被挡于剑阁前，邓艾避开姜维大军的锋芒，抄阴平小路直取涪城，进逼成都，蜀汉后主刘禅投降，蜀汉被魏所灭。钟会和姜维在成都发动兵变，被司马昭快速平定。

暂结乱世

司马昭灭了蜀汉之后，积极准备向东吴进军，但是身染重病，没过多久就去世了。次年 1 月，司马炎逼迫魏元帝曹奂禅让，自己即位为帝，国号晋。晋武帝大肆分封宗室为王并使其掌握兵权。公元 280 年 3 月东吴君主孙皓投降，孙吴灭亡，自从黄巾之乱以来的分裂局势暂时获得统一。晋统治疆域南至南海，西至葱岭，西南至云南、广西，北至大漠，东至辽东。

晋武帝本人是继承司马懿、司马师、司马昭三代的基业而称帝的，但本身并非英明之君。他罢废州郡武装，大肆分封宗室，允许诸王自选长吏和按等置军，而且无法妥善处理少数民族内迁问题。这些都种下日后八王之乱与永嘉之乱的祸根。

公元 290 年，晋武帝司马炎病死，惠帝即位。惠帝的皇后贾南风想独揽大权，与辅政的外戚杨骏发生矛盾。公元 291 年贾后杀死杨骏，司马氏内部开始发生一连串政治残杀和战争，先后有八个分封为王的皇族为了争夺中央政权，进行了大规模的混战，历时十六年之久。这就是历史上的"八王之乱"。公元 311 年，匈奴贵族乘机攻进洛阳，俘虏晋怀帝，并将洛阳洗劫一空。西晋王朝元气大伤。五年之后，刘渊族子刘曜攻占长安，俘虏晋愍帝，西晋灭亡。这时，曹魏以来迁居塞内的游牧民族也乘机起兵称帝，全国又陷入分裂混战的局面。除汉族之外，先后有五个少数民族（匈奴、鲜卑、氐、羌、羯）的十六七个割据者建立了政权，分裂的局面持续了一百三十多年，史称"五胡十六国"时代。公元317年，晋朝宗室司马睿在南方重建晋王朝，占有今长江、珠江及淮河流域，定都建康，史称东晋。

☙ 淝水之战

西晋末年的腐败政治，引发了社会大动乱，中国历史进入了分裂割据的南北朝时期。在南方，晋琅邪王司马睿于公元317年在建康（今江苏南京）称帝，建立东晋，占据了汉水、淮河以南大部分地区。在北方，各少数民族政权纷争迭起。由氐族人建立的前秦国先后灭掉前燕、代、前凉等割据国，统一了黄河流域。以后又于公元373年攻占了东晋的梁（今陕西汉中）、益（今四川成都）二州，将势力扩展到长江和汉水上游。前秦皇帝苻坚因此踌躇满志，欲图以"疾风之扫秋叶"之势，一举荡平偏安江南的东晋，统一南北。

公元383年，苻坚不顾大臣的反对，亲自率领三十万大军大举南下攻晋。东晋王朝在强敌压境、面临生死存亡的危急关头，以丞相谢安为首的主战派决意奋起抵御。经谢安举荐，晋帝任命谢安的弟弟谢石为征讨大都督，谢安的侄子谢玄为先锋，率领经过七年训练、有较强战斗力的"北府兵"（在北方的流亡移民当中选拔精壮者，加以严格训练培育出的一支军队，为东晋时期战斗力最强的主力军）八万沿淮河西上，迎击秦军主力。

前秦的军队紧逼淝水而布阵，东晋的军队无法渡过。谢玄派使者给阳平公苻融一份战书，要求迅速决战，条件是秦军能够主动后撤，腾出一块空地作为交战的地方，让晋军得以渡河，然后一决胜负。前秦的将领都反对答应晋军的要求，然而苻坚却同意晋军的条件，说：我们只带领兵众稍微后撤一点儿，等他们渡河渡到一半，我们再出动铁甲骑兵奋起攻杀，一定可以取得胜利。谢石和谢玄得到秦军答应撤退的消息后，马上整顿兵马，指挥渡河。前秦的军队稍微后撤时，朱序在军阵后面高声呼喊："秦军失败了！"兵众们听到后就狂奔乱逃。渡河之后，晋军乘秦军后退迅猛地发起攻击，秦军由于军心早已涣散，在晋军的攻击下一退不可遏止。秦军大败，苻坚率部下十多万人逃回北方。

淝水之战后，苻坚统一南北的希望彻底破灭，不仅如此，北方暂时统一的局面也随之解体，再次分裂成更多的地方民族政权，鲜卑族的慕容垂和羌族的姚苌等其他贵族重新崛起，各自建立了新的国家。两年后，苻坚被姚苌俘杀，前秦灭亡。

气吞万里的宋武帝

宋武帝刘裕（公元 363 ~ 422 年），字德舆，小名寄奴，南北朝时期宋朝的建立者。幼年家境贫苦，竟沦落到靠卖草鞋为生。不过，刘裕少有大志，一心想做一番惊天动地的大业。带着如此雄心壮志，刘裕从军，成为东晋北府军的下级军官。刘裕为人机智有谋、勇敢善战，多次克敌制胜，屡立战功。因功升建武将军、下邳太守、彭城内史。刘裕从此起家，成为东晋一员虎将。后来刘裕逐渐控制了东晋朝政，权倾朝野。公元 420 年，刘裕逼迫司马德文禅让，登上帝位，国号宋，改年号为永初，历史开始进入南北朝时期。初期，因刘裕在晋朝末期收复北方的青、兖、司三州，大致拥有黄河以南的广大地区，成为东晋南朝时期疆域最大的一个王朝。刘裕在位三年后去世。

刘裕当政期间，吸取了前朝士族豪强挟主专横的教训，抑制豪强兼并，并采取了很多措施以巩固帝位，而且他十分关心百姓生活，曾多次下令减免税役，这也显示了这位创业之君的治国才能。宋代文豪辛弃疾也曾写下"金戈铁马，气吞万里如虎"这样豪迈的词句来赞扬他的功绩。

拓跋焘统一北方

淝水之战后不久，前秦政权土崩瓦解。曾臣服于秦的各派势力纷纷举兵反叛。北部中国重新陷于分裂，出现了不相宾属、彼此攻杀的许多割据政权。公元386年，拓跋珪乘机复国，改国号为"魏"，即北魏。拓跋焘继位的时候，北方各割据政权，经过相互吞并，只剩下北凉、北燕、夏和西秦了。

拓跋焘凭借其祖父、父亲创业、发展的基础，并重用汉世家大族崔浩等谋臣，把握作战时机，大展宏图。通过征战，于公元431年灭夏（在此之前，夏已灭西秦）；五年之后灭北燕；公元439年灭北凉，使西晋灭亡后纷纷扰扰一百多年的北方，复归统一。北魏的统治区域北至蒙古高原，西至新疆东部，东北至辽西，南大致以淮河、秦岭为界，与南方的刘宋对峙。

拓跋焘晚年刑罚过于残酷，诛戮过多，于公元452年被宦官宗爱（时任中常侍）暗杀。之后，北魏的政治腐败不堪，不断引起人民的反抗。公元471年，北魏孝文帝即位后，顺应历史潮流，相继采取了一系列汉化措施，缓解了民族之间的矛盾。

魏孝文帝推行文治，在亲政之初，即整顿吏治。这大大改变了官吏冗散的状况，使百官勤于政事，对完备封建国家封建制度起到良好的作用。公元485年，魏孝文帝颁布了均田令，于公元486年，又下令实行三长制。这一系列改革措施使北方经济逐渐恢复和发展起来，保证了封建国家的财政收入。孝文帝迁都洛阳以后，开始第二期改革。改革的重点是改变鲜卑族内迁者原有的生活习俗，促进鲜卑族积极接受汉文化，主要是在服装、语言、籍贯、姓氏四个方面进行改革。

魏孝文帝的改革，促进了北方民族的融合，出现了历史上的北魏盛期。在他迁都洛阳之后建造了龙门石窟，为人类留下了一笔宝贵的文化遗产。但是改革后期，因种种因素造成汉化与反汉化两大阵营的对抗，公元534年，北魏分裂为东魏与西魏，隔黄河而治，东魏后被北齐所替代、西魏被北周所替代。

☙ 南方的开发

东汉末年，北方大规模的战乱连绵不断，经济文化遭受毁灭性打击，长安、洛阳两大古都几经洗劫，黄河中下游的高度文明一再遭到破坏，人民流离失所，出现了"白骨露于野，千里无鸡鸣"的惨状。而生产力水平较低的长江流域此时却获得了发展经济的一些便利条件：社会相对安定，有利于经济的发展；大批北方人口迁居南方，为南方的发展提供了丰富的劳动力以及先进的生产工具、生产技术。因此魏晋南北朝时江南的经济逐渐和北方趋于平衡，为以后经济重心的南移打下了基础，为国家实现政治统一提供了必要的经济前提，也为隋唐时期封建经济的空前繁荣准备了条件。

魏晋南北朝时期是政治黑暗而混乱的时代，但同时也是自我意识觉醒、人们思想活跃的时代。生活在这样动荡的社会中，人们经常感到生死无常，生命如海中孤舟，随时有覆灭的危险，因此人的个体生存价值受到前所未有的重视，个体生命呈现为多姿多彩的美。魏晋南北朝时期，科学技术有了显著进步。这一时期科学技术，继承了前代的成就，在数学、农学、地理学、天文历法、机械制造、冶炼技术、医学等许多方面又多有创新。

隋、唐、宋时期

有人把出现于欧洲中世纪的庄园制度照搬到中国来，我认为这真是把历史当成了一个百依百顺的女孩子，当成可以随意摆布的一百个大钱了，这不免太践踏了历史。

——邓广铭 历史学家，长期执教于北京大学

杨坚建隋

自西晋灭亡后，中国北方一直处于"五胡十六国"割据的混乱局面，直至公元386年鲜卑族拓跋部在北方建立起魏国后，北方才脱离了东晋名义上的统治，使局势逐渐安定起来。公元439年，北魏太武帝统一北方。公元471年，北魏孝文帝即位，开始了北魏的重大改革，中国的北方已经开始进入了其民族融合的阶段。孝文帝死后，北魏开始逐步走向衰落。公元534年，北魏的孝武帝因不满当时掌控实权人物高欢的胁迫，出走于长安宇文氏家族，而高欢则另立元善见为帝，于是北魏分裂为东西两部分。

不久之后，宇文泰将孝武帝杀害，改立南阳王宝炬为帝，与高欢所建的东魏对立，建都长安。公元557年，宇文泰的侄子宇文护得将领支持，逼迫西魏恭帝禅让，由宇文泰的儿子宇文觉即位，建立北周，建都长安，西魏政权灭亡。在整个西魏统治时期，一直都由权臣宇文泰控制着政权，在他的努力下，北方经济逐渐恢复，人民安居乐业。

东魏由高欢拥立北魏孝文帝——年仅十一岁的曾孙元善见为孝静帝，为自己登上帝位而铺路，并与宇文泰所建的西魏对立，建都邺城。在整个东魏统治时期，一直都由权臣高欢控制着政权，他只是玩弄权术，筹备篡位，因此国内土地兼并问题严重，民族矛盾尖锐，而且屡败于西魏。公元550年，高欢的儿子高洋取代东魏，建立新政权，国号齐，此后东魏全境进入北齐的统治。公元577年，北齐政权被北周代替。

北周宣帝时期政治腐败，民不聊生，社会矛盾激化，统治集团内部的分裂，给杨坚为首的汉人将领夺取政权提供了良机。公元580年，周宣帝病死，即位的周静帝只有八岁，以大丞相身份辅政的杨坚，控制了北周的军政大权。公元581年，杨坚在消灭北周残余势力后，以"受禅"为名，废周静帝自立为帝，是为隋文帝，国号为隋，改元开皇，定都大兴（今陕西西安）。隋朝的历史就从这一年开始。公元588年，隋文帝以次子杨广和大臣杨素为统帅，率兵五十余万，大举伐陈。次年，隋兵攻入建康，陈（南朝的最后一个政权）灭亡。从东晋十六国以来长达三百年的分裂割据局面至此结束。

开皇之治

隋文帝完成统一大业后，一面躬行俭朴，一面采取了许多有利于巩固政权的措施。鉴于东汉至隋南北分裂达四百多年之久、民生困苦、国库空虚的局面，杨坚以富国为首要目标，轻徭薄赋以解民困，在确保国家赋税收入的同时，稳定民生。

隋文帝时期在政治经济制度上进行了大量改革，其中影响最深远的是他将地方州、郡、县三级减为州、县两级，借以节省开支、精兵简政。在中央则首创了三省六部制度。此外，隋文帝还废止了自曹魏以来中国实行了三百多年的九品中正制，而创立了科举制度。

经济方面，隋朝仿北魏的均田制，实行均田法，又减免赋役，轻徭薄赋，与民休息。此外文帝下令重新编订户籍，并在全国修建仓库，以便灾年救济难民。文帝又致力建设，在原长安城东南营建新都大兴城；开凿广通渠，自大兴引渭水至潼关，以利关东漕运。

学术文化方面，文帝大力提倡文教，广求图书，为保留中华文明做出了巨大贡献。

正由于上述措施的推行，隋在文帝统治的最初二十多年间，政治清明、人口增加、府库充实、外患不生，社会呈现出了一片繁荣，历史称为"开皇之治"。隋文帝实现了自秦、汉以来的又一次长时间的统一，使北方民族进一步融合、南方经济发展，使隋代获得了"国计之富者莫如隋"的赞誉，为我国封建社会大唐盛世的出现奠定了基础。

科举制度的创立

科举制是由皇帝亲自主持、以分科考试形式录用人才的取士制度。科举制由隋代创立，完备兴盛于唐朝，衰落于明、清。1905 年，开始推行学校教育，科举制度彻底被废除。

汉代选拔人才的制度称为"察举制"。公元前 196 年，汉高祖刘邦下求贤诏，令从郡国推举有治国才能的"贤士大夫"，开汉代察举制度的先河。把察举作为选官的一项制度是从文帝开始的。公元前 178 年，汉文帝下诏"举贤良方正能直言极谏者"，后又下诏"诸侯王、公卿、郡守举贤良能直言极谏者"。汉武帝进一步把察举发展为一种比较完备的选官制度。察孝廉的对象是地方六百石以下的官吏和通晓儒家经书的儒生，由郡国每年向中央推举。察举制在西汉到东汉初曾起过重要作用，为封建国家选拔了大批有用之才。以后随着政治日益腐败，察举不实的现象渐趋严重。到东汉晚期，已成为豪强或官吏安插亲信的工具，完全失去了网罗人才的作用。

魏晋南北朝时期，政府选拔人才的制度是九品中正制。公元220年，曹丕采用吏部尚书陈群的建议，立九品官人之法。它的主要内容是，在各州、郡选择有识见、有名望、善识别人才的官员任"中正"，查访评定州、郡人士，将他们分成上上、上中、上下、中上、中中、中下、下上、下中、下下九等，作为吏部授官的依据。曹芳时，司马懿当国，在各州加置大中正，因此有大小中正的分别。但是这种制度执行到后来就演变成只从名门望族中选拔官吏，造成"上品无寒门，下品无士族"的状况。

隋代为了加强中央集权，打击门阀世袭，因此开始实行科举制，规定六品以下官吏须由尚书省吏部提名，废除了传统的州郡辟举制（地方一级的征聘制度）和九品中正制。隋代的考试制度，除有秀才、明经科外，炀帝时又加了进士科；进士只试策，明经除试策外还试经。这两种科目都适应了一般士绅的要求，通过考试，即可入仕。由此，就算是一般庶族寒门，只要有才就有机会跻身掌权的统治阶层。

二世而亡

隋文帝死后，他的儿子杨广即位，年号大业，是为隋炀帝，他是中国历史上有名的暴君。在位期间，政绩和暴政都很突出，他主持修建大运河、长城和东都洛阳城，开拓疆土，畅通丝绸之路，三征高句丽，开创科举。但是，他对人民奴役征敛十分苛重，滥用民力，使生产遭到严重破坏。巨大的工程和连年的战争使民生不堪重负，引发大规模的叛乱。在农民军的打击下，隋朝统治摇摇欲坠，公元618年隋炀帝在江都（今江苏扬州）被部将缢杀，隋朝灭亡。

隋是承前启后的一个朝代，在这一时期，我国的政治、经济、军事、文化等方面均有所巩固和发展。首先在政治方面，隋朝调整了中央与地方的统治机构，确立了三省六部新制，增强了中央集权统治。通过制定《隋律》稳定了社会秩序。另外，开设了科举制度，为以后封建社会人才选拔方式提供了一个蓝本。在经济方面，文帝下令整顿户籍，清查人口，继而推行均田制，调整赋役。与此同时，为了恢复农业生产和加强漕运力量，开通了"广通渠"引渭水直达潼关。后炀帝又开"永济渠"引沁水南通黄河，自辉县至涿郡，长达两千余里，这就是现在的京杭大运河。另外，隋朝统一发行合乎规格的"五铢钱"，严惩私铸钱币。同时，还规定了标准的铜斗铁尺，颁行全国。这样，为经济的持续稳定增长创造了良好条件。社会的稳定也带来了自然科学与人文艺术的长足进步，如隋文帝下令修建西京大兴城（大兴城的设计和布局思想，对后世都市建设及日本、朝鲜都市建设都有深刻的影响）和东京洛阳城、著名工匠李春主持设计的赵州桥等，这都为我们后人留下了丰富的物质和文化遗产。

隋朝和秦朝都是二世而亡的朝代，因此人们经常对两者进行比较。首先，隋与秦都是凭借强大的武力结束了分裂多年的局面，而紧接着完成一系列改革，使经济得以发展。与此同时，又对人民大施徭役，致使民不聊生，终于使政权毁于一旦。然而，也正是凭借此时国家对物资财富丰盈的积累，为后世的发展创造了良好的物质条件。从而带来了秦、隋之后中华民族引以为豪的汉唐文化。

隋末农民起义

隋炀帝骄奢荒淫，连年大兴土木，不断对外用兵，繁重的徭役、兵役使得田地荒芜，民不聊生。公元611年首先爆发了王薄起义，此后起义军日益增多，斗争地区也日趋广阔，形成了全国范围的起义高潮。公元 616 年以后，逐渐形成了三大起义军，即翟让领导的河南的瓦岗军、河北的窦建德军和江淮的杜伏威军。

公元 611 年，翟让领导农民在瓦岗寨（今河南）起义反隋，山东、河南的贫苦农民纷纷参加，单雄信、徐世勣、李密、王伯当等人都率众投奔瓦岗起义军，使起义队伍迅速壮大。后来，翟让认为李密有领导才能，把瓦岗军的领导权交给了李密，李密任统军元帅，翟让为上柱国、司徒、东郡公，设三司六卫，建立了瓦岗军农民政权——"魏"。在隋朝即将被农民起义军推翻的关键时刻，瓦岗军内部予盾激化，李密设计杀害了翟让等重要农民军将领，导致瓦岗军将卒离心，战斗力遭到极大削弱。公元 618 年 6 月，李密率军投降了唐军之后又起兵反唐，从而葬送了这支农民军。

翟让起兵的同一年，窦建德领导农民在高鸡泊（今河北）起义反隋，起义军迅速发展到万余人。公元 621 年，窦建德起义军与李世民率领的唐军在虎牢关交战，被李世民打败，窦建德被俘，后被杀害。两年后，唐太子李建成、齐王李元吉击败了窦建德部将刘黑闼，河北起义失败。

公元 613 年，杜伏威、辅公祏在齐郡（今山东）组织起义，随后南下到江淮南部广大地区发展，力量不断壮大。随后，起义军攻下高邮、历阳，建立农民政权，杜伏威任总管，辅公祏任长史。隋炀帝在江都被杀后，起义军内部发生了分化。唐高祖武德五年（公元 622 年），杜伏威投降了李渊。次年，辅公祏起兵反唐，建立政权，控制了苏、皖部分地区，后被唐军击溃。

隋末农民起义规模巨大，起义军作战勇猛、指挥灵活，采取攻其不备、诱敌轻进等谋略和战法，节节获胜，击败了隋军主力，摧毁了隋王朝的统治，在中国农民战争史上占有重要地位。起义有力地打击了地主阶级，特别是士族大地主，削弱了他们对农民的人身束缚，推动了社会生产力的发展，使中国历史上出现了经济比较繁荣的时期。

李渊建唐

隋代末年，农民起义遍及各地，使隋朝的统治力量大为削弱，一些贵族和地方官吏也乘机起兵割据。驻守在军事重镇太原的李渊家族就是其中的一支重要力量。胸怀大志的李渊深知自己无力镇压风起云涌的农民起义，又恐遭到隋炀帝的猜忌，在儿子李世民的建议下，于公元617年起兵反隋。他手下有很多能征善战、贤能多才的将领，加之部队纪律严明，因此很快壮大起来。

李渊起兵后，一面遣刘文静出使突厥，请求始毕可汗派兵马相助，一面召募军队，并于7月率师南下。此时瓦岗军在李密领导下与困守洛阳的王世充激战方酣，李渊乘隙进取关中。半年之后，李渊起义军占领了当时的都城长安，在关中站稳了脚跟。李渊入长安后，立炀帝孙代王侑为天子（恭帝），改元义宁，遥尊炀帝为太上皇；又以杨侑名义自加假黄钺（黄钺：以黄金为饰，古代帝王所用，后世用为仪仗，以黄钺借给大臣，即代表皇帝行使征伐之权的意思）、使持节、大都督内外诸军事、尚书令、大丞相，进封唐王，综理朝政。次年（公元618年）5月，李渊称帝，改国号唐，定都长安。不久唐统一了全国。

李渊在位时期，依据隋文帝旧制，重新建立中央及地方行政制度，又修订律令格式，颁布均田制及租庸调制，重建府兵制，为唐代的职官、刑律、兵制、土地及课役等制度奠定了基础。"玄武门之变"后，李渊退位为太上皇，李世民即位，是为唐太宗。

❦ 玄武门之变

　　"玄武门之变"是唐朝统治阶级内部一场争权夺利的斗争。唐朝建立后，李渊封长子建成为太子，协助处理军国大事，实力雄厚的次子世民文武双全、武功卓著，由此形成两大势力。太子建成联合四弟元吉，准备除掉世民。

　　在唐高祖统一全国的过程中，世民先参与策划了太原起事，而起事之后，在讨平群雄的战争中，他又立功最大。李世民能征惯战、智勇兼备，已成为唐军事实上的最重要的领导人，被高祖李渊封为"天策上将"，位在诸王之上，并兼司徒、陕东道大行台、尚书令，还诏令在秦王府中设置官属。世民自恃才能和显功，在府中开置文学馆，延揽四方文学之士，这些人都成了世民的谋臣策士。此外，世民南征北讨，逐渐在天策府中网罗了不少勇将猛士。拥有了如此众多的谋士与勇将，秦王世民的周围自然形成了当时政坛上一个强有力的政治集团，直接威胁到太子建成。建成为了巩固自己的地位，就联合同样对世民不满的齐王元吉，采取曲意联络唐高祖的妃嫔以为内助、加强自己的军力、收买世民的部下等策略来强化自己并削弱世民的势力，甚至发展到在世民酒中下毒的地步。

　　到了武德九年（公元 626 年），建成、元吉和后宫妃嫔更是常常在高祖耳边说世民的坏话，使高祖渐渐对世民产生了猜疑，局势对世民十分不利。世民决定先发制人。6 月 4 日，世民率长孙无忌等人经玄武门入皇宫，埋伏在临湖殿附近，突然射杀了准备入朝的建成和元吉，然后声称"秦王以太子、齐王作乱，举兵诛之"，并派亲信"宿卫"高祖，迫使高祖接受了既成事实。三天之后，唐高祖宣布立秦王为太子，国家大事，一律由太子处理。当年 8 月，唐高祖被迫让位，自称太上皇，李世民即位，就是唐太宗。第二年，改年号为贞观。历史上把这次政变，叫作"玄武门之变"。

渭水之盟

隋末年间，天下大乱，群雄割据，突厥势力乘机得到壮大。李渊在晋阳初起时，也曾经迫于形势，暂时屈服于突厥。公元618年，唐朝建立，不久重新统一全国。突厥统治者明白中原只要有一方坐大，就不可能像以往那样，从群雄割据中获利了，因此将主要对手确定为唐，试图扶植其他势力与唐相抗。

公元626年，得知唐帝国的权力变更的颉利可汗，发兵十余万人，直逼长安。大军驻扎在城外渭水便桥之北，距长安城仅四十里，京城兵力空虚，长安戒严，人心惶惶。李世民被迫设疑兵之计，亲率高士廉、房玄龄等六骑至渭水边，隔渭水与颉利对话，指责颉利负约。不久后唐大军赶至太宗背后。颉利见唐军军容威严，又见太宗许以金帛财物，便请求结盟。两天后，大唐皇帝李世民与颉利可汗在长安城西郊的渭水便桥上，签署了和平协议，双方斩杀白马立盟，突厥领兵而退。这就是有名的"渭水之盟"。

渭水之盟，避免了唐在不利条件下的作战，为稳定局势，发展经济、积蓄力量赢得了时间，是唐与突厥强弱变化的转折。同时，这次事件对太宗震动很大，认为突厥反复无常，决定要彻底铲除突厥。后来，颉利多次背盟南下骚扰，太宗忍无可忍，派李靖、李绩等率大军出击。公元630年，唐军在阴山大破东突厥，俘获颉利。太宗当面数明颉利的罪状，但仍授予他官爵，赐予田宅，把俘获的部众安置在北方边境地区，设都督府，由突厥人自己担任都督加以管辖。这种宽容政策，收到了很好的效果。各族首领纷纷上表"相率内属"，尊唐太宗为"天可汗"。

贞观之治

公元 627 年，李世民登基，改年号为"贞观"。即位后，他居安思危，任贤用良，积极听取群臣的意见，实行轻徭薄赋、疏缓刑罚的政策，并且进行了一系列政治、军事改革，加强汉藏交流，被当时少数民族尊为"天可汗"，促成了社会安定、生产发展的升平景象，史称"贞观之治"。

唐太宗即位后，因亲眼目睹隋朝的兴亡，所以常用隋炀帝作为反面教材，来警戒自己及下属。他像孟子一样，把人民和君主的关系比作水与舟，认识到"水能载舟，亦能覆舟"，因此留心吏治，选贤任能，从谏如流。他唯才是举，不计出身，不问恩怨。在文臣武将之中，魏徵当过道士，原是太子李建成旧臣，曾议请谋杀太宗；尉迟恭做过铁匠，又是降将，但都受到重用。魏徵死后，太宗伤心地说："夫以铜为镜，可以正衣冠；以古为镜，可以知兴替；以人为镜，可以明得失。魏徵逝，朕亡一镜矣。"贞观王朝是中国历史上唯一没有贪污的王朝，这也许是李世民最值得称道的政绩。在李世民统治下的中国，皇帝率先垂范，官员一心为公，官吏各安本分，滥用职权和贪污渎职的现象降到了历史上的最低点。

经济方面，唐太宗非常重视农业生产，实行均田制与租庸调制，"去奢省费，轻徭薄赋"，使人民衣食有余，安居乐业。在文化方面，则大力奖励学术，组织文士修订前朝的著作和史书；在长安设国子监，鼓励四方君长遣子弟来留学。此外，太宗又屡次对外用兵，经略四方，平东突厥、定薛延陀、征高句丽、联姻吐蕃和高昌，使唐的国威远播四方。

"贞观之治"为后来的"开元盛世"奠定了重要的基础，而且将中国传统农业社会推向鼎盛时期。

房谋杜断

唐太宗在位期间，任贤用能，经常听从大臣的意见。一次他与文昭商量事情，房玄龄感慨地说："非如晦莫能筹之。"等到杜如晦来到时，杜如晦立即分析房玄龄的计谋并做出决断。他们两人合作得十分融洽，人称房谋杜断。

房玄龄（公元 579～648 年），名乔，齐州临淄人，自幼聪敏，博览经史，见识深远。十八岁时，本州举进士，获封羽骑尉。由于父亲常年卧榻重病，房玄龄一直伺奉左右，为人极其孝顺。后被李世民重用。房玄龄为报李世民知遇之恩，竭尽心力筹谋军政事务。每攻灭一方割据势力，军中诸人都全力搜求珍宝异物，唯独房玄龄四处访寻英杰人物，并把他们荐于秦王李世民。贞观二年（公元 628 年），房玄龄改封魏国公，为尚书左仆射，监修国史。房玄龄尽心竭诚，夙兴夜寐，加之他明达吏事，法令宽平，任人唯贤，不分卑贱，时人皆称他为良相。

杜如晦（公元 585～630 年），字克明，京兆杜陵（今陕西西安东南）人，凌烟阁二十四功臣之一。杜如晦自少聪悟，好谈文史，是个典型的彬彬书生。秦王李世民平定京城时，引为秦王府兵曹参军。在平定薛仁果、刘武周、王世充、窦建德的战争过程中，杜如晦作为李世民高参，对军旅戎事剖断如流，深为时人敬服。玄武门之变成功后，被太宗拜为兵部尚书，进封蔡国公。贞观初年，他与房玄龄共掌朝政，制定典章，品选官吏，好评如潮。

❧ 一代女皇

贞观十一年（公元 637 年），十四岁的武则天入宫成为唐太宗的才人（正五品），唐太宗最初非常宠爱她，赐名"武媚娘"，但不久便将她冷落一边。武则天做了十二年的才人，地位始终没有得到提升，在唐太宗病重期间，武则天和当时的太子李治建立了感情。贞观二十三年（公元 649 年）唐太宗去世，太子李治即位，是为唐高宗。这一年，武则天和部分没有子女的嫔妃们一起入感业寺出家为尼。后来，唐高宗将她重新召回宫中，封为昭仪。

永徽六年（公元 655 年），也就是武则天重新入宫的第三年，高宗不顾长孙无忌、褚遂良等元老大臣的反对，册封武氏为皇后。之后，武则天积极为高宗出谋划策，采用先易后难的策略，先后罢黜了褚遂良、韩瑗、来济，最后除掉了长孙无忌，至此高宗基本实现了君主集权。高宗健康状况不好，许多政事都交给皇后武则天来处理。因此，唐朝经历了一段"双悬日月照乾坤"的时期，武则天逐渐掌握中央实权，并形成了自己的势力集团。

公元 683 年，高宗病死。不久，武则天立太子李显为帝，是为唐中宗。不久又废中宗为庐陵王，改立另一个儿子李旦为帝，是为唐睿宗。平定了徐敬业领导的反叛后，于公元 690 年，武则天废睿宗称帝，改国号"唐"为"周"，定都洛阳，称圣神皇帝。公元 705 年，许敬珲和宰相张柬之等人发动政变，逼迫武则天退位，拥立中宗李显复位，恢复了唐朝的政权。同年，武则天病死，享年八十二岁，遗诏"去帝号，称则天大圣皇后"，并令人在陵前竖起一座无字碑，是非功过任后人评说。

武则天足智多谋，兼涉文史。在执政期间，她继续推行法治，开创殿试，创武举、自举、试官，亲自考试贡士；修《姓氏录》，列武氏为一等；重视农业，抵抗吐蕃的攻扰。在位期间，社会经济有所发展，但由于大修庙宇，人民负担有所加重。武则天执政时期，上承"贞观之治"，下启"开元盛世"，史家称她的统治有"贞观遗风"。

请君入瓮

武则天为了维持自己的统治，采用严刑峻法，消除异己。因此，她手下的一些酷吏，便借机想方设法诬陷自己的政敌，并绞尽脑汁制造酷刑逼供。整个国家都笼罩在高压的恐怖气氛下。

武则天当政期间的两个最有名的酷吏就是周兴和来俊臣，有成千上万的人冤死在他们手下。有一次，周兴被人密告谋反。武则天便派来俊臣去审理这宗案件，并且定下期限审出结果。来俊臣和周兴平时关系不错，因此感到很棘手。他苦思冥想，想出一计。一天，来俊臣故意请来周兴，两人一边饮酒一边聊天。来俊臣装出满脸愁容，对周兴说："唉！最近审问犯人老是没有结果，请教老兄，不知可有什么绝招可以教给我？"周兴一向对刑具很有研究，便很得意地说："我最近才发明一种新方法，不怕犯人不招。用一个大瓮，四周堆满烧红的炭火，再把犯人放进去。再意志坚强、顽固不化的人，也会招认的。"

来俊臣听了，便吩咐手下人抬来一个大瓮，照着刚才周兴所说的方法，用炭火把大瓮烧得通红。来俊臣突然站起来，把脸一沉，对周兴说："有人告你谋反，我奉命来审问你，如果你不老老实实供认的话，那就请君入瓮吧！"周兴听了惊恐失色，知道自己在劫难逃，只好俯首认罪。

任用酷吏让武则天背上了骂名，在统治稳定之后，武则天开始任用了很多贤臣来辅助治理天下，号称"君子满朝"。娄师德、狄仁杰等著名的贤臣均在其列，后来的"开元贤相"姚崇和宋璟也是武则天时期提拔起来的。从这点来说，武则天也堪称是一位知人善任的政治家。

唐室砥柱狄仁杰

狄仁杰（公元 630～700 年），字怀英，唐代并州太原（今山西太原）人，武则天时期宰相，杰出的政治家。从政后，经历了唐高宗与武则天两个时代。狄仁杰为官，如老子所言"圣人无常心，以百姓心为心"。为了拯救无辜，他敢于违背君主的旨意，始终保持体恤百姓、不畏权势的本色，居庙堂之上，以民为忧，后人称他为"唐室砥柱"。

狄仁杰出生于一个官宦之家，通过明经科考试及第，出任汴州判佐。后来，狄仁杰被诬告，当时的河南道黜陟使阎立本负责审理他的案子。阎立本不仅弄清了事情的真相，而且发现狄仁杰是一个德才兼备的难得人物，并推荐狄仁杰做了并州都督府法曹。后来，狄仁杰升任大理丞，他刚正廉明、执法不阿、兢兢业业，一年中判决了大量的积压案件，涉及一万七千人，无冤诉者，一时名声大振，成为朝野推崇备至的断案如神、摘奸除恶的大法官。为了维护封建法律制度，狄仁杰甚至敢于犯颜直谏。

不久，狄仁杰被唐高宗任命为侍御史，负责审讯案件，纠劾百官。任职期间，狄仁杰恪守职责，对一些巧媚逢迎、恃宠怙权的权要进行了弹劾。狄仁杰的才干与名望，已经逐渐得到武则天的赞赏和信任。公元697 年，狄仁杰被武则天召回朝中，官拜鸾台侍郎、同凤阁鸾台平章事，加银青光禄大夫，兼纳言，恢复了宰相职务，成为辅佐武则天掌握国家大权的左右手。此时，狄仁杰已年老体衰，力不从心。但他深感个人责任的重大，仍然尽心竭力，关心社会命运和国家前途，提出一些有益于社会和国家的建议或措施，尤其是成功地劝说武则天立李氏后代为太子，在以后几年国家的社会政治生活中发挥了巨大的作用。

公元 700 年，狄仁杰病死，武则天痛哭流涕。自此以后，每当朝廷有大事而众人又不能解决时，武则天常叹息说："老天爷为什么这么早就夺走了我的国老啊！"

纵观狄仁杰的一生，可以说是宦海浮沉。他一直都心系民生，政绩卓著。身居宰相之位后，更是辅国安邦，对武则天弊政多有匡正。狄仁杰在上承贞观之治，下启开元盛世的武则天时代，做出了卓越的贡献。

🌊 开元盛世

公元710年，韦皇后和安乐公主合谋毒杀中宗，韦皇后立温王李重茂为帝，是为少帝，并欲加害相王李旦。李旦的儿子，当时是临淄王的李隆基在姑母太平公主的协助下发动政变，诛杀韦皇后、安乐公主及武氏残余势力，拥立李旦复位。

公元712年，李旦让位于太子李隆基，李隆基即唐玄宗，又称唐明皇。

玄宗即位后，首先大刀阔斧地精简机构，并对官吏进行严格的考核。先后任命姚崇、宋璟为相，其后又用张嘉贞、张说、李元纮、杜逻、韩休、张九龄为相。他们各有所长，并且尽忠职守，使得朝政充满朝气。

玄宗采纳张九龄的建议，制定官吏的迁调制度。选取京官中有能之士，将其外调为都督刺史，以训练他们的处事才能及培养行政才能。同时间，又选取都督刺史中有作为者，将其升为京官。这样内外互调，增进了中央与地方的沟通、了解和信任。而在选拔人才方面，玄宗对科举制度做出改革，限制了进士科及第的人数，以减少冗官的出现。玄宗期间，诗赋成为进士科的主要内容，这为后世留下了光辉灿烂的文化遗产。

玄宗还从自身做起，大开节俭之风，凡宫中乘舆服御、金银器物、珠玉锦绣等奢侈的东西通通焚毁，并规定后宫嫔妃自后妃以下者都不得佩珠玉、刺锦绣；禁止天下采珠玉、织锦绣等物，违者杖罚一百。

通过玄宗的一系列措施和努力，唐朝农业大大向前发展，农民不再因过重的赋税举家外逃，而是积极性很高地从事耕作，四海之内，无论山川还是沟壑，都出现了一派牛耕农作的兴盛景象。

盛唐气象

唐王朝是我国历史上又一个光辉的时代。当时生产力高度发展，社会稳定，人民富裕，有杜甫的诗为证："忆昔开元全盛日，小邑犹藏万家室，稻米流脂粟米白，公私仓廪俱丰实。"由于采取开放的对外政策，唐朝的国际威望也达到了顶峰，对外战争取得接连的胜利，连续百余年保持连续不断的进攻态势，疆土极度扩张，朝鲜、漠北、西域的辽阔疆土相继并入中国的版图，西部疆土直达今中亚细亚塔什干城。除了这些人所共知的丰硕成果外，盛唐的文明程度在当时世界也是首屈一指的。长安是当时世界的文化交流中心，是世界各国仁人志士心目中的"阳光地带"。唐王朝像一位雍容大度、不卑不亢的智者，欢迎四面八方的来客。

唐朝是一个我们民族充满阳刚之气的时代。她的自信、开放、宽宏、博大、发达，让我们民族的声威撒播四海。自唐以来，欧洲的"老外"就是把我们叫作"唐人"。今天看来，唐朝的那种振奋人心、蓬勃向上的精神和气质，应该作为我们民族永久的精神脊梁，并不断传承下去。

安史之乱

唐玄宗改元天宝后，志得意满，决意放纵享乐，从此不问国事。在纳杨玉环为贵妃后，更加沉溺酒色。唐玄宗还任用有"口蜜腹剑"恶名的李林甫为宰相长达十八年，使得朝政败坏。此时期又开始出现了宦官干政的局面。由于唐玄宗尊孔崇儒，中央集权力量削弱。随着唐太宗、唐高宗等在位期间屡次开疆拓土，先后讨平了东、西突厥，吐谷浑等，使盛唐拥有了极为辽阔的领土。为了加强中央对边疆的控制、巩固边防和统领异族，唐玄宗在边地设十个兵镇，由九个节度使和一个经略使管理。然而，此等每以数州为一镇的节度使不单管理军事，而且因兼领区内的行政、财政、人民户口、土地等大权。节度使因而雄据一方，尾大不掉，成为朝廷的隐患。

公元755年，身兼平卢、范阳、河东三镇节度使安禄山趁唐朝内部空虚腐败，以诛杀杨国忠为名，在范阳（今北京）叛乱，攻下洛阳。朝廷的抵抗没能有效阻挡反叛军队的进攻。次年，安禄山称帝，攻下长安，战乱达到顶峰。唐玄宗不得已逃离长安，到了马嵬坡途中将士饥疲，六军不发，龙武大将军陈玄礼请杀杨国忠父子和杨贵妃。杨国忠被乱刀砍死，无奈的玄宗命令高力士缢死杨贵妃，这就是历史上的马嵬坡兵变。之后，玄宗引兵入蜀。太子李亨在灵州自行登基，是为唐肃宗，郭子仪被封为朔方节度使，奉诏讨伐，郭子仪上表推荐李光弼担任河东节度使，联合李光弼分兵进军河北，两军在常山（河北正定）会师，击败安禄山部将史思明，收复河北一带。公元757年，安禄山被其儿子安庆绪所杀。公元759年，安部将史思明又将安庆绪杀掉，再攻洛阳。两年后史思明被儿子史朝义所杀。公元763年史朝义自杀。叛乱前后历时近八年，始告平定。

战乱虽平，但安史部将势力并未消灭，藩镇割据局面由此形成，中原战乱地区经济遭到严重的破坏，吐蕃对唐的侵扰也是日益频繁，唐朝国力大为削弱。安史之乱成为唐朝由盛转衰的转折点。此后虽有短暂的"元和中兴"（唐宪宗时期），但其全盛时代也就从此结束了。

永贞革新

唐代从玄宗时的高力士开始，出现宦官擅权现象；到肃宗时期，宦官又掌握了军权。到中后期他们的专恣骄横，引起皇帝和某些官僚士大夫的不满。

永贞元年（公元805年），顺宗即位，即位时已得了中风不语症，但还是立刻任用王叔文、王伾、柳宗元、刘禹锡、韦执宜、韩泰、韩晔、陈谏、凌准、程异等进行改革。主要措施有：革除官吏在正税以外的进奉，罢去宦官扰民的宫市和五坊小儿（五坊是专门替皇帝养雕、鹘、鹞、鹰、狗的地方。在这里当差的太监，叫作五坊小儿。这些人横行霸道，用各种卑鄙手段来夺取百姓的财物），任朝臣范希朝为左右神策京西诸城镇节度使，韩泰为行军司马，以图逐步收夺宦官的兵权。此外，顺宗和革新派还罢免贪官京兆尹李实，蠲免苛杂，停止财政上的"进奉"。这些改革都具有进步性，但引起以俱文珍为首的宦官集团及与之相勾结的节度使的强烈反对。俱文珍认为王叔文的权力过大，就以顺宗的名义解除了王叔文翰林学士的职务。不到一个月，俱文珍又勾结一批人逼顺宗禅位于太子李纯，即唐宪宗。

顺宗一退位，王叔文、王伾被贬逐，后王叔文又被赐死，王伾死于贬所，柳宗元等被贬为边州司马，革新失败。这次改革，历史上也称作"二王八司马事件"。

唐王朝在经历了唐太宗贞观时期、武则天时期后，到唐玄宗开元天宝年间，其政治军事上的强大、经济上的繁荣，也就达到了顶峰。在一片欣欣向荣的背后，也隐藏着巨大的危机。安史之乱使唐王朝几乎灭亡，从此走上下坡路。唐王朝的政治一统被藩镇割据所取代，赫赫王权转到宦官手中，形成宦官专政的局面。这两个恶疾附着在唐王朝身上，难以根除。虽然有个别皇帝曾在一些朝臣的帮助下，试图清除这两个毒瘤，但最终都由于根深蒂固，难以奏效。唐顺宗时期的"永贞革新"就是一次失败的政治改革。

🌊 黄巢起义

唐宪宗末年，以牛僧孺和李德裕为首的大臣之间的朋党之争越演越烈，使宦官更加得势。牛党、李党相继执政，史称"牛李党争"。到唐僖宗（公元 873 ~ 888 年在位）统治期间，时局异常混乱，加之连年的天灾，矛盾爆发。

公元 875 年，王仙芝领导山东、河南农民数千人在长垣（今山东境内）起义，得到黄巢的响应。黄巢起义军避实就虚，避开藩镇力量强大的中原地区，向南方长驱直下，渡过长江，转战荆襄、皖南、浙东、福建。公元 879 年，黄巢起义军攻克南方重镇的广州，并控制了岭南的大部分地区。起义军发布公告：要率大军直捣长安，推翻唐朝的统治。于是，起义军从广州北上，并于第二年渡过淮河，攻下洛阳。公元 881 年，他们占领长安，唐僖宗带随从宦官田令孜等仓皇逃奔四川成都。几天之后，黄巢在长安称帝，建立政权，国号大齐。

逃往四川的唐僖宗纠集各地的残余势力，向起义军反扑，黄巢率军顽强抵抗。公元 883 年，在关键时刻，大将朱温叛变降唐，起义军损失惨重，不得不撤出长安，转战山东泰山一带。公元 884 年，黄巢在莱芜虎狼谷与唐军决战时，兵败自刎，起义失败。

从公元 859 年年末浙东人裘甫举起反唐义旗至 884 年黄巢义军被镇压，这场反抗唐王朝统治的大规模农民起义，先后长达二十五年之久，特别是黄巢起义，历时十年。

在农民起义军的打击下，唐王朝已是风雨飘摇、名存实亡。在镇压农民起义的过程中，军阀朱温的力量迅速壮大起来，并于公元 907 年，废黜唐帝，自称皇帝，以梁为国号，唐朝灭亡。

🍂 五代十国

五代有时也称为五代十国，一般认为从公元 907 年朱温灭唐到公元 960 年北宋建立。在这短短的五十四年间，中原相继出现了梁、唐、晋、汉、周五个朝代，史称后梁、后唐、后晋、后汉、后周。同时，在这五朝之外，还相继出现了吴越国、闽国、荆南国、楚国、吴国、南唐、南汉、北汉、前蜀、后蜀等十几个割据政权，这十几个政权统称为"十国"。这就是历史上的"五代十国"。

五代的开国之君，都是唐朝的藩镇，靠军事割据发展起来的，因此这一时期的历史特点是战争频仍，政权屡有更迭。这一时期上有暴君，下有酷吏，再加上常年战争征赋不断，长安和洛阳都曾被毁，所以前人把五代称为"五季"，也就是末代，最差的意思。所以欧阳修在他主编的《新五代史》里常用"呜呼"开头，这并不是他装腔作势，不说其他，单是后来的残酷刑罚"凌迟"（即千刀万剐）就是在这时出现的。从另一个角度看，这段乱世持续的时间只有五十多年，这表明随着封建统治的深入，统一的趋势越来越强，分裂的时间越来越短。五代时期的文化成就主要在于火药、印刷术的发展以及词的出现。

相对于五代来说，十国的情况则要好得多。在这十国之中，除北汉在北方（约今山西、陕西和河北的一部分）外，其他诸国都在南方，它们较少受到中原战乱的影响，政局相对稳定，政权维持的时间也远比五代长，这对我国南方的开发起了至关重要的作用。例如，吴越就曾修筑了捍海塘，保障了农业生产的发展，使吴越走上了富裕之路。由于北方战争频仍，不少中原人士移徙南方以避祸乱，他们带来了北方的先进生产技术和科学文化，对南方的发展起了积极的作用。

在五代时期，还有一点就是契丹的崛起。自北魏开始，契丹族逐步发展，到了唐朝末期已经强大起来。公元916年，契丹族首领耶律阿保机建立契丹国（辽）统治北方地区，辽先与北宋交战，"澶渊之盟"后，双方长期维持平稳关系。辽中叶后，统治集团日益腐朽，社会矛盾不断激化，各民族起义风起云涌。当女真族展开强大攻势时，辽帝国迅速走向灭亡，1125年为金所灭。由于契丹的声名远扬，国外有些民族至今仍然把中国称作"契丹"。在五代之中，有三朝，即后唐、后晋、后汉的开国之君都是沙陀人。他们与契丹互相勾结利用，逐步形成了一股强大的政治力量和军事集团，为以后宋、辽、金对峙埋下了深深的祸根。

黄袍加身

后周时期，赵匡胤任殿前都点检，领宋州归德军节度使，掌握兵权。周世宗柴荣死后，他的七岁的儿子柴宗训即位，由于年纪太小，由宰相范质、王溥辅政。后周的政局不稳。

公元960年春节，后周朝廷正在举行朝见大礼的时候，忽然接到边境送来的紧急战报，说北汉国主和辽朝联合，出兵攻打后周边境。大臣们慌作一团，后来由范质、王溥做主，派赵匡胤带兵抵抗。赵匡胤接到出兵命令，立刻调兵遣将，过了两天，就带了大军从汴京出发，跟随他的还有他弟弟赵匡义和亲信谋士赵普。当天晚上，大军驻扎在离京城二十里的陈桥驿，赵匡胤命令将士就地扎营休息。一些将领们私下商量，现在政局不稳，咱们拼死拼活地打仗，将来还不知落得什么下场，还不如拥立赵匡胤做皇帝，以后就会有享用不尽的荣华富贵。于是，将士们全起来了，闹哄哄地拥到赵匡胤住的驿馆，一直等到天色发白。赵匡胤一觉醒来，只听得外面士兵高喊："请点检做皇帝！"赵匡胤赶快起床，还没来得及说话，几个人把早已准备好的一件黄袍，七手八脚地披在赵匡胤身上。大伙跪倒在地上磕了几个头，高呼"万岁"。接着，又推又拉，把赵匡胤扶上马，请他一起回京城。赵匡胤骑在马上，才开口说："你们既然立我做天子，我的命令，你们都能听从吗？"将士们齐声回答说："自然听陛下命令。"

赵匡胤就发布命令：到了京城以后，要保护好周朝太后和幼主；不许侵犯朝廷大臣，不准抢掠国家仓库；执行命令的将来有重赏，否则就要严办。于是大军返回京城，一路上军容整齐，秋毫无犯。到达京城后，周恭帝让了位，赵匡胤正式做了皇帝，国号叫宋，定都东京（今河南开封），历史上称为北宋。赵匡胤就是宋太祖。经过五十多年混战的五代时期，宣告结束。

建立政权后，赵匡胤采用各个击破、先南后北的战略，先后攻灭后蜀、南汉、南唐等诸国，初步实现了国家的统一，并加强了对契丹的防御。

杯酒释兵权

赵普与宋太祖赵匡胤在年轻的时候就是同学兼朋友，他出身艰苦，少年时没有好好读过书，后来就一直跟随赵匡胤打天下。宋朝开国后，赵普白天忙于处理国家政务，夜晚则读《论语》。据说每当遇到重大问题，赵普总是说："明天再做决策。"晚上回家以后，他从箱子里面拿出一本书仔细地读，第二天准能提出一个很高明的见解。时间久了，大家都很奇怪，觉得赵普家里一定藏有什么秘籍宝典。有一次，赵匡胤晚上去他家里商量紧急政务，看到他的书桌上放着一本书，一看原来是《论语》。赵匡胤很奇怪，就问道：《论语》是启蒙的书，你为什么还要读它呢？"赵普回答："《论语》中有治国的道理，臣用半部《论语》帮陛下打下了江山，现在要另外半部来帮助陛下治理天下。"在这之后，赵匡胤更加重用赵普，有什么为难的事情都会找赵普来商量。赵匡胤登位之初，对和他一同打天下的功臣们十分不放心。因为他意识到，武将们在废立皇帝、改朝换代方面的巨大能量。一天，他把心中的忧虑告诉了赵普，并希望找到解决的办法。赵普说："节度使的权力过大，会威胁到皇权，因此必须剥夺他们的兵权。"赵匡胤恍然大悟，决定按照赵普说的来做。

公元 961 年的一天，禁军大将石守信等奉召来到后花园，赵匡胤设宴相待。酒过三巡，赵匡胤故作愁眉不展状，开口说道："我不是靠你们出力，到不了这个地步，但做皇帝太艰难了，我整晚都不敢安枕而卧啊！"石守信等忙问其故，太祖就说："这不难知道，谁不想做皇帝呢？"石守信等一听，惊恐万状，纷纷表白。赵匡胤断然说道："你们虽无异心，然而倘若你们部下追求富贵，一旦以黄袍加之你身，你虽然不想做皇帝，能办到吗？"众将一听，都吓得离席叩头，请求指示一条"可生之途"。赵匡胤才表明了自己的真正意思："人生很短暂，求富贵者，不过想多积金钱，多多娱乐，使子孙免遭贫乏而已。你们不如交出兵权，出守地方，多买良田美宅，为子孙立永不可动的产业，同时日夜饮酒相欢，以终天年。君臣之间，两无猜疑，上下相安，这不很好吗？"众将明白了赵匡胤的意思，第二天都称病辞职。

赵匡胤几杯美酒，轻而易举地解决了大将独揽军权的问题，被誉为"最高政治艺术的运用"，成为千古佳话。

励精图治的宋太祖

宋太祖在位期间，奉行"文以靖国"这一理念，果断地实行"右文抑武"的基本国策，通过设立"誓牌"，尊孔崇儒，完善科举，创设殿试，知人善任，厚禄养廉等一系列重大举措，成为我国历史上最受推崇的一代文治之君，彻底扭转了唐末以来武夫专权的黑暗局面，使宋代的文化空前繁盛，以至于后人有称"宋朝是文人的乐园"，因此，宋太祖也可以称得上是五代十国野蛮政治的终结者，又是后世历朝文明政治的开拓者。

赵匡胤通过采取"收起精兵，削夺其权，制其钱谷"的三大纲领，巧妙的"杯酒释兵权""削弱相权""罢黜支郡""强干弱支""内外相维""三年一易""设置通判""差遣制度"等，将军权、行政权、司法权、财政权牢牢控制。一举铲平了藩镇割据、武夫乱政的历史状况，所以宋朝三百年的历史中从不曾发生大的内乱和地方割据。

以宋太祖为首的宋初领导集团集体发愤图强，励精图治，使宋初的社会经济迅速呈现蒸蒸日上的喜人局面。宋太祖减轻徭役、赋税专收、以法治国、兴修水利、发展生产、澄清吏治、劝奖农桑、移风易俗等一系列英明决策，不仅尽快医治了两百年的战争创伤，而且迅速把宋朝推向空前繁荣的局面。但是，他重文轻武、偏重防内的方针，种下了宋代官僚机构臃肿、积贫积弱的祸根。

澶渊之盟

公元 976 年 10 月，赵匡胤的弟弟赵匡义在斧声烛影中登上皇位，即宋太宗。到公元 979 年，宋太宗消灭北汉，大部分地区得以统一。由于后来的两次北伐均告失败，因此统治者施政重点变为重内虚外。公元 998 年，真宗赵恒即位，继续实行太宗末年的黄老政治，无所作为。宋真宗在位期间，辽朝不断派兵在边境挑衅，掠夺财物，屠杀百姓，给边境地区的居民带来了巨大灾难。虽然宋军在杨延朗（人们熟知的杨六郎）、杨延嗣等将领的率领下，积极抵抗入侵，但辽朝骑兵进退速度极快，战术灵活，给宋朝边防带来的压力愈益增大。

1004 年，辽圣宗、萧太后率兵二十万大举南侵。兵锋直逼黄河北岸的澶州（今河南濮阳），东京危急。宋真宗畏敌，准备迁都南逃，在宰相寇准等人的促使下亲临前线澶州，宋军士气大振。当辽军攻城时，宋军将领一箭射死了辽军统帅。辽初战不利，统帅阵亡，又有后顾之忧，因此主动提出和谈。宋真宗本就无心抵抗，听到辽军和谈的要求，就不顾寇准等大臣的反对，同意与辽议和。双方约为兄弟之国，宋每年送辽银十万两、绢二十万匹，宋、辽以白河沟为界，史称"澶渊之盟"。

澶渊之盟是在宋朝军事取得胜利的情况下签订的屈辱性合约，它开了赔款的先例，给宋朝的朝政和民众增加了很重的负担。但是，澶渊之盟缔结后，双方停止战争，和平往来一百年之久，宋辽边境得以安定，双方生产都得到了恢复和发展。

❦ 寇准罢宴

青年时代的寇准，得到宋太宗的支持和信任，提升为参知政事。不久，太宗又为寇准主婚，让皇姨宋娥与他成亲。宋娥是赵匡胤宋皇后的幼妹、邢国公宋准的幼女，美貌聪慧，贤淑多才。新婚期间，日日酒宴，夜夜歌舞。

一天，寇准与宋娥正在欢宴，忽听门官来报："相爷，大门外有个老汉，说是相爷的同乡，非要见相爷不可。"一听是家乡人，寇准忙说："快请进来！"不一会儿，门官领来一个老汉，衣着破烂，脸上布满皱纹。寇准一看，原来是舅舅，便上前拜见，让老人家坐下。谁知老汉两眼发呆，并不回答寇准夫妻的问话，却大哭起来。寇准忙问："舅舅，家里出了什么事？"老汉连连摇头。问了半天，老汉才长叹一口气，说："我见你这么荣华富贵，又听你手下人说，你每日每夜都是这样，叫我不由得想起我那可怜的老姐了。她一辈子受苦受难，没过过一天好日子！"寇准听舅舅说起母亲，慌忙跪下，说："都是甥儿不好，得意忘形，忘了母亲早年的苦楚。"说罢，他忙和宋娥劝舅舅入席用饭。老汉看着宴席上的山珍海味，硬是不入席，却指着宴席说："这一桌饭，够咱家乡一家人过几个月哩！你在京城里吃得这么好，可知咱华州、同州今年大旱，颗粒无收，一斗米涨到一千钱。现在还没过年，已闹起了饥荒，到明年春天，不知要饿死多少人呢！想到这，我怎么能吃得下？"

寇准也听说家乡有旱情，可是从地方官的奏折里，却看不出灾情的严重程度。听舅舅这么一说，顿感自己失职，愧对乡里。他安排舅舅住下，急忙回到大厅，吩咐撤了宴席，并以此为戒，永不夜宴。第二天早朝，寇准将故里旱情如实奏给太宗，并请旨回陕西督赈和询察民情。他回陕西后，为家乡办了一些好事，还把关中的赋税免征三年。

庆历新政

1022 年，宋真宗驾崩，太子赵祯即位，是为宋仁宗。其母刘皇后被尊为皇太后，负责在仁宗成年前代理军国大事。从此开始了刘太后十六年的垂帘听政时代。西夏李元昊于 1038 年称帝后，宋夏之间爆发了数次战争，宋军屡战屡败，只得议和，百姓负担加重，各地陆续爆发了多起农民起义。现时的北宋王朝可谓是内忧外患。

1043 年，宋仁宗为了缓解王朝出现的多种矛盾，任命范仲淹为参知政事（职位相当于副宰相），富弼为枢密副使推行改革。他们提出十项改革方案：明黜陟（对官吏升降制度做出严格的考核和规定），抑侥幸（限制侥幸做官和升官的途径），精贡举（严密科举制度，为国家选拔具有真才实学的人），择官长（严格考核州、县两级地方官员的业绩），均公田（平均分配地方官员的公田），厚农桑（重视农桑等生产事业），修武备（整治军备），减徭役（减轻百姓的徭役），覃恩信（落实朝廷各项恩惠政策），重命令（认真对待和慎重发布朝廷号令）。这些改革措施的大部分都被仁宗采纳，颁行全国，号称"新政"。

庆历新政，取得非常好的效果。宋朝进入建国以来最繁荣的阶段。但因新政限制官僚地主特权，实行时遇到强烈反对和阻挠。他们散布谣言，攻击新政，指责范仲淹滥用职权。宋仁宗虽然对这件事未必全信，但看到反对革新的势力这么强大，他开始动摇了，失去了改革的信心。1044 年。宋仁宗下诏废弃一切改革措施，将范仲淹贬至邓州（今河南邓县）。富弼、欧阳修等革新派人士都相继被逐出朝廷。庆历新政宣告失败。宋仁宗在位四十年，尽管朝中有像范仲淹、欧阳修、包拯这样有才能、正直的大臣，但是并没有发挥他们的作用，宋朝国力越来越衰弱。

🍃 王安石变法

1068 年，神宗赵顼即位。神宗在位期间，宋朝初期制定的制度已经暴露出诸多流弊，民生状况开始倒退，而边境上辽和西夏又虎视眈眈。1069 年，想要有所作为的神宗任用王安石进行改革。

北宋中期，土地兼并剧烈，阶级矛盾尖锐，国家出现财政危机。王安石为富国强兵，巩固地主阶级的统治，扭转北宋积贫积弱的局势，明确提出理财是宰相要抓的头等大事，阐释了政事和理财的关系。他主张只有在发展生产的基础上，才能解决好国家财政问题，因此在这次改革中，发展生产是当务之急。他提出国家应制定相应的方针政策，调动生产者的积极性来发展生产。在王安石这种思想的指导下，变法派制定了诸如青苗、免役、均输、市场、农田、水利等一系列新法，从农业到手工业、商业，从乡村到城市，展开了广泛的社会改革。与此同时，改革军事制度，提高军队的素质和战斗力，并改革教育制度，王安石亲自撰写了《周礼义》《书义》《诗义》，即《三经新义》，为学校教育改革提供了新教材。

王安石的变法对于增加国家收入有着积极的作用，军事实力明显提高，北宋积贫积弱的局面得以缓解。在与西夏的交战中，取得了罕见（熙河之役）的胜利。然而由于触犯了大地主大官僚的利益，王安石被迫辞职。改革的最主要支持者宋神宗在关键时刻动摇了，宋神宗死后司马光出任宰相，彻底废除新法，连很有成效的募役法也被废除。

❧ 靖康之耻

1101年，宋徽宗即位，他是一位天才艺术家，却也是亡国之君。此时，原本在契丹统治下的女真人的势力逐渐强盛起来。1115年，完颜阿骨打统一女真各部，建立金，并派人与宋朝约定共同夹击辽，订立了"海上盟约"。双方协议金攻辽中京，而宋攻辽燕京，事成之后，燕云十六州归宋，其余国土归金。后来金兵攻破辽中京，而宋朝二十万大军大败。燕京被金人所攻占，天祚帝被俘，辽国灭亡。在与宋联合攻辽的过程中，金军逐渐认识到北宋腐败的实质。

靖康元年（1126年）1月，金军南下，渡过黄河，直抵北宋东京开封城。宋钦宗派使者赴金营求和。金军提出：宋须交金五百万两、银五千万两、牛、马、骡各一万头匹、驼一千头、杂色缎一百万匹、绢帛一百万匹；割让太原、中山（今河北定州）、河间三镇；尊金帝为伯父；以宋亲王、宰相做人质，送金军北渡黄河，才许议和。金军攻城，宋守军多次击退金军。但宋钦宗仍继续与金议和，答应了对方赔款和割地的要求。金撤军北归。同年8月，金军再次南侵，东京城破。宋钦宗亲赴金营，献上降表。从12月起，金军大肆搜刮宋廷的府库及官、民户的金银钱帛。次年4月，金军俘徽、钦二帝和后妃、皇子、宗室贵戚北撤。宋朝皇室的宝玺、舆服、法物、礼器、浑天仪等也被掠去。北宋灭亡。

❧ 绍兴和议

1127年，徽宗第九子赵构在应天府（今河南商丘）即位，即宋高宗，史称南宋。1138 年正式定都临安（今浙江杭州）。南宋时期，当权者不思进取，长期执行求和政策，向金朝称臣纳贡，并压制军民的抗金斗争。"山外青山楼外楼，西湖歌舞几时休。暖风熏得游人醉，直把杭州作汴州！"反映的就是当时统治者得过且过的情况。

1140 年，金兵又一次大举南侵，却连遭失败。在顺昌（今安徽阜阳）之战中，宋军以少胜多击败了金军。接着岳飞率领岳家军又取得郾城大捷，打败了金军的主力，先后收复了郑州、洛阳等城。这时，以妥协苟安为国策的宋高宗，既害怕宋军的胜利影响他的求和，更害怕岳家军从金营迎回徽、钦二帝，从而威胁自己的帝位。于是，高宗和秦桧商定，命令各路军队班师，并在一天内连下十二道金牌逼令岳飞退兵，并解除了韩世忠、张俊、岳飞三大将的兵权。随后，高宗派使者到金求和，在使者叩头哀求下，金国以"杀岳飞"作为条件，答应和议。经过一番交易后，双方签订了绍兴和议：向金称臣，金册宋康王赵构为皇帝；划定疆界，东以淮河中流为界，西以大散关（陕西宝鸡西南）为界，以南属宋，以北属金；宋每年向金纳贡银二十五万两、绢二十五万匹，自绍兴十二年（1142 年）开始，每年春季搬送至泗州交纳。同年，岳飞被处死。

绍兴和议确定了宋金之间政治上的不平等关系，结束了长达十多年的战争状态，形成了南北对峙的局面。1276 年，元军攻入临安，文天祥等保护皇族后人逃到广东坚持抵抗，1279 年，南宋政权最终灭亡。

两宋时期，在技术改进与租佃制的推动下，农业生产获得显著发展；手工业分工细密、工艺先进，产品闻名于世；商品经济水平超越以往，城市、市镇繁荣，货币流通扩大，诞生了最早的纸币。宋代文化空前进步，理学、文学、史学、艺术以及科学技术领域硕果累累，除了拥有可与唐诗比肩的宋词之外，还产生了与先秦、两汉相媲美的新儒学；而活字印刷、指南针及火药的发明和应用，更对人类文明的进步做出了杰出的贡献。

元、明、清时期

❧ 蒙古帝国的建立

蒙古族是先秦时东胡的一部分，由鲜卑演化而来，一直生存到现在。汉朝时期，东胡被匈奴的冒顿单于击败后，分为乌桓、鲜卑二族。乌桓在被曹操征伐之后衰落，鲜卑一族崛起，在西晋时期鲜卑主要分为段部、慕容部、拓拔部、柔然部等。其中柔然与南北朝时期统治中原北方的北魏拓拔氏多次交战。柔然被突厥民族击败后，分为南北两支。柔然的南支逃到辽河上游，成为契丹人的祖先。北支逃到雅布洛诺夫山脉以东、外兴安岭以南的地区，是室韦的祖先。蒙古诸部中，东蒙古来自室韦诸部，是成吉思汗家族的嫡系后裔。宋朝时期，在蒙古高原上的突厥系民族的统治逐渐衰落，东边的包括成吉思汗祖先的室韦诸部开始西迁至蒙古高原内部。1204 年，蒙古族杰出领袖铁木真通过残酷战争统一了蒙古高原各部落。铁木真因此被各部落推举为"成吉思汗"，意为"世界的统治者"，在漠北建立政权，国号"大蒙古国"，即大蒙古帝国。建国后，他不断发动征服战争扩张其疆域，1217年灭西辽，紧接着1219年西征花剌子模，一直进攻到伏尔加河流域。1227年，成吉思汗在远征西夏的途中病逝。

兼取天下

1229年，成吉思汗的三子窝阔台即位，除了继续称雄中亚外，还把矛头对准了金朝。1234年，金朝在蒙古和宋朝的联合攻击下覆灭。次年，窝阔台派兵西征，蒙古的铁骑震惊整个欧洲。1251年，成吉思汗孙子蒙哥即位，他一方面继续西征，一方面对苟且偷安的南宋发动了进攻。1260年，蒙哥的弟弟忽必烈继承汉位，四年后将国迁到大都（今北京），并于1271年定国号为大元（取自《周易》：大哉乾元），是为元世祖。这是蒙古帝国政权由世界性大一统帝国转为中原王朝的分水岭，蒙古政权之前对中原地区推行的是极具游牧性质的掠夺式统治，中原地区仅是其属地的一部分，到忽必烈时才转型为以中原和江南地区为主要占领地的王朝。1279年，元朝消灭了南宋最后一支抵抗力量，统一南北。

忽必烈在位期间，任用汉族官僚，注意吸收中原地区历代封建统治的经验，建立了包括行省制度在内的各项制度，并加强了对边疆地区的管理，巩固和发展了我国统一的多民族国家。他重视农业，设置司农司，劝课农桑，还设置河渠司，兴修水利，使农业生产逐步得到恢复和发展。元朝实行民族歧视政策，将其政权下的人民划分为蒙古、色目、汉人和南人四个等级，加上几乎每次帝位更迭都伴随着激烈的派系斗争，因此阶级矛盾和民族矛盾一直很尖锐。

马可·波罗来华

马可·波罗（1254～1324年），意大利威尼斯人，世界著名的旅行家、商人。其父、叔经商至中国，奉元世祖命出使罗马教廷。1271年（元世祖至元八年），他随父、叔来元廷复命，由古丝绸之路东行，1275年抵大都，从此侨居中国十七年，到过陕西、四川、云南、河南、江浙等行省数十城，又自称曾治理扬州三年。后获准回国，1291年随伊利汗阿鲁浑请婚使者护送伯岳吾氏女阔阔真去波斯，从泉州由海道西行。1295年回到威尼斯。次年，在参加威尼斯对热那亚的海战中被俘，在居热那亚狱中，他讲述游历东方诸国见闻，同狱鲁思梯切诺笔录成《马可·波罗游记》。所述元朝重大政治事件、典章制度及各地情况，基本属实。1298年获释回家，成为巨富。

《马可·波罗游记》，是欧洲人撰写的第一部详尽描绘中国历史、文化和艺术的游记。其书流传甚广，被译成多种文字，对后来欧洲人了解东方和中国影响极大。

✿ 短暂的王朝

从元世祖忽必烈到成宗帖木儿是元代统治的初期，这期间，统治者采用汉族法律，初创了政治、经济和文化各项制度，元朝呈现出向前发展的态势。从武宗到泰定帝是元代的中期。这个时期社会矛盾日益激化，皇权斗争也日趋激烈，各地起义不断爆发，元代开始走向衰落。期间的"英宗新政"也仅是昙花一现，无法从根本上挽救元代的衰败之势，后来新政失败，英宗也死于非命。从明宗到顺帝是元代的后期，红巾大起义的爆发加速了它的灭亡。1368年，朱元璋率军攻入大都，元顺帝逃走，元朝灭亡。

元朝的经济仍以农业经济为主，生产技术、垦田面积、粮食产量、水利兴修以及棉花的种植等都超过了前代。因漕运、海运的畅通及纸币的流行，元朝是中国历史上第一个大规模以纸币作为流通货币的朝代，从而建立起世界上最早的完全的纸币流通制度，比欧洲早了四百多年，商业在元朝也极度繁荣起来，使其成为当时世界上最富庶的国家之一。在元代，中国多民族文化并存的格局进一步得到肯定。文化艺术特别是元曲达到了相当高的水平。元杂剧在金院本和诸宫调的基础上广泛吸纳多种词曲和技艺的发展成果，达到一个鼎盛的阶段，可与唐诗、宋词相媲美，成为人类戏剧和文学艺术的瑰宝。诗歌、书画也有了高水平的发展，出现了一批书画和诗歌大家。

元朝时期，中西经济文化交流的空前繁荣，使不同地区、国家之间的经济文化双向交流加速。中国的火药、指南针、印刷术传入阿拉伯和欧洲，推进了这些地区的文明进程。阿拉伯的医学、天文学、农业技术，欧洲的数学、金属工艺，南亚的雕塑艺术等传入中国，促进了中国古代文化的丰富和发展。元代中西文化交流信息量之大、传播范围之广、对当时及未来历史影响之大，都是人类历史上空前的。

红巾军起义

元朝末年，韩山童通过白莲教宣传、组织群众，准备起义。1351年5月，韩山童、刘福通发动起义。起义军头裹红巾，人称红巾军。为推翻元朝的反动统治，起义军提出以"明"斗"暗"（"明"指起义军；"暗"指元朝统治）的口号，鼓舞民众与元朝做斗争。刘福通起义后，得到了各地的响应。其中影响较大的有：北方的"北琐红军"和"南琐红军"，濠州（今安徽凤阳）的郭子兴等。

1355年2月，刘福通拥立韩山童的儿子韩林儿称帝，又称小明王，国号大宋，改元龙凤。1358年，刘福通迁都汴梁（今河南开封），迎来了北方红巾军全盛的时代。在元政府和地主武装的镇压下，各路北伐军失利，汴梁失陷。不久，刘福通遇害。1352年，朱元璋参加了濠州郭子兴的起义军。郭子兴死后，朱元璋继续领导这支起义军。以后，朱元璋渡江南下，建立了以应天府（今南京）为中心的根据地。朱元璋采纳"高筑墙，广积粮，缓称王"的建议，组织屯田，保障自身物质基础。1364年，朱元璋即吴王位，设置百官。1367年12月，朱元璋正式即位，国号"明"，以应天府为国都。1367年10月，朱元璋派徐达、常遇春率大军北伐。1368年7月，元顺帝北逃。不久，明军进入大都，元朝灭亡。

平民皇帝

朱元璋是继刘邦之后的又一位平民皇帝。他自幼穷苦，曾为地主放牛，相传还一度入皇觉寺当和尚。二十五岁时参加郭子兴领导的红巾军反抗元朝的残暴统治。朱元璋率兵出征，有攻必克；因此郭子兴便把养女马氏（即之后的马皇后）嫁给了他，军中称他为"朱公子"。郭子兴死后，这支队伍就由朱元璋率领。1356年，诸将奉朱元璋为吴国公。朱元璋接受部下提出的"高筑墙，广积粮，缓称王"的建议，积极招揽人才，壮大实力。1367年，朱元璋命中书右丞相徐达为征虏大将军、平章常遇春为副将军，率军二十五万，北进中原。北伐中发布告北方官民的文告，文告中提出"驱逐胡虏，恢复中华，立纲陈纪，救济斯民"的纲领，以此来号召北方人民起来反抗元朝。

1368年，在基本击破各路农民起义军和扫平元的残余势力后，朱元璋在南京称帝，国号大明，年号洪武。然后，派大兵分路北伐，于同年8月占领大都，在以后几年里，又陆续扫平了各地的割据势力。

明朝建立后，朱元璋一方面减轻农民负担，恢复社会的经济生产；一方面惩治贪污腐败的官吏，即使是皇亲国戚、开国功臣也不手软，又分封皇子镇守各地。为了加强皇权，朱元璋还废除了沿袭近两千年的丞相制度。

⚜ 靖难之变

为了加强君主集权，并确保朱明王朝千秋万代地统治下去，朱元璋在政权稳固之后，把儿孙分封到各地做藩王。每一个藩王食粮万石，而且拥有军事指挥权，在王府设亲王护卫指挥使司，辖军三护卫，护卫甲士少则三千人，多则一万九千人。边塞诸王因有防御蒙古贵族侵扰的重任，所以护卫甲士数量很多。根据相关的记载，北平的燕王朱棣当时拥兵十万，大宁的宁王朱权"带甲八万，革车六千"。他们在边塞负责筑城屯田、训练将兵、巡视要害、督造军器。晋王、燕王多次出塞征战，打败元朝残余势力的军队，极被重视。尤其是燕王，由于功绩卓著，朱元璋令其"节制沿边士马"，地位独尊。

实力不断膨胀的藩王，逐渐成为中央政权的威胁。1399年，朱元璋死后，因太子朱标早死，皇太孙朱允炆即位，年号建文，为建文帝。建文帝即位后，即与亲信大臣齐泰、黄子澄等密谋削藩。与此同时，也在北平及城内部署兵力，又以防边为名，把燕王的护卫精兵调出塞外戍守，准备削除燕王。建文帝以为准备停当了，便秘密下令擒拿燕王，但是没有成功，燕王朱棣立即起兵南下。这时建文帝已无大将可用，只好起用幸存的老将耿炳文统兵北伐，又派纨绔子弟李景隆继续讨伐，均被朱棣打得大败。

战争历时四年（1399～1402年），结果朱棣得胜，占领南京，即皇帝位，次年改年号永乐，是为明成祖。建文帝下落不明。

永乐十九年（1421年），明成祖迁都北京，以南京为留都，在位期间提出"为治之道在宽猛适中"的原则。他利用科举制及编修书籍等方式笼络地主知识分子，宣扬儒家思想以改变明初嗜佛之风，选择官吏力求因才而用，为当时政治、经济、军事、文化等方面的发展奠定了思想和组织基础。他统治期间社会安定、国家富强，由于成祖年号为"永乐"，后世称这一时期为"永乐盛世"。

🌊 郑和下西洋

朱棣夺得皇位时，明朝已经建立了三十多年，农业与人们的生活并没有受到这场政变的影响。这时，中国广州等沿海的大都市发展得十分繁荣。在经济获得良好的发展之后，拓展海外交通和海外贸易就变成十分迫切的事；另一方面，朱棣也想利用对外的活动，展示自己的势力，并建立自己的声望。这样，派遣船队进行航海的活动就势在必行。另外，关于郑和下西洋，民间传说是因为明成祖为了寻找失踪的建文帝的下落，这也为远航增添了些许传奇色彩。

1405 年 7 月 11 日，明成祖命郑和率领由二百四十多艘海船、二万七千四百名船员组成的庞大船队，从刘家港出发，出使"西洋"。当时人们所说的"西洋"，指的是我国南海以西的地区。这次远航一共访问了三十多个位于西太平洋和印度洋的国家和地区，当郑和返航时，有很多国家派特使访问明朝，并送上大批珍贵的礼物。这次访问加深了中国同东南亚、东非的友好关系，提高了明朝的威望，也促使明成祖决定继续派遣郑和出使西洋。

郑和下西洋一共七次，每次远航都由苏州刘家港出发，一直持续到1433 年。最后一次，郑和在回程的路上，因病过世。郑和下西洋是当时明朝国力雄厚的表现。民间将他的旅行探险故事称之为"三宝太监下西洋"。

郑和曾到达过爪哇、苏门答腊、苏禄、彭亨、真腊、古里、暹罗、阿丹、天方、左法尔、忽鲁谟斯、木骨都束等三十多个国家，最远曾达非洲东岸，并有可能到过澳大利亚，大大促进了东西方的文化和经济交流。

土木堡之变

明朝建立后，元朝残余势力败退漠北，明太祖朱元璋修长城，设边镇，置卫所，有效地巩固了北部边防。成祖朱棣称帝后，采取抑制蒙古军事力量发展的策略。后来，蒙古族瓦剌部首领用武力迫使诸部臣服。同时，表面与明朝互通贡市，请求通婚，以保和好；暗中刺探明朝虚实，寻机举兵，图谋恢复元朝统治。

明成祖朱棣以后，明仁宗朱高炽和明宣宗朱瞻基采取了宽松治国和息兵养民的政策，出现了社会经济的繁荣，后世称为"仁宣之治"。1435 年，年幼的明英宗即位，宦官王振操纵朝中大权。

1449 年 2 月，蒙古族瓦剌部落首领也先遣使两千多人进贡马匹，向明朝政府邀赏，由于宦官王振不肯多给赏赐，并减去马价的五分之四，没能满足他们的要求。同年 7 月，蒙古族瓦剌部落首领也先统率各部，分四路大举向内地骚扰。东路进攻辽东；西路进攻甘州（今甘肃张掖）；中路为进攻的重点，分为两支，一支直攻宣府围赤城，另一支进攻大同。大同前线的败报不断传到京城，明英宗朱祁镇在王振的煽惑下，一意孤行，决定亲征。7 月 16 日，英宗和王振率五十余万大军从北京出发，由于组织不当，一切军政事务皆由王振专断，随征的文武大臣却不参与军政事务，军内非常混乱。13 日，明军狼狈逃到土木堡，瓦剌军已紧逼明军。土木堡地高无水，将士饥渴疲劳，仓促应战。瓦剌军四面围攻，骑兵破阵而入，挥长刀砍杀明军，明英宗被俘，随征大军几乎全部战死。这次战役，明史上称为"土木堡之变"。这次大败影响深远，成为明王朝由初期进入中期的转折点。

张居正改革

明英宗被俘后，在于谦的率领下，另立明景帝，并发动全国军民抗战，终于打退了入侵的瓦剌军，明朝一度复兴。1488年，明孝宗即位。这段时间是明朝政治最为清明的时期，这位皇帝勤勉而不专制，信任大臣，内阁权力大为上升。到了嘉靖皇帝，他信奉道教，不理朝政，致使严嵩把持朝纲，政治腐败，财政出现危机，以致海瑞称"嘉靖嘉靖，家家皆尽"。

1573年，神宗即位，年号为万历。神宗得到内阁首辅张居正的鼎力辅佐，开始进行改革。内政方面，提出了"尊主权，课吏职，行赏罚，一号令"，推行考成法，整顿官僚机构，同时决意任用支持改革的才俊人士，尊主权、课吏职、信赏罚、一号令，提高行政效率。另外，改革加强内阁职权，抑制宦官势力，并整饬学政，禁止讲学，查禁私立书院。这一系列的改革巩固了中央集权。

经济方面，清丈全国土地，抑制豪强地主，改革赋役制度，推行一条鞭法，减轻农民负担。军事方面，加强武备整顿，平定西南骚乱，重用抗倭名将戚继光，保障边境安全。万历初年呈现出明代中叶以来最好的形势。

改革虽然是地主阶级内部的改良运动，但对去除积弊、澄清吏治、抑制豪强、减轻农民痛苦、安定人民有一定好处。由于清丈土地和一条鞭法的实行，使国家财政收入大为好转。但是改革受到大地主势力顽强阻挠，张居正病卒后，除一条鞭法外，其他改革措施都被废止，明朝从此走上了衰败之路。

利玛窦来到中国

利玛窦（1552～1610年），意大利的耶稣会传教士、学者，明朝万历年间（1583年）来到中国居住。他的原名中文直译为玛提欧·利奇，利玛窦是他的中文名字，号西泰，又号清泰、西江。他在中国颇受士大夫的敬重，被尊称为"泰西儒士"。他是天主教在中国传教的开拓者之一，也是第一位阅读中国文学并对中国典籍进行钻研的西方学者。他是当之无愧的"沟通中西文化第一人""欧洲汉学之父"。他除传播天主教教义外，还广交中国官员和社会名流，传播西方天文、数学、地理等科学技术知识。

利玛窦在"西学东渐"和"东学西传"中起到了重要的桥梁作用。他立足于"交流"而非"传播"。他将"四书"中的《大学》《中庸》《论语》《孟子》翻译成拉丁文传回意大利出版，使西方国家开始知道中国有位杰出的教育家、思想家孔子。他的《中国札记》和他早年翻译的儒学经典，成为欧洲人正面观察中国历史文化的窗口。《四库全书》编纂者将他编著的《乾坤体义》作为"西学传入中国之始"。他的著述不仅对中西交流做出了重要贡献，对日本和朝鲜半岛上的国家认识西方文明也产生了重要影响。

声声入耳，事事关心

"风声雨声读书声，声声入耳；家事国事天下事，事事关心。"是东林党首领顾宪成撰写的一副对联，镌刻在东林书院的大门口。这两句话表现的是读书人既认真读书又关心国家大事的胸怀，是对"两耳不闻窗外事，一心只读圣贤书"思想的反对。

万历三十二年（1604年），被革职还乡的顾宪成在常州知府欧阳东凤、无锡知县林宰的资助下，修复宋代杨时讲学的东林书院，与高攀龙、钱一本、薛敷教、史孟麟、于孔兼及其弟顾允成等人，讲学其中，"讲习之余，往往讽议朝政，裁量人物"，其言论被称为清议。他们主张开放言路、实行改良时政等意见，得到广泛支持。他们怀着忧国忧民的意识，意在有所作为，就形成了一股不容忽视的政治势力，与他们唱反调的那一派称他们为"东林党"。

明神宗后期，宦官擅权，倒行逆施，政治日益腐化，社会矛盾激化。针对这一现象，东林党人往往不畏强权，为民请命，大胆弹劾朝中权贵，反对"矿使""税监"，甚至敢于冒犯"龙颜"。天启年间，宦官魏忠贤专政，形成明代势力最大的阉党集团，齐、楚、浙诸党争相依附，对东林党人实行血腥镇压。1625年，东林党人杨涟因弹劾魏忠贤二十四大罪被捕，与左光斗、黄尊素、周顺昌等人被相继杀害。魏忠贤又借红丸案、梃击案、移宫案三案为题，毁东林书院，打击东林党人。东林著名人士魏大中、顾大章、高攀龙、周起元、缪昌斯等先后被迫害致死。1627年明思宗朱由检即位，魏忠贤自缢而死，对东林党人的迫害才告停止。但东林与阉党的斗争，一直延续到南明时期。

努尔哈赤建后金

明朝初期，女真族分为建州女真、海西女真、野人女真三大部。后又按地域分为建州、长白、东海、扈伦四大部分。明朝在东北设立辽东都司、奴儿干都司作为管理机构，女真各部皆臣服于明朝。建州女真部与明朝交往密切，建州部社会生产力提高，经济繁荣。当明王朝的统治越来越腐败的时候，建州女真部的势力渐渐强大起来。

努尔哈赤出身为建州女真贵族，从小学习骑马射箭。1583 年，爱新觉罗·努尔哈赤袭封为建州左卫指挥使，以祖父、父亲留下的十三副兵甲，相继兼并海西女真部，征服东海女真部，经过三十年的东征西讨，努尔哈赤终于统一了女真各部落。努尔哈赤将所辖的军民编成八旗，起初只设置了四旗，分别以黄、红、蓝、白四个颜色的旗帜作为标志，后来又增设四旗，黄、白、蓝旗镶红边，红旗镶白边，即以镶黄、镶红、镶蓝、镶白的旗帜为标志，合称八旗。八旗子弟平时耕猎，战时出征。八旗制度促进了女真社会的发展，巩固了努尔哈赤的统治地位。

努尔哈赤花了三十年时间统一了东北女真各部落。1616 年，努尔哈赤在赫图阿拉自立为汗，国号金（史称后金），建元天命，但是他不满足偏于一隅之地，逐鹿中原成为他的理想。1618 年，努尔哈赤发布"七大恨"的讨明檄文，誓师伐明，举国震惊。1619 年，明朝在萨尔浒之战中惨败，几年间丧失辽东七十多座城。1621 年，努尔哈赤攻占辽阳、沈阳，迁都于辽阳。1625 年春，努尔哈赤不顾贝勒诸臣异议，决定迁都沈阳。当年农历三月三日在拜祭祖陵后，他便率亲族百官自东京（即辽阳）起程，夜宿虎皮驿，翌日抵达沈阳。从此沈阳成为后金政权的统治中心。1626 年，努尔哈赤在宁远战役中被明军的大炮打成重伤，不久逝世。即位的八皇子皇太极继续对明朝展开攻势，并联合蒙古各部，势力不断扩大。1635 年，皇太极把女真改为满洲，次年，在盛京称帝，改国号为清。

☙ 李闯王进京

明朝后期，统治腐朽，宦官魏忠贤专揽朝政、排除异己、镇压人民，加上连年的灾荒，人民处在水深火热之中。1627 年，陕北白水县农民王二率领数百农民杀死知县张斗耀，揭开了明末农民起义的序幕。陕北巡抚得报后，因怕受到朝廷怪罪，并没有对上级报告。起义队伍乘机迅速扩大。1630年，张献忠在陕西米脂十八寨起义，自称"八大王"。

1639年，张献忠在谷城（今湖北襄樊）起义，李自成从商洛山中率数千人马杀出与张献忠会合。1640年李自成趁明军主力在四川追剿张献忠之际入河南，收留饥民，队伍发展到数万，并提出"均田免赋"口号，受到百姓的拥护。当时还传出"迎闯王，不纳粮"的民歌。1641年1月，李自成领军攻克洛阳。1643年1月，李自成在襄阳称新顺王。5月张献忠攻克武昌建立"大西"政权。10月，李自成攻破潼关，占领陕西全省。1644年1月李自成在西安称帝，建国号"大顺"。

1644年3月，李自成逼近北京。明朝辽东总兵吴三桂奉旨援助，还未到达京师，李自成领导的农民起义军已进入北京，崇祯皇帝自缢，吴三桂撤兵退守山海关。这时，起义军领袖犯了胜利时骄傲的错误，迫害吴三桂的家属，逼迫吴三桂领兵对抗。吴三桂在初战不利的情况下，引领清朝贵族入关，联合进攻农民军。李自成军队迎战失利，退出北京，率军在河南、陕西抗击。1645年5月17日，李自成在湖北通城县九宫山玄帝庙拜神后因劳累熟睡，遭到当地乡勇误杀牺牲。李自成余部降清后，又反叛清朝，继续抗清斗争，坚持了二十多年。

清军入关

1640年，明清松锦之战爆发，1642年洪承畴在松山被俘，祖大寿在锦州投降。松锦之战标志着明朝在辽东防御体系的完全崩溃，在关外只剩下宁远一座孤城。1644年，驻守山海关的明将吴三桂为了对抗李自成而降清。清摄政王多尔衮指挥八旗劲旅，日夜兼程入关，以吴三桂为前导，击败大顺农民军，进占北京。

同年9月，清顺治帝迁都北京，祭告天地祖宗，表示他已是全中国的君主。接着，清军南下剿杀农民军，北方的地主、官僚纷纷迎降，勾结清军，镇压农民军。与此同时，在南方，一些明朝遗臣拥立皇族建立了几个小朝廷，史称南明（弘光、隆武、绍武、永历）。此外还有李自成的大顺、张献忠的大西政权。清朝于 1645 年灭大顺、南明弘光；1646 年灭大西、南明隆武、南明绍武；1662 年灭南明永历；1664 年消灭大顺残余势力。清朝入关后历经二十多年的战争，基本统一全国。1683 年，清政府统一台湾后，在台湾本土内正式设立台湾府，隶属于福建省管辖。

清军在进军江南的过程中，手段残酷，特别是"留头不留发，留发不留头"的剃发令，激起江南人民的强烈反抗，各地燃起抗清的熊熊烈火。清廷残酷镇压，在扬州、嘉定、江阴等地进行了大肆屠城，史称"扬州十日""嘉定三屠"。剃发是清朝为了巩固自己的政权所采取的手段，但超出了当时汉人的心理承受力。"身体发肤受之父母，不可损伤"，是千年以来的伦理观，也是一种根深蒂固的思维方式。剃发不仅有违传统，也是一种侮辱。因此这项政策遭到了传统知识分子和下层民众的激烈反抗。"扬州十日""嘉定三屠"一向被并列为清军入关后的两大暴行。

清代国母孝庄

在清军入关、统一全国的过程中，有一位非常重要的女性——孝庄皇太后。她一生培育、辅佐顺治、康熙两代君主，是清初杰出的女政治家。她姓博尔济吉特氏，名布木布泰，出生于蒙古科尔沁部，是贝勒寨桑的女儿。十三岁时，嫁给后金四大贝勒之一的皇太极为妻。1636 年皇太极改号大清称帝，被封为永福宫庄妃。1643 年，他的儿子福临（当时只六岁）即位，是为顺治帝，孝庄被尊为皇太后。顺治帝亲政后，很想有番作为，也颇为中原文化所吸引，但终因他周围尚未形成一支以他为主导的强有力的政治势力，致使他在与朝中反对汉化的勋旧大臣的较量中败下阵来，英年早逝。孝庄皇太后用她超人的智慧和威望，使得政权平稳过渡。1661 年，她八岁的孙子玄烨又嗣帝位，为康熙帝，她被尊为太皇太后，史称"孝庄文皇后"。在她的教导下，玄烨健康成长，一个未来杰出帝王的特质，在少年时代打下了根基。鳌拜集团铲除后，孝庄放手让玄烨理政，让他在实践中得到锻炼，又一再提醒他要谨慎用人、安勿忘危、勤修武备等。对于祖母的教诲玄烨非常尊重，重大事情无不先征求意见，然后施行。孝庄生活俭朴，不事奢华，她总是把宫中积蓄拿出来赈济，全力配合、支持孙子的事业。

在他们的携手努力下，清王朝从动乱走向稳定，经济从萧条走向繁荣，为平定三藩、统一台湾和边疆用兵等大规模战争奠定了物质基础。清王朝在康熙朝形成第一个黄金时代，其中包含了孝庄的一份功劳和心血。

孝庄是清朝历史上一位举足轻重、颇受关注的人物。在明末东北各族各部的混战中，她作为政治联姻的纽带出嫁。在后金的一步步成功中，她逐渐卷入一场又一场政治斗争的旋涡，并展示出了她卓越的政治才华，逐步确立了稳固的地位并成为清初政坛上的一个一言九鼎的人物。她一生经历清初三朝，正是由乱到治的关键历史时期。她全力辅佐皇帝，调和清宫内部矛盾和斗争，对稳定清初社会秩序，促进国家的统一做出了重大贡献，后世尊称她为"清代国母"。

🌊 康熙智擒鳌拜

康熙即位的时候只有八岁。顺治去世，遗诏命鳌拜与内大臣索尼、苏克萨哈、遏必隆共同辅佐康熙皇帝，为辅政大臣。鳌拜早年就曾随皇太极征讨各地，战功赫赫。他仗着自己掌握兵权，又欺负康熙帝年幼，独断专横、飞扬跋扈。

康熙帝满十四岁的时候，亲自执政。这时候，另一个辅政大臣苏克萨哈和鳌拜发生争执。鳌拜怀恨在心，勾结同党诬告苏克萨哈犯了大罪，奏请康熙帝把苏克萨哈处死。康熙帝不肯批准，鳌拜在朝堂上跟康熙帝起了争执。康熙内心非常生气，但是一想鳌拜势力不小，只好暂时忍耐，寻找机会。

从那以后，康熙帝决心除掉鳌拜。他派人物色了一批十几岁的贵族子弟担任侍卫，这些少年个个长得健壮有力。康熙帝把他们留在身边，天天练习摔跤。鳌拜进宫去，常常看到这些少年吵吵嚷嚷地在御花园里摔跤，只当是孩子们闹着玩，并不在意。有一天，鳌拜接到康熙帝命令，要他单独进宫商量国事。鳌拜像平常一样大模大样地进宫去。刚跨进内宫的门槛，忽然一群少年拥了上来将鳌拜团团围住。鳌拜虽然是武将出身，力气也大，可是双拳难敌四手，被这些少年打翻在地。

鳌拜被抓进大牢，康熙帝宣布鳌拜三十条罪状。大臣们认为，鳌拜专横跋扈，擅杀无辜，罪行累累，应该处死。康熙帝念及鳌拜的功劳从宽发落，改为将其终身监禁。

✿ 三藩之乱

清军入关后需要对付李自成起义的力量以及南明政府的反抗，自身兵力有限，所以不得不依靠明朝的降官。于是，在明朝降将中，耿仲明、尚可喜、吴三桂三人取得的功劳最多，所以均受封为王。他们所率领的军队成为八旗以外的重要力量。清军统一全国之后，把八旗基本力量放置在北方，以保卫京师及驻防各重要地区，而南方就暂让给他们去镇守。吴三桂驻守云南，尚可喜驻守广东，耿精忠（耿仲明之孙）驻守福建，这样便形成了三藩。三藩拥兵自重，把持地方财政，欺压百姓，俨然已经成了一个单独的王国。

康熙亲政后，敏锐地察觉到三藩已经成为国家的心腹大患，把它列为自己必须要解决的三件大事（三藩、漕运、河务）之一。虽然，康熙帝认识到三藩问题的严重性，但是当时财力和兵力有限，并不敢贸然行动。1673年3月（康熙十二年），尚可喜主动请撤藩归老辽东。康熙立即抓住机会，答应了尚可喜的请求，并对他的行为表示赞赏。康熙的行为引起了其他两位藩王的警戒，于是他们也相继请撤藩归辽东作为试探。康熙以"撤亦反，不撤亦反"，果断下令撤藩。11月，吴三桂发动叛乱，耿精忠、尚可喜的儿子尚之信及广西将军孙延龄先后响应，清政府军事上并无准备，一时，三藩占据了云南、贵州、广西、广东、福建、湖南、四川等省，以及湖北、浙江、陕西、甘肃等部分地区。

1675年，吴三桂与清军的对抗到了顶峰。吴三桂在湖南沿江布置防御工事，不敢再向北发展，康熙帝抓住机会调整战略、安排兵力。他首先坚决打击吴三桂，而对其他的叛变者却实行招抚政策，通过分化反叛力量而孤立吴三桂。1678年，尚之信、耿精忠及陕甘的王辅臣相继投降。同一年，吴三桂在衡州称帝，国号周，年号昭武，开科取士。不久吴三桂病死，吴三桂的孙子吴世璠在贵阳即位，改年号洪化。1680年，吴世璠逃到云南。次年，清军攻入云贵省城，吴世璠自杀，历时八年的三藩之乱被平定。不久之后，朝廷在福州、广州、荆州设八旗驻防，以加强对南方的控制。

平定三藩，对于清廷来说，是真正完成统一、确立稳定的皇朝统治的标志。

康、雍、乾盛世

1661年，爱新觉罗·玄烨即位，是为清圣祖，年号改为康熙。他是清朝入关后的第二代皇帝，在位六十一年，是中国历史上在位时间最长的皇帝。他八岁登基，十岁丧母，在其祖母孝庄太后的教导下长大成人。他虽年幼，却年少老成，十六岁便铲除了鳌拜，继而平定三藩叛乱，稳定了西南边陲；重农治河，兴修水利，发展了农业；收复台湾，扩大了大清的版图；北拒沙俄，签订了《尼布楚条约》；西征蒙古，进一步稳固了大清的西北疆土。

康熙大帝好学上进，勤于政事，雄才大略，崇尚节约。他还组织编辑与出版了《康熙字典》《古今图书集成》《全唐诗》《康熙皇舆全览图》等图书、历法和地图，为中华民族保存了丰厚的文化遗产。由于他的文治武功，我国多民族统一的局面得到巩固发展，社会经济出现了繁荣景象。

1722年，爱新觉罗·胤禛即位，是为清世宗，改年号为雍正，是清朝入关后第三位皇帝，在位十三年。雍正即位之初，吏治废弛，贪污腐败已然成风。他克服多方面的阻力，在全国上下大规模清查亏空，设立会考府，实行耗羡归公，实行养廉银制度，取缔陋规等多项工作。由于他态度决断，雷厉风行，清朝的财政状况在短时间内得到明显改善，官吏贪污、吏治腐败的坏况都有很大的转变，有"雍正一朝，无官不清"的说法。另外，雍正还对赋税制度进行了重大改革，实行"摊丁入亩"，规定"地多者多纳，地少者少纳，无地者不纳"，取消了人头税。这项措施对社会经济的发展起了积极的作用。

可以说，雍正给他的继任者乾隆皇帝留下了充裕的物质基础、廉洁的干部队伍和清明的吏治环境。清高宗乾隆，名爱新觉罗·弘历，是清朝入关后的第四位皇帝，在位六十年，后禅位于十五子颙琰（yóng yǎn），即嘉庆帝，自己成为太上皇，他是寿命最长的皇帝。乾隆自幼就接受汉族传统文化教育，四书五经、诗词歌赋、书法绘画，无一不精，文化修养很高，作诗多达四万首。乾隆也认为自己在军事上颇有成就，因此自称"文治武功十全老人"。

乾隆即位后，以"宽猛相济"理念施政，平定蒙古、新疆地区的叛乱，完善治理西藏，修建海塘，并主持编撰《四库全书》。但是其晚年好大喜功，任用大贪官和珅，大兴土木，又六下江南，耗费国家大量人力、物力，整个清王朝也在乾隆末期由盛转衰。

文字狱

1711 年，有人告发在翰林官戴名世的文集里，有对前明政权表示同情的语句，并且书中用了南明的永历帝的年号，朝廷据此下令把戴名世打入大牢，判了死刑。这个案件牵连他的亲友和刻印他文集的，共有三百多人。另外有不少类似的案件，完全是牵强附会，挑剔文字过错，甚至为了一句诗、一个字也惹出大祸。有一次，翰林官徐骏在奏章里，把"陛下"的"陛"字错写成"狴"（bì）字，雍正帝见了，马上把徐骏革职。后来再派人一查，在徐骏的诗集里找出了两句诗："清风不识字，何事乱翻书？"于是挑剔说，这"清风"就是指清朝，这一来，徐骏犯了诽谤朝廷的罪，把性命也送掉了。因为这些案件完全是由写文章引起的，人们就称之为"文字狱"。

文字狱是封建统治者控制人民思想的一种手段。清朝前期，特别是雍、乾两朝，曾连续大兴文字狱。凡清统治者认为有碍于专制集权统治的文字，必兴起大狱，肆意株连。其中比较突出的有康熙年间的庄氏明史案和雍正年间的吕留良案。清朝大兴文字狱，是要在思想文化领域内树立君主专制和满族贵族统治的绝对权威。其后果极其严重，极大地摧残和钳制了中国思想文化的进步和发展。

马戛尔尼使华

乔治·马戛尔尼（1737～1806 年），出身于苏格兰贵族家庭，是英国 18 世纪一位贤明的政治家、皇家大臣和杰出的外交家。1792 年，英国政府任命马戛尔尼为正使，以贺乾隆帝八十大寿为名出使中国，这是西欧各国政府首次向中国派出正式使节。1793 年 8 月 5 日，英国使团乘坐一艘六十门炮舰"狮子"号和两艘英国东印度公司提供的随行船只抵达天津白河口，受到当时直隶总督的欢迎。9 月 2 日，赴承德避暑山庄觐见乾隆帝。9 月 13 日，使团向中国政府代表和珅递交了国书，随后就礼仪问题发生争执。最终双方达成协议，英国作为独立国家，其使节行单膝下跪礼，不必叩头。9 月 14 日，乾隆帝正式接见使团，马戛尔尼代表英国政府向其提出了开放宁波、舟山、天津、广州之中一地或数地为贸易口岸；允许英国圣公会教士到中国传教等请求，并要求签订正式条约。乾隆帝以无先例为由拒绝了英国的要求，他认为中国作为天朝上国，不需要外国的商品即可自给自足，双方不存在平等贸易的基本条件。使团离开北京后，通过京杭大运河前往杭州等地参观。1794 年 9 月回到英国。

回国后，马戛尔尼向英国议会写出报告说："中国是一艘破旧的大船，一百五十年来，它之所以没有倾覆，是因为幸运地遇见了极为谨慎的船长。一旦赶上昏庸的船长，这艘大船随时就可能沉没。中国根本就没有现代的军事工业，中国的军事实力比英国差三到四个世纪。"

❧ 第一次鸦片战争

从乾隆统治后期开始，清朝的统治日趋衰落。清政府仍以"天朝上国"自居，虚骄自大，闭目塞听。而同一时期，逐步完成工业革命的英国、法国等资本主义国家需要广阔的商品市场和原料产地，并把地域辽阔、人口众多的中国，作为他们扩大海外市场的目标。而中国自古以来是一个农业国家，自给自足的自然经济加上保守的"天朝上国"思想，对外来的产品的需求很小。外国商人为摄取暴利，从华南将大量鸦片走私输入中国。鸦片贸易，不仅毒害了中国人的肉体和心灵，也使得清朝的吏治腐败不堪淋漓尽致地展现在有识之士的面前。

1838年，道光皇帝命林则徐为钦差大臣，派往广东禁烟。1839年3月，林则徐会同两广总督邓廷桢、广东水师提督关天培在广州筹划禁烟。林则徐立下誓言"若鸦片一日未绝，本大臣一日不回，誓与此事相始终，断无中止之理"，表明禁绝鸦片的决心。6月，林则徐将缴获的鸦片在虎门海滩当众全部销毁。

中国禁烟的消息传到伦敦，一场由英国资产阶级挑起的侵略战争爆发。1840年6月，英军首先进犯广州，遭到清军的抵抗后，转攻厦门，又被邓廷桢的军队击退。1841年1月7日，英军攻击沙角、大角炮台。清军仓促抵抗，伤亡惨重，炮台失陷。英军进逼虎门，琦善妥协求和。琦善的卖国行径激起清廷上下不满，道光皇帝认为有损天朝尊严，决定对英宣战。英军先发制人，再次进攻虎门。关天培亲自率军坚守炮台，以身殉国。1841年5月，英军进攻广州，广州城外的泥城、四方炮台相继失守。8月26日，英军攻陷厦门。10月1日，英军再陷定海。10日，镇海陷落。13日，宁波陷落。道光皇帝为挽回败局，决定第二次出兵，清军到达前线后，贸然出兵，结果全线溃败。1842年6月，吴淞口陷落；7月，镇江陷落；8月，英舰到达南京下关江面。29日，清政府在英国炮舰的威逼下，签订了中国近代史上第一个丧权辱国的不平等条约——中英《南京条约》。战争以清朝的失败而告终。

《南京条约》的主要内容有：（1）割香港岛给英国；（2）开放广州、厦门、福州、宁波、上海为通商口岸；（3）中国向英国赔款2100万银元；（4）英国在中国的进出口货物纳税，中国需与英国共同议定；（5）英国商人可以自由地与中国商人交易，不受"公行"的限制。1843年英国政府又强迫清政府订立了附约，增加了领事裁判权、片面最惠国待遇等条款。另外，美国和法国趁火打劫，效仿英国，先后威逼清政府签订了中美《望厦条约》和中法《黄埔条约》，获得除割地、赔款之外，享有与英国同样的特权。

鸦片战争的失败和《南京条约》等一系列不平等条约的签订，使中国社会发生了根本性的变化。政治上独立自主的中国，战后由于领土主权遭到破坏，自给自足的自然经济解体，逐渐成为世界资本主义的商品市场和原料供给地。中国的大门被打开，开始沦为半殖民地半封建社会。

⌒ 第二次鸦片战争

第一次鸦片战争后，资本主义列强最强烈的愿望仍是扩大在中国的权益。1851 年太平天国起义爆发后，列强各国认为这是加紧侵略中国的极好时机，英、法、美三国在 1854 年和 1856 年两次提出修约要求，俄国也会同响应。四国的修约要求，没有得到清政府的允许，于是，他们决心抓住一个机会作为借口，挑起战争。1856 年英、法两国以"亚罗"号划艇事件和马神甫事件作为借口，发动了侵华战争。

在从 1856 年 10 月到 1860 年 10 月历时四年多的第二次鸦片战争中，中国人民和爱国官兵保家卫国，英勇抗敌，给予侵略者以沉重的打击。但是，由于清政府的腐败无能，战争以失败告终。战争中，英法联军所到之处，烧杀抢掠，无恶不作，使中华民族再次蒙受沉重灾难。1860 年 10 月，英法联军在北京洗劫和烧毁了融汇中外建筑艺术精华的万园之园——圆明园。

1860 年 11 月，中英、中法《北京条约》签订后，英法联军开始撤离北京。俄国驻中国公使伊格那提也夫以"调停有功"为借口，提出了新的领土要求。14 日，清政府与俄国签订了《北京条约》，将乌苏里江以东 40 万平方公里的土地划归俄国，增开喀什噶尔为商埠，并在喀什噶尔、库伦设领事馆。1864 年，俄国强迫清政府订立《勘分西北界约记》，割占巴尔喀什湖以东、以南 44 万平方公里的土地，成为第二次鸦片战争期间最大的获利者。

❦ 太平天国运动

第一次鸦片战争后，清政府加紧了对农民的盘剥，国内的矛盾越来越尖锐和突出。

1843 年，洪秀全同冯云山、洪仁玕在广东花县首创拜上帝教，次年春入广西传教，积极宣传组织农民群众。洪秀全、冯云山经过五年的组织发动，以紫荆、金田为中心的拜上帝会势力已扩展到十个州、县，斗争方式由宗教冲突发展到政治的、武装的斗争，起义的核心领导和骨干力量已经形成。革命思想理论被越来越多的贫苦农民接受。1851 年 1 月 11 日（一说 1850 年 11 月 4 日），洪秀全领导汉、壮、瑶等族人民在金田庄严宣告起义，建国号太平天国。洪秀全严申五项军纪，冯云山宣读秉承天父旨意，合力诛妖灭清，实现太平的讲词。从此，一场规模空前的农民战争在中国大江南北展开。

1851 年 9 月，太平军攻占永安（今蒙山）城后，即封王建制，分封东、西、南、北、翼王，东王节制诸王，各种立国规制初具规模。1853 年年初，太平军攻克湖北省城武昌，即挥师五十万东下占领南京，定都天京（今南京），颁行《天朝田亩制度》，发行货币，坚持独立自主、反对外来侵略的外交政策。5 月，太平军派兵北伐和西征。北伐军孤军直入，打到北京附近，功败垂成。西征军于湖口、九江大败湘军，继而破江北大营和江南大营，起义进入鼎盛时期。1856 年，杨秀清居功自傲，洪秀全密诏韦昌辉、秦日纲回京诛杨。洪秀全又疑忌翼王石达开主朝政，于是多方钳制。石达开负气率精兵良将离京出走，最后在大渡河全军覆灭。

太平天国从此由盛转衰。洪秀全临朝主政，重建五军主将制，大力提拔年轻将领陈玉成、李秀成、李世贤、杨辅清等，重用陈玉成、李秀成主持军国事务，一度重振军威，破江北大营，三河大捷大败湘军李续宾部。1859年，洪仁玕到天京，得天王倚重，封干王，主持朝政，颁布了《资政新篇》。

第二次鸦片战争后，外国侵略者同清政府互相勾结，共同镇压太平天国。太平天国坚决同侵略者进行英勇斗争，给侵略者以沉重打击。安庆失陷之后，太平军在江苏、浙江的根据地也相继失守，只剩下天京及其周围小块地区，这时，天京内无粮草，外无援兵，形势日益危急。1864年6月，洪秀全病逝。7月19日，湘军挖掘地道，用火药轰塌城墙，经过激烈巷战，天京陷落。大部分太平军将士壮烈牺牲，少数人突围。洪仁玕在江西被俘，英勇就义。李秀成在天京突围时被俘，被曾国藩杀死。太平军余部转战大江南北，一直奋战到1868年。

中国历史上这场空前规模的太平天国农民战争，前后奋战十四年，纵横十八省，威震全中国，最终在清政府和外国侵略势力的联合绞杀下失败了。

慈禧太后垂帘听政

1861年，咸丰帝去世，慈禧太后六岁的独子载淳嗣位，临终前咸丰任命载垣等八大臣辅政。鉴于康熙初年曾出现辅政大臣鳌拜专权的先例，咸丰帝使用对辅政大臣牵制之策，即把他的"同道堂""御赏"玺，分别赐予载淳以及皇太后叶赫那拉氏，以二玺代替朱笔。辅政大臣所拟上谕，必须加盖这两方印章才能奏效。

当时载淳年幼，"同道堂"印就落在生母慈禧皇太后手中，这为素有政治权欲的慈禧临朝预政提供了契机。1861年11月她拉拢慈安皇太后，联合恭亲王奕訢，于咸丰帝死后不久发动了辛酉政变，将辅政大臣斩首抄家，解职戍边，彻底肃清了政敌。

两位皇太后携载淳到养心殿东暖阁，正式垂帘听政，在皇帝宝座之后设两太后宝座，中间以八扇黄屏风隔开。为使此举更具合法性，恭亲王等人还制定了《垂帘章程》。但同治帝亲政不及两年，就因病而死。因无子嗣位，慈禧再次玩弄政治手段，选择同治帝年幼的叔伯兄弟载湉即位，为光绪帝，使两宫皇太后第二次垂帘终得以实现。

1881年慈安皇太后暴死，只剩慈禧一人垂帘听政。光绪帝成年亲政后，支持以康有为等人为首的资产阶级改良派发起的改良运动，想要改变清朝祖制成法，因而招致慈禧等顽固派的妒恨。1898年9月21日，慈禧太后等人发动戊戌政变，将光绪帝幽禁于中南海瀛台，随即杀害策划变法的"戊戌六君子"，并通缉康有为和梁启超，罢免变法官员，戊戌变法彻底失败。解除了光绪帝的皇权后，慈禧再次临朝十年，称为"慈恩训政"，直至去世为止。慈禧通过垂帘听政，操纵同治、光绪两朝皇帝，掌握清朝朝政达四十七年之久。

洋务运动

经过两次鸦片战争后，清政府的统治阶级对如何解决一系列的内忧外患分裂成"洋务派"与"顽固派"。洋务派主张利用西方先进生产技术，强兵富国，摆脱困境，利用资本主义发展的工商业的手段来维护清朝的封建统治。19世纪60至90年代，洋务派在全国各地掀起了"师夷长技"的"洋务运动"。恭亲王奕䜣是洋务派在中央的代表势力，曾国藩、李鸿章、张之洞、左宗棠等实力派大臣是地方的代表。中日甲午战争的失败，宣告了洋务运动的终结。

洋务派将军事工业的革新看成首要的突破点，提出了"自强"的口号。在李鸿章等人的主持下，江南制造局、金陵制造局、福州船政局、天津机器局等一批大型近代化军事工业相继问世。他们还开办了一批军事学校，为国防事业做出重要的贡献。随着军事工业的创办，洋务派认识到，强大的国防基础在于整个国家经济的发展，要求能源、钢铁等工业与之配套。同时，为了维护民族利益，也必须发展民族经济，与洋人"商战""争利"。于是，他们提出了"求富"的口号，民用工业和新式交通运输业也发展起来了。洋务派还开办了京师同文馆，这是中国第一所近代学校，它为中国造就了一批外语人才和外交人才。这些人的活跃成为以后中国现代化运动深入的重要力量。

❧ "中兴之臣" 李鸿章

李鸿章（1823～1901年），中国清朝末期重臣，洋务运动的主要倡导者之一，淮军创始人和统帅。他本名章桐，字渐甫（一字子黻），号少荃（泉），晚年自号仪叟，别号省心，谥文忠，安徽合肥东乡（今肥东县）人。因在家排行老二，因此民间又称他为"李二先生"，著有《李文忠公全集》。

李鸿章早年得曾国藩赏识，1859年年末投奔曾国藩湘军大营，充当幕僚。1860年，太平军二破江南大营后，清政府在整个长江下游地区已失去最后一支主力。在无人敢应的情况下，李鸿章受命筹建淮军。经过多次恶战，李鸿章亲临前线指挥，成功守住了上海，顿时令中外人士对淮军刮目相看。初步站稳脚跟后，李鸿章开始从"察吏、整军、筹饷、辑夷各事"入手，以进一步巩固自己的地位，淮军也逐渐成为镇压太平军的主力之一。太平军覆灭后，以他为领袖，由淮军将领、幕僚以及一批志同道合的官僚组成的淮系集团，成为当时实力最强的一个洋务派集团，并在其带领下，开始探索中国的自强之路。后又筹建北洋水师作为清朝的海上防御力量。在列强的侵略下，清政府签下一系列丧权辱国的条约，李鸿章也无奈地充当着尴尬的角色。

李鸿章不仅是中国近代史上争议最大的历史人物，而且也是影响了近代中国近半个世纪的晚清军政重臣。梁启超曾说："吾敬李鸿章之才，吾惜李鸿章之识，吾悲李鸿章之遇。"《清史稿》将他看作"中兴之臣"。之前人们将李鸿章看作"卖国贼"，但是现在史学界更倾向于用辩证的观点去评价他的一生。

🌀 中日甲午战争

日本在"明治维新"后，国力大大增强，开始准备向外侵略扩张。中日甲午战争共分为三个阶段：第一阶段，1894 年 7 月 25 日至 9 月 17 日。这时在清廷内部，以光绪帝为首的主战派占上风。当时恰逢慈禧太后六十岁，她盼望从速结束战争，以免耽误她大办庆典，因此倾向议和，但迫于清议，一时尚不敢公然主和。在此阶段中，战争是在朝鲜半岛及海上进行，陆战主要是平壤之战，海战主要是黄海海战。平壤、黄海战役后，日本方面广造舆论，大肆渲染胜利，更加刺激了其扩大侵略战争的野心。而在清朝方面，进一步推行其消极避战方针，同时慈禧太后的主和也渐趋明朗化。第二阶段，从 1894 年 9 月 17 日至 11 月 22 日。在此阶段中，战争在辽东半岛进行，有鸭绿江防之战和金旅之战。随着清军节节败退，在清廷内部，主和派已占上风，大肆进行投降活动。旅顺口失陷后，日本海军在渤海湾获得重要的根据地，从此北洋门户大开，北洋舰队深藏威海卫港内，战局更加急转直下。第三阶段，从 1894 年 11 月 22 日至 1895 年 4 月 17 日。在这一阶段中，战争在山东半岛和辽东两个战场进行，有威海卫之战和辽东之战。1895 年 2 月，在日本海、陆两军的夹击下，我国北洋舰队全军覆没。随着战争的失利，清政府进一步加紧了乞降活动。1895 年 4 月，清政府和日本签订了丧权辱国的《马关条约》。

《马关条约》的主要内容有：（1）清政府从朝鲜半岛撤军并承认朝鲜的"自主独立"；（2）清政府不再是朝鲜的宗主国；（3）清政府割让台湾岛及所有附属岛屿、澎湖列岛和辽东半岛给日本；（4）清政府赔偿日本军费两亿两；（5）清政府开放沙市、重庆、苏州、杭州为商埠；（6）允许日本人在通商口岸设立领事馆和工厂及输入各种机器；《马关条约》的签订使我国半殖民地半封建的程度进一步加深了。

戊戌变法

1895 年 4 月，日本逼签《马关条约》的消息传到北京，康有为发动在北京应试的一千三百多名举人联名上书光绪皇帝，痛陈民族危亡的严峻形势，提出拒和、迁都、练兵、变法的主张。5 月 2 日，由康有为、梁启超二人带领，十八省举人与数千市民集"都察院"门前请代奏。上书被清政府拒绝，但在社会上产生了巨大影响，史称"公车上书"。"公车上书"揭开了维新变法的序幕。康有为等人以"变法图强"为号召，在北京、上海等地发行报纸，宣传维新思想。严复、谭嗣同等人也在其他地方宣传维新思想。之后，光绪帝起用康有为等实行变法，史称"戊戌变法"（百日维新）。

新政内容主要涵盖教育、军事等多方面的政策和体制。其最终目标，是推行君主立宪制。康有为向光绪皇帝赠送自己的著作《日本变政考》和《俄罗斯大彼得变政记》，还有李提摩太的《泰西新史揽要》的译本和其他有关各国改革的书。这令光绪倾向以日本的明治维新为改革的蓝本。无奈变法受到清朝廷内保守势力（尤其是慈禧太后）的反对，加上支持新政的光绪没有实权及经验不足，最后演变成为政变，维新派人物被杀，中国损失一批热心于国家改革的精英和支持者。

虽然"公车上书"和"戊戌变法"都先后失败，但是维新思想从此唤醒和激励了越来越多的中国人救亡图存，在中国近代史上有着重要的地位。

🌊 八国联军攻占北京

自从 1895 年中日甲午战争中国失败后，西方列强对中国这块肥肉垂涎三尺。19 世纪末，西方列强掀起了瓜分中国的热潮。1900 年 6 月 17 日八国联军（英国、法国、德国、俄国、美国、日本、意大利、奥匈帝国）攻占大沽炮台；7 月 14 日攻陷天津；8 月 2 日集兵两万从天津沿运河两岸进发，在廊坊受义和团围攻（史称廊坊大捷），兵败后加大兵力一举占领廊坊；8 月 14 日凌晨来到北京城外向北京发起总攻；至 16 日晚基本占领北京全城。慈禧太后、光绪帝和亲贵大臣逃往西安，派奕劻和李鸿章与联军议和。9 月德国陆军元帅瓦德西被推为联军总司令来华。联军陆续增至十万，由京津出兵，分侵山海关、保定、正定以至山西境内。此间，俄国又单独调集步骑兵十七万，分六路侵占中国东北。12 月联军提出《议和大纲》，迫使清政府全盘接受，并于 1901 年 9 月 7 日签署了《辛丑条约》。后八国联军除留一部分常驻京津、津榆两线外，其余撤兵回国。

八国联军侵华期间，清政府在民众的压力下，表面上向列强各国"宣战"，暗地里却破坏义和团运动，向侵略军妥协投降。1900 年 7 月 14 日天津失陷后，清政府于 8 月 7 口任命李鸿章为全权大臣正式向外国列强乞和。列强各国本想以武力瓜分中国，在中国人民的反抗下，没能得逞；同时，各国各有打算，互不相让，矛盾重重，使得它们需要继续利用和维护清政府，通过清政府间接统治中国。

1900 年 12 月，列强各国（除了出兵的八外，又加上比利时、荷兰、西班牙三国）向清政府提出《议和大纲》，后又订立详细条款，于 1901 年 9 月 7 日在北京正式签订《辛丑条约》。《辛丑条约》的主要内容有：（1）惩办"得罪"列强的官员；（2）派亲王、大臣到德国、日本赔罪；（3）清政府明令禁止中国人建立、参加抵抗侵略军的各种组织；（4）赔款四亿五千万两白银，分三十九年付清，本息九亿八千万两白银；（5）在北京东交民巷一带设使馆区，各国可在使馆区驻兵，中国人不准在区内居住；（6）摧毁大沽炮台以及北京至天津海口的炮台；（7）各国可以在北京至山海关铁路沿线驻兵。《辛丑条约》签订后，中国完全沦为半殖民地。

末代皇帝

1908 年 10 月，慈禧太后和光绪同时生了重病。由于光绪皇帝生前并没有儿子，慈禧太后在中南海召见军机大臣，商量立储人选。军机大臣认为内忧外患之际，应当立年长之人。慈禧太后听后勃然大怒，最后议定，立三岁的溥仪（道光皇帝的曾孙，光绪皇帝胞弟载沣的长子）为帝，并让溥仪的亲生父亲载沣监国。接着，光绪、慈禧在两天中相继死去。

12 月 2 日，溥仪的登基大典在太和殿举行，他成了清朝入主中原之后的第十位君主，年号宣统。溥仪晚年回忆了登基大典的一幕："我被他们折腾了半天，加上那天天气奇冷，因此当他们把我抬到太和殿，放到又高又大的宝座上的时候，早超过了我的耐性限度。父亲单膝侧身跪在宝座下面，双手扶我，不叫我乱动，我却挣扎着哭喊：'我不爱这儿！我要回家！我不爱这儿！我要回家！'父亲急得满头是汗。文武百官的三跪九叩没完没了，我的哭叫也越来越响。父亲只好哄我说：'别哭别哭，快完了，快完了！'"就在这样有些慌乱的情况下，只有三岁的溥仪登基了，他的父亲载沣监国。载沣的"快完了"的话语也得到了应验。1911 年（宣统三年）辛亥革命爆发，次年 2 月 12 日，隆裕太后被迫代溥仪颁布了《退位诏书》，宣告了清王朝的灭亡和延续了两千多年的封建帝制的结束。

清朝是由中国满族建立的封建王朝，是中国历史上统一全国的大王朝之一。清朝的人口数也是历代封建王朝最高的，清末时达到四亿以上。清初为缓和阶级矛盾，实行奖励垦荒、减免捐税的政策，内地和边疆的社会经济都有所发展。至 18 世纪中叶，封建经济发展到一个新的高峰，史称"康乾盛世"。于是中央集权专制体制更加严密，国力强大，秩序稳定。康熙年间，统一了台湾，并与俄国签订《尼布楚条约》，划定了中俄东段边界；乾隆中叶，平定准噶尔、回部，统一了新疆。这不仅一举解决了中国历史上游牧民族和农耕民族之间旷日持久的冲突，而且采取了一系列政策，发展边疆地区的经济、文化和交通，巩固了中国多民族国家的统一，奠定了现代中国的版图，增强了中华民族的团结力和凝聚力。

世界历史

古代文明

当中华民族的先辈们在创造着一个又一个光辉业绩的时候，生活在我们这个地球上其他地方的人民，在西亚、南亚、北非和欧洲，也在由低向高的文明进化征途上各展鸿图。

——何芳川 毕业于北京大学历史系，留系任教

美尼斯统一埃及

公元前3500年，埃及进入阶级社会，国家发展起来。但当时埃及还没形成一个统一的国家，全境有几十个部落，由于信仰不同，经常争战不休。古埃及人称这些部落为"塞普"，希腊人称之为"诺姆"（中国翻译成"州"），它们都有各自的名称、都城、政权、军队，实际上就是一个个独立的王国。

在长期的兼并战争中，狭长的尼罗河流域被分成了北部和南部两个独立王国。北部为下埃及王朝，国王头戴红色王冠，以蛇为保护神，以蜜蜂为国徽。南部为上埃及王朝，国王头戴白色王冠，以鹰为保护神，以白色百合花为国徽。

多少世纪以来，上、下两个埃及王国一直是分裂的，战争不断。大约在公元前3100年左右，美尼斯巩固了自己在上埃及的地位，继而亲自率大军北上，征讨下埃及。两军在尼罗河三角洲展开激战，最终经过

三天三夜的厮杀，美尼斯领导的上埃及取得胜利。

为巩固对下埃及的统治，美尼斯在河谷和三角洲的交界处，也就是原上下埃及的交界处建立了一座要塞城市——白城，这座城后来被希腊人称为孟斐斯，遗址就在现在的开罗附近。美尼斯还修了一条长堤坝以防止城市在罗河泛滥时被淹没。

埃及的统一在历史上意义重大，它使得埃及人民更少受到战争的摧残，加强了整个埃及的经济和文化交流，同时也使埃及逐渐形成了比较完善和稳定的国家体制。历史证明，埃及文明在统一后发展迅速，并超过了纷争不断的两河流域文明。美尼斯是古埃及的第一位国王，他统治的王国被称为"第一王朝"，是古埃及文明兴起的标志。古埃及的三十一个王朝由此开始，就像尼罗河一样漫长。

🕊 法老与金字塔

法老是古埃及国王的尊称，也是一个神秘的名字，它是埃及语的希伯来文音译，意为大房屋。在古王国时代（约公元前 2686～前 2181 年），法老仅指王宫，并不涉及国王本身。新王国第十八王朝图特摩斯三世起，开始用于国王自身，并逐渐演变成对国王的一种尊称。第二十二王朝（公元前 945～前 730 年）以后，成为国王的正式头衔。现在我们习惯上把古埃及的国王通称为法老。

法老作为奴隶制专制君主，掌握全国的军政、司法、宗教大权，其意志就是法律，是古埃及的最高统治者。法老自称是太阳神阿蒙拉之子，是神在地上的代理人和化身。

法老站在权力金字塔的顶端，是神的化身，具有绝对的权威。古埃及人对法老的崇拜近乎疯狂，仅仅是法老的名字就具有不可抗拒的魔力，官员们以亲吻法老的脚而感到自豪。

古埃及是世界历史上最悠久的文明古国之一。金字塔是古埃及文明的代表作，是埃及国家的象征。

埃及金字塔是埃及古代奴隶社会的方锥形帝王陵墓，被誉为世界七大建筑奇迹之一。埃及共发现金字塔九十六座，开罗西南尼罗河西古城孟菲斯一带的金字塔最为集中，最大的是开罗郊区吉萨的三座金字塔。

大金字塔是第四王朝第二个国王胡夫的陵墓，建于公元前 2690 年左右。原高 146.5 米，因年久风化，顶端剥落 10 米，现高 136.5 米；底座每边长 230 多米，三角面斜度 52 度，塔底面积 52900 平方米；塔身由 230 万块石头砌成，每块石头平均重 2.5 吨，有的重达几十吨；有学者估计，如果用火车装运金字塔的石料，大约要用 60 万节车皮；如果把这些石头凿碎，铺成一条一尺宽的道路，大约可以绕地球一周。

第二座金字塔是胡夫的儿子哈佛拉国王的陵墓，建于公元前 2650 年，比前者低 3 米，现高为 133.5 米。但建筑形式更加完美壮观，塔前建有庙宇等附属建筑和著名的狮身人面像。狮身人面像的面部参照哈佛拉，身体为狮子，高 22 米，长 57 米，雕像的一个耳朵就有 2 米高。整个雕像除狮爪外，全部由一块天然岩石雕成。由于石质疏松，且经历了四千多年的岁月，整个雕像风化严重。另外面部严重破损，有人说是马姆鲁克把它当作靶子练习射击所致，也有人说是 18 世纪拿破仑入侵埃及时炮击留下的痕迹。

第三座金字塔是胡夫的孙子门卡乌拉国王的陵墓，建于公元前 2600 年左右。当时正是第四王朝衰落时期，门卡乌拉金字塔的高度突然降低到 66 米。

三座金字塔石块，可在法国国境四周建造一道高 3 米、厚 30 厘米的围墙。金字塔的斜度都是 52 度，每一石块密密相连，休想找到缝隙，连刀尖也都插不进，不得不佩服古埃及的度量及工程等一些技术水平极高。

第四王朝以后，其他法老虽然建造了许多金字塔，但规模和质量都不能和上述金字塔相比。第六王朝以后，随着古王国的分裂和法老权力下降以及埃及人民的反抗和有些人的盗墓，常把法老的"木乃伊"从金字塔里拖出来，所以埃及的法老们也就不再建造金字塔，而是在深山里开凿秘密陵墓了。

图坦卡蒙的咒语

图坦卡蒙，是古埃及十八王朝的第十二位法老。图坦卡蒙并不是在古埃及历史上功绩最为卓著的法老，但却是在今天最为闻名的埃及法老。

图坦卡蒙是被神秘色彩笼罩的埃及法老，九岁君临天下，去世时仅为十九岁左右。数千年后其古墓曝光于世，大批奇珍异宝震惊世人。

图坦卡蒙的陵墓并没有藏在高高的金字塔中，而是建在地下，因此在很长时间里都没有被发现。直到1922年11月5日，英国考古学家霍华德·卡特终于找到了图坦卡蒙陵墓的入口。这个陵墓竟然开凿于断崖底下，位于另一个著名法老拉美西斯六世的陵墓下面。在卡特的合作者卡纳冯赶到后，他们一连打开了两道门，无数的奇珍异宝让所有在场的人几乎窒息。

第二年2月17日，第三道门被发现了，在这里，他们打开了图坦卡蒙无比豪华的棺椁。也是在这里，卡特发现了一个用黏土做成的匾额。几天后这个匾额上的文字被翻译出来了："谁扰乱了这位法老的安宁，'死神之翼'将在他头上降临。"从此，图坦卡蒙的诅咒似乎从远古的阴影中扩散开来。数十年来，凡是胆敢进入法老墓穴的，几乎一一应了咒语，不是当场毙命，就是不久后染上奇怪的病症而痛苦地死去。

图坦卡蒙咒语的第一位牺牲者是卡纳冯。死因是其面颊上的一个肿块。几个月前，当卡纳冯进入图坦卡蒙陵墓入口时，他的左侧面颊突然被什么东西蜇了一下，伤口顿时肿胀且疼痛难忍。几天后，卡纳冯住进了开罗的一家医院。1923年4月15日凌晨，值班护士突然听见卡纳冯大声叫喊道："我完了！我完了！我已经听见召唤了……"没等护士赶到他身边，突然停电了，到处变得漆黑一团。5分钟过后，当电灯重放光明时，人们奔到卡纳冯的床前，只见他极为惊恐地瞪大眼睛，半张着嘴，已经断气了。奇怪的是，后来用X光检查图坦卡蒙的木乃伊时，人们发现在他左脸颊上也有一个伤痕，其形状、大小和部位都与卡纳冯左脸颊上的肿块一模一样。

卡纳冯之死不过是一连串死亡事件的开始。不久，在开罗那家医院护理过卡纳冯的护士也突然死去了，死因不明。曾给图坦卡蒙做X光透视的亚齐伯尔特·理德教授拍了几张照片后，突然发起高热，返回伦敦不久就一命呜呼。此后，卡纳冯的助手以及参加过挖掘和调查的学者、专家纷纷神秘死亡。此外，由卡特陪同参观过图坦卡蒙墓室的一个美国人参观完毕次日便发高热死亡。一个南非富豪参观完陵墓的挖掘现场后，在归途中从游艇跌进风平浪静的尼罗河中淹死了。最怪异的是，1929年卡纳冯的遗孀也死了。据报道她也是被虫子叮蜇而死的，叮蜇的部位也在左侧面颊。仅六年的时间里，就有二十多人莫名其妙地死去。人们把这一系列的惨案称为"图坦卡蒙的诅咒"。

目前对"法老咒语"的所谓显灵，科学家们众说纷纭。有些科学家认为这些人只是在陵墓中感染细菌得病去世的；有些科学家提出"毒物说"，认为是烈性毒药害死了这些人；还有科学家认为陵墓本身或是陵墓附近有放射性物质存在，比如说铀矿，或是法老陪葬的物品中有放射性的物品或一种未知的能量，导致人死于非命。

图特摩斯三世

图特摩斯三世，埃及第十八王朝法老，在古埃及的31个王朝中，第十八王朝是延续时间最长、版图最大、国力最鼎盛的一个朝代，而图特摩斯三世则是这个王朝的集大成者。通常认为，是图特摩斯使埃及完成了从一个地域性王国向洲际大帝国的质变。

公元前 1458 年以前，图特摩斯三世的后母哈特谢普苏特掌握着埃及的实权。哈特谢普苏特死后，图特摩斯三世独自统治了一段时间，后来立其子阿蒙霍特普二世为共同执政者。

从公元前 1458 年起，图特摩斯三世进行连续不断的战争，其结果是恢复了哈特谢普苏特时代丧失的对叙利亚和巴勒斯坦的统治。他在麦吉杜、卡迭石、卡尔赫美什等地取得一系列军事胜利（以围攻麦吉杜的战役最为有名）。约前 1445 年，图特摩斯三世打败了米坦尼国王，夺占米坦尼王国位于幼发拉底河西岸的土地。经过长期的征服，埃及南部的边界被图特摩斯三世扩展至尼罗河第四瀑布。他还使利比亚、亚述、巴比伦、赫梯及克里特岛的统治者们都向他纳贡。

晚年的图特摩斯逐渐倾心于享受富贵尊荣。他让其子阿蒙霍特普二世成为他的共治者。图特摩斯三世去世之后，他的三个继任者继续保持了埃及军事上的强势，但只限于巩固祖先留下来的成果，而鲜有扩展。或许图特摩斯三世所征服的地盘，在他那个时代的生产力和交通状况下已是极限。

图特摩斯三世因他的征服而被誉为"第一个曾经建立了一个具有真正意义的帝国的人，也是第一位世界英雄""古埃及的拿破仑"。先进的中东诸文明第一次被如此紧密地联系在一起。

🕊古埃及太阳历

古埃及太阳历是人类历史上第一部太阳历。古埃及人根据对尼罗河河水上涨和天狼星的长期观察，制定出一种方便的历法。他们把每年一度的尼罗河泛滥日（大约在 6 月 15 日，潮头在孟菲斯）定为一年之开始，这一天在下埃及天狼星和太阳恰恰同时相遇在地平线上。智慧的埃及人还根据尼罗河河水的涨落和作物生长的规律，将一年分为泛滥、播种和收割 3 个季节，每一季节为 4 个月，共 12 个月，每月 30 天。年末余下 5 天称"闰日"，作为节日，如此全年共 365 天。

古埃及这种比较精确的天文历法极大地促进了农业生产的发展，为人们的生产、生活提供了便利的条件。可以说，在远古时代，谁先掌握了准确的年历，谁就拥有了领先的农业，也就有了生存的基本保障，为其他方面的发展打下了可靠的基础。

当然，从现在来看，这种历法不是特别精确，因为它比现行的阳历要少 6 个小时，每隔 4 年就误差一天，每隔 120 多年将有 1 个月的出入。

但重要之处在于，古埃及太阳历的制定对后世其他国家产生了积极影响。公元前 46 年，罗马统帅恺撒在埃及天文学家索西琴尼的帮助下，对罗马的历法进行了一次全面的修改，形成了著名的"儒略历"。后来，罗马教皇格里高利十三世组织科学工作者继续努力，按哥白尼的日心学说重新修订，形成了"格里历"。

由于格里历的内容比较简洁，便于记忆，而且精度较高，与天时符合较好，因此它逐步为各国政府所采用。我国是在辛亥革命后根据临时政府通电，从 1912 年 1 月 1 日正式使用格里历的，解放之后把它称之为"公历"。

🕊苏美尔城邦的兴衰

在西亚地区，有两条大河，一条叫底格里斯河，一条叫幼发拉底河。这两条河都发源于亚美尼亚高原，两河在下游交汇成阿拉伯河，流入波斯湾。

两河流域间的新月沃土（底格里斯河和幼发拉底河之间的美索不达米亚平原）所发展出来的文明，是西亚最早的文明。两河流域文明最早的创造者是公元前4000年左右来自东部山区的苏美尔人。公元前3000年，苏美尔人就在两河流域建立了众多城邦，进入了全盛时期。

从考古发现已经得到的史料来看，从公元前2900年开始，苏美尔城邦进入一个"诸国争霸"的时代。比较大的城市有埃利都、基什、拉格什、乌鲁克、乌尔和温马等。这些城市因水权、贸易道路和游牧民族的进贡等事务进行了几乎一千年的、为时不断的互相争战。考古已经能大致勾勒出当时的历史情况，但是由于考古发现的史料有限，今天人们所知道的那段历史可能仍然是当时实际情况的冰山一角而已。

约公元前2500年左右，拉格什强大起来，乌尔南什王时，拉格什在苏美尔中称霸，到了安那叶姆王和恩铁美那王时，拉格什征服了不少地方，苏美尔颇有统一的趋势。后来，国王卢加尔安达因治国不善，引起了暴动，一个名叫乌鲁卡基那的人推翻了卢加尔安达的统治，在平民的拥护下，自己登上了王位，并进行了已知人类历史上第一次政治改革运动，试图维护平民的利益。正当拉格什内乱之时，苏美尔各国爆发了大规模的战争，温马王卢加尔扎克西征服拉格什，杀死乌鲁卡基那，血屠全城。乌鲁卡基那在位仅六年，他的改革也因此而废弃。这期间的拉格什称为拉格什第一王朝。

温马的祭司国王卢加尔扎克西消灭拉格什的王朝，占领乌鲁克，并将它作为他的首都，他自称他的帝国从波斯湾一直蔓延到地中海。但是后来闪族的阿卡德国王萨尔贡打败了卢加尔扎克西，俘虏了他，而苏美尔人城邦的历史也就就此结束了。

苏美尔人创造了非常灿烂的文明。公元前3000年制定了世界上最早的天文历法。苏美尔人在观象台上观察月亮的变化，根据月亮的盈亏将一年分为12个月，共354天。苏美尔人突出的文化成就是他们的法律体系。它是地方惯例逐渐进化的产物，公元前3000年中叶以后，终于汇集成一部全面的法典。在增进知识方面，苏美尔人取得了不小的成就。他们创造了一套文字，直到苏美尔民族衰落之后，这种文字还使用了一千年，这就是楔形文字。

🕊 文字的发明

最初，文字纯粹只是画图记事的简化形式。甚至在新石器时代以前，人类就已经开始尝试书写文字了。在苏美尔，文字是用芦苇秆嵌在泥板上的，但要不了多久，文字就难以辨认，无法表达其最初的意思了，由于苏美尔人字体笨拙，呈楔形，所以又称为楔形文字；而在埃及，人们在墙壁和纸莎草（最早的纸）上书写文字，所以其临摹的物体形状能够保留下来，这种文字被称为象形文字。

当图画不再用来表现原物，而是表示类似的物体时，图画就慢慢演进为文字，这是文字发展史上非常重要的进步。现在仍为适龄儿童所喜欢的画谜能很好说明这个问题。我们画一个有帐篷的营寨和一个铃铛，孩子们就会喜不自胜地猜出这是一个英格兰人的名字"Campbell"。苏美尔人的文字和现在美洲印第安人的文字很相像，是一种用音节堆积而成的文字，能够很容易地表达一些无法直接通过图画传达的意思。与此同时，埃及文字也得到了类似的发展。其后，那些不大明白语言音节体系的其他民族，也学习并使用这种象形文字。之后，他们逐步调整修改、简化这种象形文字，最终将其发展成了字母文字。事实上，之后世界上产生的一切字母，都是由苏美尔楔形文字和埃及的象形文字混合而演变来的。后来，在中国，也曾产生过一种传统的象形文字，但它却始终没有发展到字母文字的阶段。

文字的发明对人类社会的发展起到了至关重要的作用。从此，各种契约、法律、命令都可以被记录下来；文字的产生使得比以往城市政府规模更大的国家的产生成为可能，也使历史意识绵亘连续成为可能。有了它，祭司和帝皇的命令、印章等的影响不断扩大，远远超出其视野和声音所及的地方，甚至可以让他的威严一直保存到死后。这是一件非常有趣的事情，远古的苏美尔时代，印章已经非常流行了。国王、贵族或商贾的印章往往雕刻得非常精致，加盖在表现其威信的泥制文书上。这就说明，早在六千年前，文明和印刷术就已经密切地联系在一起了。黏土干后就会变得非常坚固，因而可以永久保存。在美索不达米亚平原漫长的年月中，所有文件、记载、账目都是写在不易毁坏的泥石板上，这才使得我们能够获得大量关于昔日的历史知识。

萨尔贡的征服

萨尔贡出生于两河流域的基什城邦，是闪米特人的私生子，其母亲地位低下。萨尔贡一出世，就被其母亲抛弃在河边，幸而由一个园丁捡到，并抚养成人。萨尔贡年轻时做过园丁，后来被推荐给基什城邦的国王，成为其臣僚。

当时的两河流域各城邦已经进入列国争霸的时代，基什一度成为北方的霸主。但在南方苏美尔人的温马城邦出现了一位杰出人物——卢加尔扎克西。卢加尔扎克西英勇善战，带领温马军队先后征服了苏美尔各城邦，并向北打败了基什，成为两河流域的霸主，初步统一了两河流域。但卢加尔扎克西的霸权在政治上还不成熟，或者说是他的条件还不成熟，只建立起了邦联式的国家联盟，而不是真正的帝国。他的征服战争大大消耗了自身的实力，这也就给了萨尔贡后来的统一创造了机会。

萨尔贡乘基什在战争中失败，人民对国王失去信心的时机，于公元前2371年篡夺了基什的王位。萨尔贡懂得军队的重要性，在即位后组建起一支5400人的常备军。这在当时是重大举措，是他在日后统一两河流域的基本力量。

在这个历史关头，卢加尔扎克西正与苏美尔最后一个不屈服的大国拉格什激战，双方战况激烈，拉格什的不少"队"（拉格什军队的基本编制，每队有20~30人）都只剩下了几个人，还出现了各种职业的人混编的"队"，可见其损失的惨重。在此情况下，卢加尔扎克西没有力量前去镇压萨尔贡，于是双方展开谈判。实力雄厚而又雄心勃勃的萨尔贡当然不会甘居人下，结果谈判破裂。萨尔贡挥师南下进攻苏美尔各城邦。

这时，卢加尔扎克西率领的温马、乌鲁克联军已经攻陷拉格什城，但拉格什城邦并没有屈服，还在进行顽强的抗击。卢加尔扎克西只好率领他的大军离开拉格什，前去迎击南下的萨尔贡。卢加尔扎克西聚集了50个苏美尔城邦的联军，人数估计至少在一两万以上，与萨尔贡的五千军队展开激战。虽然萨尔贡在兵力上处于劣势，但军队武器装备精良、训练有素，而且指挥统一、以逸待劳。反观卢加尔扎克西的军队，虽人数众多，但参差不齐、战力不强，且征战多日，没有得好充分的休息与补充。所以，在这场战争中，萨尔贡发挥了杰出的军事才能，率领他的常备军以少胜多，大败疲惫的苏美尔联军，俘虏了卢加尔扎克西，并将其作为祭品烧死，献给了恩利尔神。

之后，萨尔贡率领大军继续南下，深入苏美尔腹地，经多年征战，先后征服了乌尔、乌鲁克、拉格什等城邦，直抵波斯湾，统一两河流域，后来又降服亚述，征服叙利亚地区和黎巴嫩山，直抵地中海，再向东击败埃兰，建立起人类历史上第一个军事帝国。

萨尔贡在阿卡德帝国建立后，继续对外军事扩张，向东进攻埃兰，向西征服了今叙利亚和土耳其东部地区，有可能曾抵达地中海。他自称"天下四方之王"。

萨尔贡的对苏美尔人的征服是有记载的历史上第一次游牧民族对定居的农业文明的征服。萨尔贡在征服苏美尔之后，基本全盘接受了苏美尔楔形文字和宗教，他以十日行程范围作为一个行政区，派王族子弟和归顺的苏美尔贵族担任总督。在他的统治下，阿卡德王国成为当时世界上最富强的国家。

🕊古巴比伦的魅力

古巴比伦文明是两河流域文明的重要组成部分。巴比伦最初不过是幼发拉底河边的一个不知名的小城市。在公元前 2200 年左右，来自叙利亚草原的闪族人的一支——阿摩利人攻占这座小城，建立了国家。骁勇善战，争强尚武的阿摩利人以此为中心，南征北讨，四处征战，最终建立了一个强大的巴比伦王国，历史上称之为"古巴比伦王国"。阿摩利人也因此被称为巴比伦人。

巴比伦人继承了苏美尔人和阿卡德人的文明成果，并发扬光大，把美索不达米亚文明发展到了顶峰。人们喜欢用"巴比伦"三个字来概括古代两河流域文明，足以表明巴比伦文明所创造的辉煌业绩和对世人所具有的魅力。

古巴比伦时代的科学以数学和天文最为发达，计数法采用十进位法和六十进位法。六十进位法应用于计算周天的度数和计时，至今为全世界所沿袭。在代数领域，古巴比伦人可解含有三个未知数的方程式。在天文学方面，则已知如何区别恒星与行星，还将已知的星体命名。当时的历法为太阴历，将一年分为 12 个月，一昼夜分为 12 时，一年分为 354 日。为适应地球公转的差数，已经知道设置闰月。古巴比伦人在天象观测方面的长期积累，使后来的新巴比伦人能预测日月蚀和行星会冲现象，并进一步推算出一年是 365 天 6 时 15 分 41 秒，比近代的计算只多了 26 分 55 秒。

古巴比伦王朝汉谟拉比统治时期（公元前 1792 ~ 前 1750 年）编纂了一部法典，史称《汉谟拉比法典》。这部被认为是人类社会有史以来的第一部法典。

赫梯帝国

公元前 2000 年左右，赫梯王国兴起于小亚细亚区。一开始，赫梯王国只是小国，逐渐形成库萨尔、涅萨、哈图沙什等城邦，后来以哈图斯（今波加科斯）为中心形成联盟，渐趋统一。赫梯在古巴比伦的后期逐渐强盛，常向两河流域侵扰，最大一次入侵发生在公元前 16 世纪初，赫梯军队攻陷巴比伦城，击溃古巴比伦王国，饱掠而归。

公元前 16 世纪后半叶，赫梯国王铁列平进行了改革，他确立了王位继承法，即长子优先，无长子归次子，无子归女婿。改革使赫梯的王权得到巩固，国势日盛。公元前 15 世纪末至公元前 13 世纪中期，是赫梯最强盛的时期。这一时期，赫梯人摧毁了由胡里特人建立的米坦尼王国，并趁埃及埃赫那吞改革之机，夺取埃及的领地，与埃及争霸。埃及第十九王朝的法老们，都与赫梯交过手。至埃及法老拉美西斯二世时，赫梯与埃及的军队会战于卡迭什，两败俱伤，结果于公元前 1283 年签订和约。

与埃及的争霸使赫梯元气大伤，之后赫梯发生了内乱，伟大帝国走向衰亡。公元前 13 世纪末，"海上民族"腓尼基人席卷了东部地中海地区，赫梯被肢解。公元前 8 世纪，残存的赫梯王国被亚述所灭。

犹太王大卫

犹太人，古称希伯来人，也叫以色列人。他们的祖先是生活在两河流域的游牧民族。他们曾迁移过许多地方，到过巴勒斯坦、埃及，在埃及差点儿沦为奴隶。后来，他们在首领摩西的率领下，逃出埃及，又重返巴勒斯坦的土地。

巴勒斯坦位于地中海岸边，是亚、非、欧三大洲的交通要道。这里最早的居民是迦南人，之后又来了"海上民族"腓尼基人。"巴勒斯坦"地名的原意就是"腓尼基人的土地"。以色列人把巴勒斯坦称为"流着牛奶和蜂蜜的土地"。公元前 1025 年左右，他们在巴勒斯坦建立了第一个希伯来人的王国。为了能在巴勒斯坦站稳脚跟，以色列人必须同腓尼基人战斗。

大约在公元前 1000 年，希伯来人在国王扫罗的率领下，在一个山谷和腓尼基人展开了决斗。

这时，从腓尼基人军营中走出来一个大汉，名叫歌利亚。只见他身材魁梧，虎背熊腰，头戴铜盔，身披铠甲，肩扛铜矛。歌利亚大步走上来，对着以色列军队立定高声叫道："你们这些扫罗的奴才，不是要打腓尼基人吗？我就是腓尼基人啊，你们怎么不来打呀？要是好汉的话，快点派个人来与我战斗。如果他敢与我战斗，把我杀死，我们就做你们的仆人。如果我胜了他，你们就做我们的奴隶，服侍我们。"

歌利亚喊了一阵子，对方没有一个人出来，他又叫道："你们赶快叫一个人出来，与我战斗，否则就是胆小鬼！"

就这样，歌利亚天天出来叫骂，骂得以色列人个个胆战心惊。扫罗手下无一将士敢出来迎战歌利亚。

正在此时，扫罗军营来了一个年轻人，他叫大卫，是来给他当战士的哥哥们送食品的。大卫是个牧童，长得眉清目秀，又聪明过人。他见过三个哥哥后，听到军营外面有人在高声叫骂，问清了缘由，便愤愤不平地要去迎战歌利亚。扫罗王知道了，就把大卫叫到面前。大卫对扫罗说："我们何必怕那腓尼基人呢，我们应该和他去战斗！"

"这可不是闹着玩的，"扫罗对大卫说，"你可不能和腓尼基人战斗。你太年轻，而那歌利亚从小就是战士，他武功高强，力大无比。"

"我可不怕他，"大卫对扫罗说，"我在放羊时，有次来了一只狮子，从羊群中叼走了一只羊羔，我就跑去追赶它、击打它，从它口中救出羊羔。"

"你这么小就敢斗狮子？"扫罗问他，"狮子不咬你吗？"

"咬我？"大卫继续说，"那我就揪住它的胡子把它打死。我曾经一人赤手空拳打死过狮子，打死过熊。那腓尼基人再敢来对阵叫骂，我一定叫他与狮子和熊一样！"

听见这样的豪言壮语，扫罗动了心。他对大卫说："好吧，你可以出去战斗，愿上帝与你同在！"

扫罗王把自己的铜盔给大卫戴上，把自己的铠甲给他披挂整齐。大卫觉得这些装备太笨重了，妨碍他走路，他又脱了盔甲，仍旧穿上他的牧羊服。

大卫到溪水中捡了五块鹅卵石，装在口袋里，手里拿着牧羊杖和甩石鞭，然后从以色列军营中走下山谷，一步一步走近正在叫骂着的腓尼基人。

那腓尼基人也向着大卫走过来。歌利亚看见大卫满脸稚气、细皮嫩肉的样子，不过是个放羊娃，哪把他放在眼里。

两个人在两军阵前的山谷中，面对面地立定了。歌利亚对大卫说："放羊娃娃，你拿着棍子到我这里来，难道我是狗吗？是不是以色列人都死绝了，叫一个娃娃出来迎战！"

大卫对歌利亚说："你来攻击我，是靠刀枪和铜戟；我攻击你，是靠着我们的上帝耶和华。"

歌利亚迈着大步走过来。大卫也快步向他跑去，一边跑一边从口袋里摸出一块鹅卵石，搭在甩石鞭上。只见大卫用力一甩，"咻溜"一声，像一道流星，那鹅卵石飞了出去，正中歌利亚的前额！歌利亚大叫一声，扑倒在地。腓尼基人全都惊呆了，谁也不敢上前。大卫手里没有刀，他就踏在歌利亚身上，从歌利亚腰间的刀鞘中拔出刀，割下他的头，把头提在手里。

看见讨战叫骂的勇士死了，腓尼基人顿时溃散了。扫罗率领以色列人呐喊着，追杀过去，一鼓作气攻下了腓尼基人的几个城池，被杀的腓尼基人成千上万。

当扫罗、大卫和以色列战士从战场上凯旋时，以色列妇女从城里出来，欢天喜地，唱歌跳舞，迎接扫罗王和杀敌英雄大卫。妇女们同声歌唱：扫罗杀敌千千！大卫杀敌万万！

后来，扫罗王继续征战腓尼基人，他和三个儿子都战死沙场。扫罗死后，以色列的十二个部落开会，部落长老一致同意把王冠给大卫戴上。大卫登基时，年仅三十岁。

大卫在位四十年，没有一年不出征。他打败了腓尼基人、迦南人、亚玛力人。以色列王国的版图空前扩展，北起黎巴嫩，南至埃及边境，可谓盛况空前。

大卫王死后，他的儿子所罗门继位。所罗门王是一位和平统治者，又是一位外交家、建设者。他在位四十年，没有打过一次大仗。在他的统治下，以色列逐渐由贫穷走向富强。

亚述帝国

亚述人在美索不达米亚历史上活动时间约有一千余年，大致可分为早亚述、中亚述和亚述帝国三个时期。

早亚述（公元前 2000～前 1600 年）从塞姆人北上定居立国开始，到阿卡德时期，王权才渐强大。到国王沙马什阿达德一世时（公元前 1815～前 1783 年）开始向外扩张，埃什努那、马里皆表示臣服，汉谟拉比在位初年亦曾向亚述表示归顺。但不久亚述被汉谟拉比击败，长期偏于两河北部一隅。中亚述（公元前 1500～前 900 年）在提格拉特帕拉沙尔一世时（公元前 1114～前 1076 年）曾颇为强盛，后来又遭亚美尼亚人侵扰，国势转衰。直到公元前 9 世纪初，从亚述纳西尔帕二世（公元前 883 ～前 859 年）开始，亚述才以两河强国雄姿向帝国跨越。亚述帝国是其历史上最强盛的时期，称雄的时间从公元前 8 世纪中叶到公元前 621 年，雄踞亚洲一个多世纪，其首都尼尼微成为世界性大都市。

公元前 9 世纪到前 8 世纪是亚述人扩张的大好时机。在世界上，它四周已经没有强敌：强大的埃及帝国已成明日黄花，小亚细亚的赫梯已为"海上民族"所摧垮，南部的巴比伦尼亚已经四分五裂，东方的米底和波斯尚未兴起。而在亚述国内，铁器从赫梯引进后不仅给亚述的经济生产带来了革命性的变化，更重要的是给尚武的亚述人提供了更锐利的武器，增强了战争的威力。于是，从亚述那西尔帕二世统治时期起，亚述开始了它的对外征服事业。

征战初期以掠夺为目的，以极度凶残为特色。由于亚述人在战争中的行为异常残暴，犹太人将亚述首都尼尼微称为"血腥的狮穴"。不过，亚述也遭到被征服地区人民强烈反抗，与乌拉尔图王国的战争也屡遭失败，许多被征服地区重获独立。自沙尔马内塞尔三世（公元前 858 ～前 824 年在位）以后，由于经济衰落、对外战争失败和统治阶级内讧，亚述进入危机时期。

公元前 746 年，军事将领提格拉·帕拉萨夺得王位，实行一系列改革，以巩固中央集权、提高部队战斗力、加强对被征服地区的统治和剥削。改革后重新开始大规模扩张。击败乌拉尔图，占领叙利亚，进入全盛时期。从中央到地方，建立起庞大的官僚制度。

经过萨尔贡二世、辛那赫里布（公元前 704 ～前 681 年在位）、伊萨尔哈东（公元前 680 ～前 669 年在位）的征服，亚述已变为地跨亚、非两洲的奴隶制大帝国。

伊萨尔哈东之后继位的就是赫赫有名的亚述巴尼拔。他兴建了巨大豪华的亚述巴尼拔王宫，他对世界文明史的贡献在于宫中设置的泥版图

163

书馆。该图书馆收集了当时亚述人所知的全世界各地的书籍，藏有无数楔形文字的泥版，内容包括语言、历史、文学、宗教、医学及天文等各方面的知识，是研究当时历史宝贵的资料。

公元前612年，新崛起的邻国新巴比伦王国联合伊朗高原的米底人攻陷了亚述首都尼尼微。公元前605年，巴比伦国王尼布甲尼撒二世清扫了亚述的残部。自此曾在历史上称霸一时的亚述帝国彻底灭亡。

复兴的巴比伦王国

新巴比伦王国又称迦勒底王国，虽然为时短暂，但它存在的时期却是两河流域历史上奴隶制经济最繁荣的时期，它在两河流域历史上留下了深深的印记。

新巴比伦王国由迦勒底人建立，迦勒底人是闪米特人的一支。公元前630年，迦勒底人领袖那波帕拉萨趁新亚述内乱之机，逐渐取得对巴比伦尼亚的控制。公元前626年自立为巴比伦王。后与米底结成联盟，于公元前612年攻陷尼尼微，灭亚述帝国。亚述帝国被新巴比伦王国及米底王国瓜分，其中新巴比伦王国分取了两河流域南部、叙利亚、巴勒斯坦及腓尼基。

公元前604年，尼布甲尼撒二世登基，迦勒底王国（新巴比伦王国）在尼布甲尼撒二世统治时国势达到顶峰。

公元前601年，尼布甲尼撒二世率军向埃及边界推进，同埃及发生战斗，双方损失均很惨重。公元前598年年初，他又远征阿拉伯，目的是要控制经过阿拉伯的队商道路。这时，在埃及法老的鼓动下，犹太国王伊阿基姆宣布脱离新巴比伦王国，使得尼布甲尼撒二世于公元前587年进军巴勒斯坦，包围耶路撒冷。在十八个月后，由于饥荒和内部分裂，耶路撒冷终于在公元前586年陷落。他将耶路撒冷全城洗劫一空，拆毁城墙、神庙、王宫和民居，并下令将犹太国王齐德启亚带到巴比伦去示众，而全城居民则全被俘往巴比伦尼亚，史称"巴比伦之囚"。

尼布甲尼撒二世虽将大部分精力用于对外征战，却未忽视国内建设。他注意发展经济，在尼普尔附近修建了一个巨大的水池，使很多河渠流往这里，在干旱时可调节水的分配。他注重巴比伦的城市建设，使该城成为一个重要的国际商业中心。城市有豪华的宫殿、著名的"宫中花园"，以及马尔都克神庙、伊丝塔尔女神神庙、巴比伦塔楼等著名建筑。

空中花园

千百年来，关于"空中花园"有一个美丽动人的传说。新巴比伦国王尼布甲尼撒二世娶了米底的公主安美依迪丝为王后。公主美丽可人，深得国王的宠爱。可是时间一长，公主愁容渐生。尼布甲尼撒二世不知何故。公主说："我的家乡山峦叠翠，花草丛生。而这里是一望无际的巴比伦平原，连个小山丘都找不到，我多么渴望能再见到我们家乡的山岭和盘山小道啊！"原来公主得了思乡病。于是，尼布甲尼撒二世令工匠按照米底山区的景色，在他的宫殿里，建造了层层叠叠的阶梯型花园，上面栽满了奇花异草，并在园中开辟了幽静的山间小道，小道旁是潺潺流水。工匠们还在花园中央修建了一座城楼，矗立在空中。巧夺天工的园林景色终于博得公主的欢心。

由于花园比宫墙还要高，给人感觉像是整个御花园悬挂在空中，因此被称为"空中花园"，又叫"悬苑"。当年到巴比伦城朝拜、经商或旅游的人们老远就可以看到空中城楼上的金色屋顶在阳光下熠熠生辉。所以，到公元2世纪，希腊学者在品评世界各地著名建筑和雕塑品时，把"空中花园"列为"世界七大奇观"之一。

令人遗憾的是，"空中花园"和巴比伦文明其他的著名建筑一样，早已淹没在滚滚黄沙之中。我们要了解"空中花园"，只能通过后世的历史记载和近代的考古发掘。

摩亨佐·达罗

摩亨佐·达罗是印度河流域最大的文明古城，位于今巴基斯坦信德省拉尔卡县境内。大约在 3600 年前的某一天，这座位于印度河中央岛屿上的远古城市里的居民几乎在同一时刻全部死去，古城也随之突然毁灭。1922 年印度考古学家拉·杰·班纳等人发现了该城遗址，因城中遍布骷髅，故称之为"死亡之丘"。

从对遗址的发掘来看，摩亨佐·达罗城具有相当明确的建筑规划，它占地 8 平方公里，分为上城和下城两部分。总体来说，该城布局科学、合理，而且已经具备了现代城市的某些特征。整座城市呈长方形，上、下两城的街区均由纵横街道隔成棋盘形状。居民的住宅多为两层楼房，几乎每家都有浴室、厕所以及与之相连的地下排水系统。此外，住宅大多于中心处设置庭院，四周设居室，给人的印象是该城清洁美丽、居民的生活安详舒适，整座城市具有相当高的文明水准。

虽然摩亨佐·达罗的繁荣经历了漫长的几个世纪，然而，在历史学家的眼里，也只能是一瞬间的过眼烟云。到了公元前 18 世纪中叶，哈拉帕文化突然衰落了，印度河流域很多地方遭到了毁灭性的打击，尤以摩亨佐·达罗为甚。发掘中除燃烧的残迹外，街头巷尾到处都是男女老少的尸骨，整座城市变成了一片废墟。

摩亨佐·达罗是怎样毁灭的呢？原来它是被一场特大的爆炸和大火毁灭的。巨大的爆炸力不仅使古城半径 1 公里内所有建筑物被摧毁，而且使走在街上和待在家里的人和动物，都遭到了毁灭性的杀戮。

科学家证实，这种巨大的爆炸力来源于大气中电磁场和宇宙射线的双重作用。空气中非常活跃的化学微粒，导致气溶胶的产生，并迅速积聚占据了广阔的空间，形成大小不等的球体。这种物理化学性球体有的被称之为"冷球"，这是一种未曾燃烧起来的色暗不透明的"黑色闪电"；有的是一种"发亮"的球体，呈柠檬黄色或亮白色。大气中形成的大小不等的黑色或白色球体，能产生剧毒物质，使空气迅速毒化。摩亨佐·达罗的居民，大概是受到有毒空气的折腾后，紧接着又经历了剧烈的爆炸，使他们连同他们创造的文明一道同归于尽的。

释迦牟尼创立佛教

释迦牟尼少年时代接受婆罗门教的传统教育，兼习兵法与武艺，是一个骑射击剑的能手。到成年时，娶同族摩诃那摩长者的女儿耶输陀罗为妻，生有一子名罗睺罗。相传释迦牟尼十四岁那年曾驾车出游，在东南西三门的路上先后遇着老人、病人和死尸，亲眼看到那些衰老、清瘦和凄惨的现象，非常感伤和苦恼。

最后在北门外遇见一位出家修道的沙门，从沙门那里听到出家可以解脱生死病老的道理，便萌发了出家修道的想法。二十九岁（一说十九岁）时，他不顾父王的多次劝阻，毅然离开妻儿，舍弃王族生活，出家修道。

离家之后，释迦牟尼先到王舍城郊外学习禅定，后又在尼连禅河畔的树林中独修苦行，每天只吃一餐，后来七天进一餐，穿树皮，睡牛粪。六年后，身体消瘦，形同枯木，仍无所得，无法找到解脱之道。于是便放弃苦行，入尼连禅河洗净了身体，沐浴后接受了一个牧女供养的乳糜，恢复了健康。之后他渡过尼连禅河，来到伽耶城外的毕钵罗树（后称菩提树）下，沉思默想。

据说，经过七天七夜，终于恍然大悟，确信已经洞达了人生痛苦的本源，断除了生老病死的根本，使贪、嗔、痴等烦恼不再起于心头。这标志着他觉悟成道，成了佛，佛即佛陀，意为觉者、知者。这一年释迦牟尼三十五岁。

释迦牟尼成佛后，开始他的传教活动。首先在鹿野苑找到曾随他一道出家的五个侍从，并向他们讲说自己获得的道理，佛教史上称这次说法为初转法轮。释迦牟尼不久又旅行各地，足迹遍布恒河流域。

所到之处，专心讲道。奠定了原始佛教基本教义，并组成了传教的僧团。弟子据说有五百人，著名的有大迦叶、舍利弗、目犍连、阿难陀、优婆离等十大弟子。佛、法、僧这佛教的三宝已具备，佛教正式形成。

居鲁士大帝

公元前 559 年，居鲁士成为波斯人的首领，统一了波斯的十个部落。曾奉命处死居鲁士的大臣哈尔帕哥斯便开始与他联络，要他起兵攻打米底，自己则约为内应。原来，当初国王发现哈尔帕哥斯未杀死居鲁士，一气之下，把他十三岁的独生子杀死，并烹成菜肴，让哈尔帕哥斯当面吃下。据历史学家希罗多德说，这位大臣"没有被吓住，也没有失去自制力"，刻骨的仇恨让他冷静思考如何报杀子之仇。

公元前 553 年，居鲁士起义反抗米底。为了说服波斯人追随自己，他命令全体波斯人带镰刀集合，让他们在一天之内将超过 3 公里见方的土地开垦出来。在完成这项任务之后，居鲁士发出第二道命令，让他们在次日沐浴更衣后集合。居鲁士宰杀了他父亲所有的绵羊、山羊和牛，并准备了酒和各种美食犒劳波斯全军。第二天，波斯人聚集在草地上，尽情饮宴。此时，居鲁士问他们是喜欢第一天的劳苦还是第二天的享乐。听到大家都选择了后者，居鲁士说："各位波斯人啊，如果你们听我的话，就会享受无数像今日这般的幸福；如果你们不肯听我的话，那就要受到无数像昨天那样的苦役。"波斯人奉居鲁士为领袖，起兵攻打米底。

征服米底的战争持续了三年，公元前550年，居鲁士终于攻克了米底都城，正式建立波斯帝国。居鲁士属于波斯人的阿契美尼德家族，因此他所创立的帝国也被称为阿契美尼德王朝。

在此后的几年里，居鲁士又征服了埃兰、帕提亚、亚美尼亚等小国。当时的西亚除了米底之外，还有两河流域的新巴比伦和小亚细亚的吕底亚两个文明程度较高的大国。

公元前547年，面对波斯的崛起，吕底亚国王克洛伊索斯决定主动出击，他联合了小亚细亚诸城邦和希腊的斯巴达城邦等，率军进攻波斯的卡帕多细亚。战争过程中，居鲁士祭出了秘密武器——骆驼军，因为马害怕骆驼，吕底亚的骑兵很快溃败，被迫以步兵应战。不久，波斯军队就攻入吕底亚都城萨迪斯，灭掉了这个号称尚武的国家，并乘势灭掉了与吕底亚结盟的小亚细亚诸城邦。

公元前539年，居鲁士率军进攻新巴比伦王国。波斯军队积极备战，利用新巴比伦王国社会的各种矛盾，击溃了对手的军队。公元前538年10月29日，居鲁士最后兵不血刃就进入巴比伦城。随后他将波斯帝国的首都迁到巴比伦城这座当时世界上最繁华的城市，成为"宇宙四方之王"。

居鲁士立下了如此丰功伟绩，以致在他死后波斯帝国还在继续扩张。事实上它持续了大约二百年，直到被亚历山大大帝征服为止。

🕊 大流士一世改革

居鲁士大帝去世后，其子冈比西斯继承王位，继续执行对外扩张政策。公元前522年，冈比西斯率军远征埃及时，米底人发动反对阿契美尼德王朝的暴动。冈比西斯闻讯在返国途中病故。冈比西斯死后，波斯帝国内部出现动荡。同年3月，米底人、琐罗亚斯德教祭司高墨德篡夺了阿契美尼德王朝的权力，扶立了傀儡国王，米底人执掌了波斯帝国的政权。

波斯族人坚决反对米底人篡权。公元前 522 年 9 月，大流士伙同数名波斯族青年刺杀了高墨德，推翻了米底人的统治，重新恢复了阿契美尼德王朝的政权，自己登上王位，称大流士一世。后遇到波斯族内部以及境内有势力的部落和地方升官的挑战，大流士一世经过十九次血战，先后击败了挑战者，才巩固了"波斯王"的地位。此后，他进行了政治、军事和经济改革，即历史上著名的"大流士改革"。

其改革的主要内容：（1）加强中央集权，削弱部落势力和打击地方割据势力；全国重新划分为 20 个行省，每一行省由中央派遣一名总督进行治理。（2）改组军事结构，增强战斗力。将帝国全境划分为 5 个军区，每个军区负责若干个行省的秩序和防备。建立一支由 1 万人组成的近卫军，还建立了海军。（3）建立新的税收制度，增加中央的财政收入。新的税收制度明显增加了国库的收入，但农民、工商业者和居民的负担增加了。（4）大规模修建道路，保证中央与地方的联系，保证军队的迅速调动。修建了两条主干线，隔 25 公里修建一驿站，各地方也纷纷修建道路，形成驿路网和全国交通网，促进了地区间经济交流和波斯与外界的往来。（5）统一全国的度量衡和货币。政府统一制定的量器为全国标准的量器。全国使用统一的货币，中央铸金币、行省铸银币、自治市铸铜币，均可全国通用。以上的改革措施加强了波斯帝国的实力，有利于波斯与外界的联系。

大流士一世还非常重视宗教对巩固政权的作用，树立琐罗亚斯德教的权威（在今伊斯法罕仍留有该教的遗址）。琐罗亚斯德教不但被波斯远征军传播到西亚、北非地区，而且还传到印度、东南亚和中国。

在大流士一世时期，波斯帝国极盛时的疆域东临印度河，南达埃及，西至小亚细亚沿岸，北抵巴尔干半岛和马其顿，成为一个地跨欧、亚、非三大洲的大帝国。

希腊、罗马时期

> 罗马文明是古代地中海地区经济、政治和文化总体发展的一个有机组成部分。在这一地区，兴起于意大利中部一城邦国家的罗马人后来以罗马帝国的形式在政治上占据主导地位。
>
> ——彭小瑜 北京大学历史系教授

🕊 雅典娜

雅典娜是希腊奥林匹斯十二主神之一。在希腊神话中，她是智慧与工艺女神、女战神。她教会人们驯养牛马、制造车船；她赐予世人犁和耙、纺锤和织布机，因此被认为是妇女劳动、尤其是织布技术的保护者。她有一个别名叫厄耳伽涅，意思是女工。她又是科学的庇护者、智慧女神；她赐予人间法律，维护社会秩序。

传说雅典娜是宙斯与聪慧女神墨提斯所生，因盖亚有预言说墨提斯所生的儿女会推翻宙斯，宙斯遂将雅典娜整个吞入腹中。结果，宙斯得了严重的头痛症，包括阿波罗在内的所有神都试图对他实施有效的治疗，但都是徒劳。众神与人类之父宙斯只好要求火神赫菲斯托斯打开他的头颅。当火神将宙斯的头部打开的时候，一位体态婀娜、披坚执锐的美丽女神从裂开的头颅中跳了出来，光彩照人，仪态万方，令奥林匹斯山诸神惊讶万分。

据说她有宙斯一般的力量,如果加上与生俱来的神盾埃吉斯的力量,她的实力就超过了奥林匹斯的所有神。她是最聪明的女神,是智慧与力量的完美结合。雅典娜成为雅典的守护神的传说和女神与波塞冬之间的争斗有关。当雅典首次由一个腓尼基人建成时,波塞冬与雅典娜争夺为之命名的荣耀。最后达成协议:能为人类提供最有用东西的人将成为该城的守护神。波塞冬用他的三叉戟敲打地面变出了一匹战马,而雅典娜则变出了一棵橄榄树——和平与富裕的象征。因战马被认为是代表战争与悲伤,因此雅典人选择了以女神的名字命名,女神很快将该城纳入她的保护之中。在雅典的卫城上,至今还残存着古希腊最著名的建筑物之一——崇拜雅典娜女神的帕特农神庙。

爱琴文明

约公元前 2000 年,在爱琴海南端的克里特岛上,以及几百年后在希腊半岛南部的迈锡尼等地,出现过奴隶制小国。它们的文明曾辉煌一时,被称为爱琴文明。爱琴文明主要包括以克里特岛、昔克拉底群岛为代表的"克里特文明"和以希腊半岛南部迈锡尼为代表的"迈锡尼文明"。爱琴文明为古代希腊文明奠定了基础。

根据目前材料,公元前 3000 年,克里特进入早期青铜时代或铜石并用时代,原始社会开始解体。公元前 2000 至前 1700 年,至少在克诺索斯、法埃斯特、马里亚、札克罗四地形成了君主制国家,其主要证据为王宫建筑群和象形文字的出现。其中克诺索斯宫规模最大,宫殿以及周围建筑物约可容纳 8 万居民。公元前 1600 年左右,许多宫殿被毁。由于无火烧、设防的痕迹,可能是由于地震所导致。

不久,各地宫殿得到重建,克里特文明进入繁荣期。青铜器、陶器、金银制作技术有明显进步,宫殿规模宏大、设计奇巧,如克诺索斯宫占地两万多平方米，依山而建，宫室环抱，有"迷宫"之称。许多屋壁还饰有充满自然祥和气息的壁画。更令人惊异的是克里特的宫殿竟无防御工事。考古材料表明，克里特同希腊半岛、埃及、小亚细亚等地有广泛的商业联系。这时的文字已转变为线型文字A（尚未被释读），并在约公元前1450年进一步发展为属印欧语系的线型文字B，系由希腊半岛传来。约公元前1400年，克里特的宫殿相继受到人为破坏，估计是大陆希腊人所为。自此以后，克里特文明与迈锡尼文明合一，文明中心移向希腊半岛。

迈锡尼文明形成于前16世纪上半叶。这是目前可确认的属印欧语系的古希腊人创造的文明，以南希腊为中心，辐射到中、北希腊。迈锡尼文明的特点是一系列君主国家的兴起，伴之宫殿、卫城以及宏大的王室陵墓、众多线型文字B泥版文书等物质附属物。这些国家的典型代表是位于南希腊阿哥利特地区的小国迈锡尼、梯林斯、派罗斯。

与克里特文明明显不同之处在于迈锡尼文明充满好战尚武气息。因防御需要，迈锡尼式的宫殿均建于山丘顶部，有坚厚城墙环绕。尽管线型文字B泥版文书的发现与释读有助于窥视迈锡尼社会结构，但由于史料数量、功能的局限，该文明时期的国家制度、社会经济关系等问题均悬而未决。

公元前12世纪，整个希腊及爱琴海岛屿的青铜文明衰落，宫殿、城墙、巨大的王陵、线型文字B等物质与精神文化成果被某种力量一扫而光，从而被后人所遗忘。通常认为这是处于氏族部落社会中的多利斯人南下的结果。

🕊 《荷马史诗》

《荷马史诗》是西方文学史上最早的正式的书面文学作品。史诗包括两部，分别是《伊利亚特》和《奥德赛》，其作者相传是大致生活于公元前 10 世纪至 8 世纪之间的盲人诗人荷马，不过目前更流行的观点是《荷马史诗》是包括荷马在内的许多人集体创作并反复修改过的。

《伊利亚特》共 24 卷，15693 行，取材于希腊神话中"不和的金苹果"的传说。相传阿喀琉斯的父母举行婚礼的时候忘记邀请不和女神厄里斯，愤怒的复仇女神在宴席上扔下一个金苹果，上写"赠给最美的女子"，引发天后赫拉、智慧女神雅典娜和爱神阿芙罗狄忒之间的争夺，并最终导致特洛伊战争的爆发。史诗以特洛伊战争中希腊联军统帅阿迦门农夺走勇将阿喀琉斯宠爱的女俘，阿喀琉斯因愤怒而不再参战这一情节为楔子，描写阿喀琉斯的愤怒以及此后五十一天之内发生的事情。

《奥德赛》的故事发生在紧接着特洛伊战争之后的十年中。特洛伊战争中为希腊联军献木马记的奥德修斯因冒犯海神波塞冬而在海上遇难，滞留异乡，他以无比的英雄气概克服种种困难，终于回家和妻儿团聚。

在语言上，《荷马史诗》达到了很高的程度，修辞技巧相当成熟，叙事结构也非常合理。荷马善用比喻来描写人物及刻画宏阔的社会、历史场面。尽管其中不乏冗长多余的华丽辞藻，但这是所有古代文学的特点。

🕊 《神圣休战条约》

古希腊是一个尚武的民族，在当时古希腊民族是以城邦为单位的分散小国。他们各自为政，城邦间常有并吞和争夺，没有统一的君主。连年的战争需要体格健壮、行动敏捷的士兵。所以集会比武是当时君主所发明的一项培养合格士兵的手段。伊利斯城邦人占据着奥林匹亚，而斯巴达人一直想并吞这块圣地。伊利斯城邦人顽强抵抗，而斯巴达人久攻不破，人民渴望和平，怀念祭祀和庆典活动。

于是，伊利斯王和斯巴达王在公元前 884 年达成了一项定期在奥林匹亚举行集会（即奥林匹克运动会）的协议，并签订了《神圣休战条约》。

条约规定在举行奥林匹克运动会期间，凡是携带武器进入奥林匹亚的人，也被认为是背叛了神的人，应当受到惩罚；有力量而不惩罚这种背叛神的行为的人，也被认为是对神的背叛。

《神圣休战条约》还规定希腊各城邦不管任何时候进行战争，都不允许侵入奥林匹亚圣区。即使是战争发生在奥运会举行期间，交战双方都必须宣布停战，准备参加奥林匹克运动会。停战时间开始规定一个月，后延至三个月。停战期间，凡是参加奥运会的人，都将受到神的保护，是神圣不可侵犯的。

《神圣休战条约》在当时起到了熄灭战火的保障作用，奠定了把奥运会作为和平、友谊象征的基础。它保证了古奥运会如期举行，不因战争而中断，这对维护促进各民族之间的团结友谊起到了积极作用，也推动了古希腊文化的发展。可以说古代奥运会是地理、政治、经济、宗教、战争相互作用的共同产物，而促进和平友好、反对侵略战争、庆贺丰收和祭祀神灵等则是它的宗旨。

狼孩与罗马城

公元前 7、8 世纪，意大利的台伯河出海口附近，有一群从特洛伊流亡来的人，他们在此建立一座城镇，名叫亚尔巴龙伽。国王努米托雷的胞弟叫阿姆留斯，他野心勃勃，处心积虑地想谋朝篡位。最终，阿姆留斯发动了政变，把他的哥哥努米托雷流放到城外，自己当上了国王。为斩草除根，阿姆留斯把他的侄子杀死，并强迫侄女去当祭司，因为当时祭司是不允许结婚的。他心想，这样一来，也就没有人能够与他争夺王位了。

不料，战神马尔斯却与阿姆留斯的侄女结合，生下一对孪生子。阿姆留斯非常惊恐，立即派人将其侄女杀死，又命令把这两个孪生婴儿抛入台伯河溺死。那个人来到台伯河岸，见河水不断上涨，他想，不用多少时辰河水准会把孩子冲进河里淹死，所以他把孩子放到岸边就走了。

河水果然漫上来了，可是并没有把孩子冲走，因为篮子被河边的树枝挂住了。河水退去；孪生子落到地上哇哇地啼哭起来。这时，有一只母狼来到河边饮水；听到孩子的哭声，便走到孩子身边，不停地嗅着。奇怪的是，那母狼不但不加伤害，而且还用舌头舔干了孩子的身体，并将他们叼回山洞，以自己的奶喂养了他们。

不久，一个猎人经过山洞，发现了这一对孪生子，将他们带回家抚养，并打听出了这两个孩子的身世。猎人给这两个孩子分别取名罗慕洛和雷莫。时间过得很快，两个孩子长大成人。最终，猎人说出了他们的身世，两兄弟发誓一定要替舅舅和母亲报仇。两兄弟苦练本领，渐渐地在这一带有了威望，许多人前来投奔。最终，他们率领队伍与他外祖父的人马联合起来杀死了阿姆留斯。他的外祖父努米托雷重登王位。

后来，这兄弟俩不愿意依靠外祖父，决定另建一座新城。于是，努米托雷把台伯河畔的七座山丘赠给他们建新都。后来，两兄弟在城市以谁的名字命名上发生了争执，最终哥哥罗慕洛杀死了弟弟雷莫，以自己的名字命名新城为罗马。这一天是公元前753年4月21日，后定为罗马建城日，并将"母狼乳婴"图案定为罗马市徽。

城邦制度

公元前8世纪至公元前6世纪，古代希腊城邦制度开始形成。在氏族社会组织逐渐解体的基础上，希腊各地相继形成了二百多个城邦。

古代希腊城邦一般是以一座城市为中心、连带周边乡村地区而形成的独立国家，以小国寡民为基本特征。它们的国土面积一般只有百余平方公里、人口数万，最大的城邦有8000多平方公里国土、数十万人口。

古代希腊城邦在形成之初，政权一般都由原来的氏族贵族把持。原来由氏族贵族成员组成的长老议事会转化为城邦的贵族会议，掌握着决定城邦事务的大权。部落军事首领演变为城邦的执政官，负责处理城邦的行政事务。部落民众大会则转变为城邦的公民大会，在形式上保留了对贵族会议的提议进行表决的权力。这样的城邦政权组成形式被称为贵族政治。

由于社会历史条件和各自力量对比的差异，后来各个城邦的政权形式发生了不同的变化。有的城邦从贵族政治演化为民主政治，有的城邦则长期维持着贵族政治。

古代希腊城邦制度的形成和发展，是当时希腊社会经济发展和文化进步的结果，反过来又促进了社会经济和文化的进一步繁荣。

希波战争

在希腊城邦向地中海沿岸扩展的同时，西亚的波斯帝国也在扩张，强大的波斯帝国征服了小亚细亚半岛上的艾奥尼亚希腊诸邦。公元前499年，小亚细亚半岛上的米利都等希腊城邦发动起义，得到雅典的支持。波斯国王大流士一世在镇压起义后，就准备进攻雅典。

公元前490年，波斯大军渡海西侵，但在马拉松战役中被人数居于劣势的雅典重装步兵击败。希腊人赢得了第一次希波战争的胜利。马拉松战役中，雅典军只有192人阵亡，而波斯军则损失了6400人，但这对于庞大的波斯帝国来说并不是重大的打击，因此波斯帝国在此战后仍时刻寻找机会进攻希腊，结果在十年后，第二次希波战争爆发。

公元前480年，波斯国王薛西斯一世率五十万大军再次进攻希腊。希腊各城邦也结成同盟，共御强敌。希腊联军的陆军以斯巴达人为主力，海军则以雅典舰队为主。希腊陆军在温泉关阻击波斯陆军，虽然兵败，但为希腊海军的集结赢得了时间。波斯人攻入了雅典，将全城焚毁，但希腊海军在萨拉米海战中一举击溃波斯海军，波斯人面临补给被切断的危险，不得不撤退。希腊人乘胜追击，解放了小亚细亚的希腊诸邦。第二次希波战争以希腊的胜利告终。

希波战争的进程和结局对雅典城邦制度的发展和雅典的对外扩张影响尤深，促进了雅典民主政治制度和奴隶制的发展。希波战争所造成的希腊政治格局，对于后来希腊历史的发展有重大影响。

希腊的"黄金时代"

希腊的强盛和繁荣与雅典城一位伟大的政治家的名字是分不开的。这位伟大的政治家就是伯里克利，他所统治的时期最能代表与反映古希腊强盛时期的政治、经济、文化、学术、思想的全面勃兴和繁荣。由此，伯里克利统治时期的雅典被称为希腊的"黄金时代"，又被称为"伯里克利时代"。

公元前461年，伯里克利逐渐成为雅典的民主派和国家政权的领导人。此后，伯里克利任首席将军，成为雅典的实际领导者。伯里克利沿着梭伦的民主化倾向，一登上政治舞台，就以鲜明的改革措施代表雅典工商业奴隶主和下层自由民，扩充了海员、佣工等四等级公民权益。伯里克利的国内政策以加强民心为核心。从公元前462年的改革开始，雅典公民大会在伯里克利的推动下，逐步通过了一系列的法令和措施。经过伯里克利的苦心经营，雅典的民主政体日益完备。

伯里克利改革了雅典国家的最高权力和执行机构，剥夺战神山议事会的政治权力，使之分为属雅典的公民大会、五百人会议和陪审法庭；规定各级官职向广大公众开放；实行工薪制；限制取得雅典公民身份的范围。

伯里克利的对外开放政策以扩大雅典的势力和利益为根本原则，力图在加强控制提洛同盟的基础上，抗击以斯巴达为首的伯罗奔尼撒同盟，建立雅典在希腊世界海陆两方面的优势和主权。经过努力，伯里克利主持完成了雅典与雷埃夫斯港之间的城墙修建工程，既加强了陆地的防御能力，更确保了雅典与海上的交通联系。后经过一系列的政治和军事努力，伯里克利领导的雅典在希腊半岛的势力达到顶点。

伯里克利不仅是一个政治家和军事家，而且是古典希腊文化的推崇者和倡导者。他的思想和抱负不仅是登上世界霸主的宝座，而且成为"全希腊的学校"。伯里克利的时代是希腊古典文化的时代。希腊著名的学者文人和艺术大师都荟萃于雅典，聚集在伯里克利的周围，授课讲学，寻求真善美，探索宇宙的奥秘和人生的真谛。

从公元前 447 年起，伯里克利大规模修建雅典卫城。他动用同盟金库储存，先后建起了帕特农神庙，即雅典娜神庙、雅典卫城大理石的宏伟门厅、雅典娜尼克小庙和伊里其修神庙，此外还有附属于这些建筑的各种塑像浮雕等。

伯罗奔尼撒战争

伯罗奔尼撒战争是以雅典为首的提洛同盟与以斯巴达为首的伯罗奔尼撒联盟之间的一场战争。这场战争从公元前 431 年一直持续到公元前 404 年，其中双方几度停战，最后斯巴达获胜。这场战争结束了雅典的经典时代，结束了希腊的民主时代，强烈地改变了希腊的国家。

战争的头十年史称"阿希达穆斯战争"，因战争爆发时在位的斯巴达国王的名字而得名。斯巴达人六次从陆上入侵，雅典人依靠坚固的城墙和强大的海军，把农村居民移到城墙之内居住，频频从海上出击，屡次击退斯巴达人的入侵。公元前 430 年，雅典发生大瘟疫，大批居民死亡，伯里克利也于公元前 429 年罹疾病故。公元前 427 年，雅典迫使退盟的米提利尼投降，并攻占波提狄亚。公元前 425 年，雅典占领斯法克特里亚岛，俘斯巴达公民约一百二十名。翌年，斯巴达将领布拉西达斯率一千七百名兵士进入哈尔基迪基，占领雅典的重要据点安菲波利斯。同年，雅典在德利翁一役中遭受巨大损失。公元前 422 年，雅典民主派领袖克里昂率所部与布拉西达斯在安菲波利斯城下激战，双方主将均阵亡。次年，战争双方签订为期五十年的和约，因雅典主和派将军尼西亚斯的名字而称为"尼西亚斯和约"。其基本内容是大体维持战前状况。

五十年和平约的签订，只不过是交换了一纸关于"和平"的空文。双方都没有履行他们的诺言，谁也不愿意交出土地。在签约后的几年中，虽然没有进行大的战役，但违犯条约的事时有发生。

公元前 415 年，雅典人在阿尔基比阿德斯的鼓动下，介入西西里岛希腊城邦之间的争端，标志伯罗奔尼撒战争进入了新阶段。公元前 415～前 413 年这一阶段的战争史称"西西里战役"。雅典公民大会决定由阿尔基比阿德斯、尼西亚斯和拉马科斯共同负责指挥远征军。军队到达西西里岛不久，阿尔基比阿德斯就因与捣毁赫尔墨斯神像案有牵连被控犯有渎神罪，被召回雅典候审。回雅典途中他逃到斯巴达，向当局提出挫败雅典的重要建议。斯巴达按照他的意见，于公元前 414 年派兵支援叙拉古。公元前 413 年秋，雅典远征军全军覆没。是役损失战舰 200 余艘，海军 3.5 万人。同年，斯巴达又派陆军常驻德凯利亚，不断对雅典进行骚扰。

在西西里的惨败使雅典元气大伤。接着，雅典在爱琴海的盟邦纷纷背离。军事形势的恶化伴随国内政治斗争的激化，导致公元前 411 年发生政变，雅典民主政体被推翻，建立了以四百人会议为首的寡头政治。次年，民主政体重建。此后，雅典虽然在小亚细亚沿岸及黑海海峡附近的海战中数度取胜，但斯巴达却得到波斯资助再建海军。公元前 405 年斯巴达将雅典 180 艘舰船诱入赫勒斯滂海峡，突然袭击，这一战，雅典舰队全军覆没，标志着雅典海上霸权丧失殆尽。

战争使参战双方的多数城邦蒙受人力和财力的巨大损失，国力下降，繁荣富强的希腊从此一蹶不振。波斯帝国得以插手希腊各邦的事务，胜利者斯巴达成为希腊的霸权国。但斯巴达的霸权没有维持多久，最终被希腊北部的马其顿王国征服。

🕊️马其顿的崛起

马其顿位于希腊的北部，处于希腊文明的边缘，被希腊人视为蛮族。但从公元前4世纪起，马其顿逐渐成为希腊北部的重要国家。公元前395年，腓力二世即位。在腓力二世的统治下，马其顿成为巴尔干地区首屈一指的军事强国。

面对马其顿的崛起，希腊建立了以雅典为首的反马其顿同盟。公元前338年，马其顿在喀罗尼亚大败希腊联军，取得了对整个希腊的控制权。公元前336年，腓力二世遇刺身亡，其子亚历山大即位。亚历山大即位后很快就平定了希腊城邦的起义，巩固了政权。

公元前334年，亚历山大率大军渡海东征，拉开了他征服世界的序幕。亚历山大最大的敌人是强大的波斯帝国。亚历山大先后在格拉尼卡斯河和伊苏斯击败波斯军队，从波斯人手中夺取了叙利亚和埃及。波斯国王大流士三世试图求和，但被雄心勃勃的亚历山大拒绝。公元前331年，亚历山大和大流士三世之间具有决定性意义的高加米拉战役爆发。亚历山大再一次取得了胜利，并乘势攻下巴比伦，波斯帝国灭亡。亚历山大继续东进，直到印度河流域方才折返。

公元前323年，亚历山大病死，他庞大的帝国也随之分裂，古希腊历史结束，希腊化时代开始。

🕊 亚历山大之死

回波斯的第二年，亚历山大用了近一年的时间对他的帝国和军队进行改编，这是一次重大的改编。亚历山大从小就认为希腊民族代表了唯一真正的开化民族，而所有非希腊民族都是野蛮民族。这当然是在整个希腊世界流行的观点，甚至亚里士多德也有这种看法。尽管亚历山大已经彻底打败了波斯军队，但是他逐渐认识到波斯人根本就不是野蛮人，他们与希腊人一样具有智慧和才能，一样值得尊敬。因此他产生了融其帝国的两部分于一体的设想，由此创造了合二而一的希腊波斯民族共和王国，当然是他自己当最高统治者。

为了实现这一计划，他把大量的波斯部队编入自己的部队，还为此举行了一次盛大的"东西方联合"宴会。在宴会上，几千名马其顿士兵同亚洲妇女正式结成夫妻。

显然亚历山大企图利用这支改编的军队再开展征服活动。他打算入侵阿拉伯，也许还有波斯帝国以北地区，也许打算再次入侵印度或征服罗马、迦太基和西地中海地区。但不管他的算盘如何，结果进一步的征服活动都未能进行。公元前 323 年 6 月初，亚历山大在巴比伦突然因发热而病倒，十天后就死去了。其时还不满三十三岁。

长期以来其死因有不断的争议。大多数记载亚历山大在巴比伦的一次痛饮后，得了疟疾，除此之外伤寒也可能是另外一个凶手。还有理论认为他是被毒害的，密谋者可能包括他的妻子罗克珊娜、他的部将安提帕特以及他的老师亚里士多德。

亚历山大并未留下帝位的合法继承者，与他最亲近的是一位昏弱无能的异母兄弟。传说，当他的朋友在他临死前要求他指定一位继承人时，他含糊说："让最强者继承。"于是他死后，他的将领们企图瓜分这个帝国，引发一些年轻军官对这种安排的不满，继而发生一连串的战争，在这场斗争中，亚历山大的母亲、妻子和孩子都横遭杀身之祸。终于，在公元前301年的一场决定性战役，由三位胜利者（即托勒密、塞流息得、马其顿）瓜分了亚历山大帝国的版图，开启了希腊化时代。

《伊索寓言》

《伊索寓言》原名为《埃索波斯故事集成》，其故事流传于民间，到公元前3世纪成书。从作品来看，时间跨度大，各篇的倾向也不完全一样，据推测，它不是一人一时之作，可以看作古希腊人在相当长的历史时期内的集体创作。伊索，可能是其中的一位重要作者。

《伊索寓言》，来自民间，所以社会底层人民的生活和思想感情得到了较突出的反映。如对富人贪婪自私的揭露；对恶人残忍本性的鞭挞；对劳动创造财富的肯定；对社会不平等的抨击；对懦弱、懒惰的讽刺；对勇敢斗争的赞美。还有许多寓言，教人如何处世，如何做人，怎样辨别是非好坏，怎样变得聪明、智慧。《伊索寓言》是古希腊人生活和斗争的概况、提炼和总结，是古希腊人留给后人的一笔精神遗产。

《伊索寓言》，文字凝练，故事生动，想象丰富，饱含哲理，融思想性和艺术性于一体。其中《农夫和蛇》《狐狸和葡萄》《狼和小羊》《龟兔赛跑》《牧童和狼》《农夫和他的孩子们》等已成为全世界家喻户晓的故事。

古希腊悲剧

古希腊悲剧起源于祭祀酒神狄奥尼索斯的庆典活动。在古希腊世界漫长的演进过程中，这种原始的祭祀活动逐渐发展成一种有合唱歌队伴奏，有演员表演并依靠幕布、背景、面具等塑造环境的艺术样式，这就是西方戏剧的雏形。

古希腊戏剧大都取材于神话、英雄传说和史诗，所以题材通常都很严肃。亚里士多德曾在《诗学》中曾专门探讨悲剧的含义。他认为悲剧的目的是要引起观众对剧中人物的怜悯和对变幻无常之命运的恐惧，由此使感情得到净化。悲剧中描写的冲突往往是难以调和的，具有宿命论色彩。悲剧中的主人公往往具有坚强不屈的性格和英雄气概，却总是在与命运抗争的过程中遭遇失败。

最早的悲剧作家包括"戏剧之父"忒斯庇斯、最先在戏剧中引入面具的科里洛斯等。但这一时期成就最高的悲剧作家则是埃斯库罗斯、索福克勒斯和欧里庇得斯三人。

埃斯库罗斯（公元前 525 ～前 456 年）是古希腊最伟大的悲剧作家。他对古希腊悲剧最大的贡献是在表演中引入了第二个演员，改变了过去古希腊戏剧中只有一个演员和歌队共同演出的传统模式，为戏剧情节的发展和戏剧道白的丰富多彩提供了可能和便利条件。埃斯库罗斯已知剧名的作品共八十部，其中只有七部传世，包括《俄瑞斯忒亚》三联剧（《阿迦门农》《奠酒人》和《复仇女神》）《乞援人》《波斯人》《七将攻忒拜》和《普罗米修斯》。埃斯库罗斯是整个古希腊戏剧的第一位大师，对整个西方戏剧艺术的发展产生了深远的影响。

索福克勒斯（公元前 496 ～前 406 年）是雅典民主全盛时期的悲剧作家。他在二十七岁首次参加悲剧竞赛，即战胜了埃斯库罗斯。阿里斯托芬称赞他"生前完满，身后无憾"。索福克勒斯一生共写过一百余部戏剧，却只有七部传世，成就最高的是《安提戈涅》和《俄狄浦斯王》。其中《俄狄浦斯王》被认为是古希腊悲剧的典范。索福克勒斯的悲剧往往被称为"命运悲剧"，即通常表现个人意志行为与命运之间的冲突。

欧里庇得斯（公元前 485～前 406 年）是雅典奴隶制民主国家危机时代的悲剧作家。他一生从未参与过任何政治活动，而是醉心于哲学思考。他在自己的作品中提出了许多问题，包括神性与人性、战争与和平、民主、妇女问题等。他一生共创作了八十余部悲剧，有十八部传世。其中最优秀的包括《美狄亚》《特洛伊妇女》等。欧里庇得斯所处的时代是雅典由表面繁荣逐渐走向动荡的时代。伯罗奔尼撒战争爆发后，各种社会矛盾日益尖锐，信仰危机和道德沦丧现象出现。在欧里庇得斯的戏剧中，可以清晰地感到剧作家对希腊政治现实的怀疑态度。《美狄亚》被认为是古希腊最动人的悲剧之一，也是西方文学中第一次把妇女作为主要角色来塑造。由于欧里庇得斯的戏剧风格和传统的悲剧风格不同，因此他生前并不出名，死后名声却很大，他的戏剧对希腊化时期的新戏剧、罗马文学和后世欧洲文学都有很大影响。

斯巴达克起义

斯巴达克是巴尔干半岛东北部的色雷斯人。在罗马进兵北希腊时的一次战争中，斯巴达克被罗马人俘虏，后被卖为角斗士奴隶，送到卡普亚城一所角斗士学校，受非人待遇。在忍无可忍的情况下，斯巴达克向他的伙伴们说："宁为自由战死在沙场，不为贵族老爷们取乐而死于角斗场。"角斗士们在斯巴达克的鼓动下，拿了厨房里的刀和铁叉，冲出了牢笼。在路上，他们正好遇上几辆装运武器的车子，就夺取了这些武器武装了自己，并跑到几十里以外的维苏威火山上聚义。斯巴达克率领起义者在这里安营扎寨，建立起一个巩固的阵地。

许多逃亡奴隶和农民都纷纷前来投奔，起义队伍由七十余名角斗士很快发展为约一万人，并多次战胜罗马军队的一些小部队，斯巴达克便按照罗马军队的形式将自己的部队进行了改编，除有数个军团组成的步兵外，还建立了骑兵，此外还有侦察兵、通信兵和小型辎重队。除夺取敌人武器外，起义军兵营里还组织制造武器。对士兵进行训练，并制定了严格的兵营和行军生活规章，不久就控制了整个坎佩尼亚平原。

公元前72年年初，斯巴达克军队已增到六万人。他将部队开向阿普利亚和路卡尼亚，在那里人数达到十万左右。起义的巨大规模震惊了罗马元老院，公元前72年年中，元老院派遣以执政官楞图鲁斯和盖里乌斯为首的两支军队讨伐斯巴达克。这时，起义军内部产生了分歧。大部分奴隶，其中包括斯巴达克，根据敌我双方力量对比，认为在意大利本土建立政权比较困难，主张离开意大利，冲过阿尔卑斯山，进入罗马势力尚未到达的高卢地区，摆脱罗马统治，获得自由，或者返回家乡。而参加奴隶起义运动的当地的牧人和贫农则不愿离开意大利，希望继续与罗马军作战，以夺取失去的土地。由于这种意见分歧，三万人的队伍脱离了主力部队，在伽尔伽努斯山下（阿普利亚北部）被罗马军队击溃（死两万人）。斯巴达克闻讯赶来救援，已经来不及了。

斯巴达克杀死了三百名罗马俘虏，祭奠了阵亡战友的"亡灵"，继续率军北上，沿亚得利亚海岸穿过整个意大利。在齐扎尔平斯高卢省（北意大利）的摩提那会战中，斯巴达克的军队击溃了卡西乌斯总督的军队。起义者受到胜利的鼓舞，又因越过阿尔卑斯山有不少困难，斯巴达克改变了原来的计划，挥师南下，返回意大利，从一边绕过罗马，向南方进军。

面对这支驰骋于意大利的起义队伍，罗马统治集团惊慌失措，没有人敢竞选执政官。元老院宣布国家进入紧急状态，最后选任大奴隶主克拉苏斯统率大军，镇压起义军。公元前72年秋，斯巴达克的军队在意大利布鲁提亚半岛（今卡拉布里亚）集结，预计乘基利基海盗船渡过墨西拿海峡。但海盗不守信用，没有提供船只，斯巴达克自造木筏渡过海峡的计划也未能实现。这时，克拉苏斯在起义军兵营后方构筑了一道工事，切断了起义军撤回意大利的后路。挖的是一条两端通海的壕沟（长约 55 公里，宽和深均为 4.5 米），并筑起土围。但是，起义军用土和树木填平了壕沟，突破了工事。在突击中，斯巴达克的军队损失了约三分之二。不久，斯巴达克在军队很快得到补充后（达七万人），于公元前 71 年春试图以突袭的方式占领意大利南部的主要港口布尔的西，乘船渡海驶向希腊，进而到色雷斯（今保加利亚、土耳其的欧洲部分）。罗马元老院竭力想尽快地将起义镇压下去，分别从西班牙和色雷斯将庞培的大军和路库鲁斯的部队调来增援克拉苏斯。

为了不让罗马军队会合，斯巴达克决定对克拉苏斯的军队发起总决战。他用急行军快速将部队开向北方，迎击克拉苏斯。在阿普里亚省南部的激战中，斯巴达克军队虽在数量上比罗马军队少得多，但他们仍然英勇战斗。斯巴达克身先士卒，骑在马上左冲右突，杀伤两名罗马军官。他决心杀死克拉苏斯，但由于大腿受了重伤，只好在地上屈着一条腿继续战斗。在罗马军队的疯狂围攻下，六万名起义者战死，斯巴达克也壮烈牺牲，这也宣告轰轰烈烈的斯巴达克起义失败了。

恺撒大帝

公元前 100 年 7 月 12 日，恺撒出生于罗马一贵族家庭，年轻时，他就渴求取得罗马的最高权力。为此他学习讲演和写作技巧，后来成为一位出色的演说家。他的努力使他成为当时知识最渊博的人物之一。他初生牛犊不怕虎，年轻时就敢于控告罗马总督贪污腐败，为此他赢得了极高的声誉。公元前 60 年，他和罗马另外两个统帅庞培和克拉苏结成反对元老贵族的秘密同盟，这是罗马历史上有名的第一次"三头执政"。四十二岁时，恺撒被委任为在罗马统治下山穷水尽的三个行省的总督，手下掌握着拥有两万人的一支军队。

公元前 68 ~ 前 61 年，恺撒曾利用这支部队进攻并征服高卢，恺撒的胜利引起罗马元老院中的政敌们的惊慌，遂命令恺撒独自回返。恺撒知道政敌们想杀害他，于是跨越鲁比肯河回到罗马。经与元老院所属部队四年之久的交战，恺撒大获全胜，回来后被任命为终身独裁，在恺撒执政时期，渐渐走向军事独裁，这引起了部分固守罗马共和传统的元老贵族的严重不满，他们不是为了人民的自由，而是为了他们自己的利益，组织起一个阴谋集团谋杀恺撒。

公元前44年3月15日，恺撒只身一人到元老院开会。虽然有人事先警告他这天有人要暗杀他，但他没带卫队，他认为那是胆小鬼干的事。他从容地坐在他的黄金宝座上，笑着说："今天不就是3月15日吗？"一个刺客假装恳求他办某件事，抓住他的紫袍，这是行动的暗号。所有阴谋者一拥而上，刀剑像雨点般落在他的身上。他的身上中了23刀，其中3刀是致命的。他在旧敌庞培的雕像底座前倒地身亡。

恺撒死后，他的甥孙及养子屋大维击败安东尼取得了罗马的统治权，开创了罗马帝国并成为第一位帝国皇帝。

🕊 儒略历

公元前46年，罗马统帅盖乌斯·儒略·恺撒在埃及数学家兼天文学家索西琴尼的帮助下制定的，并在公元前46年1月1日起执行实行，取代旧罗马历法的一种历法。所以人们就把这一历法称为"儒略历"。

儒略历以回归年为基本单位，是一部纯粹的阳历。它将全年分设为12个月，单数月是大月，长31日，双月是小月，长为30日，只有2月平年是28日，闰年29日。每年设365日，每四年一闰，闰年366日，每年平均长度是365.25日。儒略历编制好后，儒略·恺撒的继承人奥古斯都又从2月减去一日加在8月上（8月的拉丁名即他的名字奥古斯都），又把9月、11月改为小月，10月、12月改为大月。

儒略历比回归年 365.2422 日长 0.0078 日，400 年要多出 3.12 日。1500 年后，由于误差较大，罗马教皇格里高利十三世于 1582 年对其进行改善与修订，变为格里历，即沿用至今的世界通用的公历。

"魔鬼" 尼禄

尼禄是古罗马帝国朱里亚·克劳狄王朝的最后一任皇帝，是古罗马乃至欧洲历史上有名的残酷暴君。

公元 37 年，尼禄在罗马出生，其母亲阿格里披娜是罗马皇帝克劳狄乌斯的侄女，阴险多谋、贪极好势。尼禄三岁时，父亲病故，他的母亲用美色诱惑了自己的舅父克劳狄乌斯。之后，阿格里披娜毒死了克劳狄乌斯，将自己的儿子尼禄推上罗马皇帝的宝座。

或许是受其母亲和家庭的影响，尼禄的家庭生活也是血腥残暴的。他十五岁时娶了继父克劳狄乌斯十三岁的女儿奥克塔维娥为妻，但是他十分厌恶这个安详的女孩子，不久就把她放逐到一个岛上，后来杀死了她。他杀第二个妻子波比亚，只因为有一次她抱怨尼禄回家太晚。尼禄的第三个妻子是斯塔蒂丽亚，是他在把她原来丈夫杀死后弄到手的。

公元 64 年 7 月 18 日夜晚，罗马城发生了大火，整整烧了一个星期。城中 14 个区有三个全部烧光，七个严重毁坏。虽然当时住在安提乌姆的尼禄星夜赶回救火，把公共建筑物和私人花园开放让无家可归的人栖身，并采取措施阻止投机活动，但是仍然谣言四起，说尼禄是纵火者。有些人甚至宣称看见他站在高塔上穿着戏装，面对下面一片火海，弹奏着里拉琴，演唱他那关于特洛伊陷落的民谣。

火灾之后，尼禄丝毫不去管流离失所的人民，而是大兴土木，为自己建造了金碧辉煌的宫殿。人们议论纷纷，公开说他放火是为了自己建造皇宫。面对这种指责，尼禄选中了基督徒来承担责任，先是指控他们纵火，后来又指控他们"仇视人类"。因为当时这些基督徒大都是穷人、奴隶和异乡人，迫害他们最容易。但是，尼禄残酷屠杀基督徒的行为最终引起罗马人民的反对。

在极度疯狂和恐惧中，尼禄宣布全国进入戒严状态。整个罗马笼罩在一片恐怖的气氛中。只要他提出一个人的名字，就可以把他处死。许多元老院议员、名人和卫队官员都被处死了。一些人被斩首，一些人被勒令自杀，还有一些人被切开动脉血管。

尼禄的恐怖统治、疯狂屠杀和对基督徒的残酷迫害，激起了元老院和人民大众的奋起反抗。面对四面楚歌和众叛亲离的危险境地，尼禄落荒而逃。

他躲在罗马郊外一个奴隶的家中，不过很快消息传来：元老院宣布尼禄为人民公敌，并判处鞭笞死刑。绝望的尼禄没有勇气自杀，最后他把一只匕首放在一个随从的手里，然后抓住这只手向自己的喉咙刺进，结束了自己罪恶的一生。

戴克里先与君主制的开创

屋大维开创了罗马帝国，虽然我们称其为罗马皇帝，但实际上，当时他的称号是"元首"。直到戴克里先执政时，才将"元首"改为"皇帝"，正式确立了君主制。

公元 284 年，宫廷亲卫队首领戴克里先由军队拥立为帝。戴克里先继位后，对内残酷镇压高卢和阿非利加的起义，对外战胜伊朗，打退日耳曼人的入侵，暂时巩固了边疆。于是，他便公开仿效波斯君主，穿戴有珍珠宝石装饰的冠冕服装，要求臣下晋见时行跪拜吻袍之礼。从此以后，"君主"代替了"元首"而成为皇帝的正式称号，罗马帝国也正式进入"君主制"统治的时代。

为了挽救罗马帝国的危机，挽救腐朽没落的奴隶制，维护和加强奴隶主阶级的统治，戴克里先进行了一系列的改革。他让马克西米安主管帝国西部，驻意大利北部的米兰；他本人则主管帝国东部，坐镇小亚细亚西部的尼科美底亚（今土耳其的伊兹米特），二人均称奥古斯都。公元293年，两位共治者各任命一位助手，称为恺撒，分别治理部分地区。这样就形成了四帝共治制。改革后原有的辖区较大的行省被划小，行省总数由四十多个增到一百个，分别归属十二个行政区。各行省中，军权和行政权分开。罗马作为特别行政区仍然是帝国首都，但已不再是皇帝驻地。军队分为边防军团和机动军团，人数大增。军队中"蛮族"成分不断增加。

戴克里先还统一税制，取消某些免税特权。人头税和土地税合一，作为财政主要收入。为保证税源，禁止农业劳动者离开土地以及手工业者脱离同业行会。公元301年，为稳定币值，戴克里先确定了新的铸币含金、银标准。同年，颁布物价敕令，对主要商品价格和劳动工资做了规定。他对基督教采取弹压政策，公元303年和公元304年先后颁布了四道敕令，禁止举行礼拜，清除军队和官员中的教徒，没收教会财产，拆毁教堂，焚烧经书，逮捕神职人员，处死一些教徒。戴克里先的改革使面临严重危机的帝国获得暂时的稳定。

公元305年，戴克里先和马克西米同时退位。继承戴克里先的是君士坦丁。公元330年，君士坦丁大帝把首都迁往拜占庭，改名君士坦丁堡（今伊斯坦布尔），号称"新罗马"。

🕊 君士坦丁大帝

公元306年，君士坦丁的父亲君士坦提乌斯一世去世，他的军队要求君士坦丁当皇帝，但是另一些将领反对这一要求，因而爆发了一系列的国内战争。战争一直到公元312年，君士坦丁在米尔维安大桥战役中击败马克森提乌斯时才告结束。从此，君士坦丁成了罗马帝国西半部名正言顺的统治者，但是东半部却是由另一位将军李锡尼统治着。公元323年，君士坦丁主动出击，于324年在亚德里雅那堡和克里索普利斯打败了李锡尼，统一罗马，他也成了罗马唯一的君主。

统一罗马帝国之后，君士坦丁在行政、军事、宗教等方面进行了一系列的改革，以加强中央集权的专制统治。他废除了四帝共治制，分封他的子侄统治各地；废除了近卫军，改用皇帝直接控制的宫廷亲卫队来代替它，并降低边疆驻军的实力；同时进一步神化皇帝本人。因为上述种种举措，君士坦丁已足以排进世界历史上有影响的帝王之列。但还有一个更为深远的变化，使得人类文明几千年的发展都打上了他的烙印，那就是基督教。

君士坦丁是罗马第一位信仰基督教的皇帝。据说在米尔维安大桥战役的前夕，君士坦丁看到天空上闪耀着十字架样的火舌与这样的话："依靠此，你将大获全胜。"当君士坦丁在十字架的启示下赢得了米尔维亚桥战役的胜利，从此就皈依了基督教。

公元313年，君士坦丁和当时的东部皇帝李锡尼联合颁布了《米兰敕令》，给予基督教以合法地位，并归还了以前所没收的基督教堂和财产。君士坦丁从未将基督教定为国教，但他的政策明显是鼓励该教的发展。经君士坦丁时代之后，基督教的地位已不可动摇，终于在392年成为罗马帝国的国教，开始了在西方文化史上唯我独尊的时代。

君士坦丁死后，统治集团内部发生争夺帝位的长期混战，直到狄奥多西一世时才重新统一。公元395年，狄奥多西一世死后把帝国分给两个儿子，由此罗马帝国正式分裂为东罗马帝国和西罗马帝国。公元476年，西罗马帝国被日耳曼人所灭，而东罗马帝国转入封建社会，继续存在了近千年。

西罗马帝国灭亡

罗马不是一日建成的，但是罗马却是在短时间就被毁灭的。

当日耳曼人向罗马大举进攻的时候，匈奴人也向西推进。公元450年，他们在其首领阿提拉的率领下，以讨伐西哥特人为名，进入高卢。西罗马派大将阿提乌斯赶往救援。公元451年6月，匈奴大军与西罗马、西哥特联军大战于巴黎东南的特洛伊城（在塞纳河北岸）郊外。此役十分激烈，据说一日之内，死亡人数多达十五万余人，双方胜负参半。西哥特国王狄奥多利克阵亡，余部撤退；阿提拉亦退过莱茵河，来到匈牙利。

公元452年，阿提拉又聚集大军，向意大利进发，因军中发生瘟疫而撤回。次年，阿提拉死于新婚之夜。此后，匈奴势力逐渐衰落。

而另一股势力始终没有忘记对罗马的洗劫。公元438年，汪达尔国王盖撒里克摆脱了罗马宗主权，占领迦太基，建立一个独立的专制政权。公元455年，盖撒里克派遣战舰从北非进攻意大利，不久，攻陷罗马城。汪达尔人在罗马大掠十五天，他们有计划地洗劫该城，将许多珍贵艺术品抢掠一空，然后四处放火，把罗马城付之一炬后扬长而去。公元468年，东罗马帝国皇帝派出一千余艘战船和十万人支援西罗马，与盖撒里克的军队会战于迦太基附近，罗马军战败。公元476年秋，盖撒里克与西罗马皇帝订立和约，北非、科西嘉、撒丁尼亚、西西里等地成为汪达尔王国的领土。

到5世纪70年代时，西罗马帝国的领土仅限于意大利半岛，这个昔日的帝国已经四分五裂，一片凄凉。公元476年9月，日耳曼人雇佣兵首领奥多雅克废黜了最后一个罗马皇帝罗慕路斯。西罗马帝国终于在人民起义和外族入侵的浪潮中灭亡了。西罗马帝国原有的版图在数十年间已被西哥特人、汪达尔人、法兰克人、勃艮第人、东哥特人等瓜分占领。

中世纪

克洛维皈依基督教

公元 4 ~ 5 世纪，罗马帝国日益衰落，高卢在北方日耳曼蛮族不断渗透与入侵下，逐步被各日耳曼部落王国所分治。在这些日耳曼部落所建立的王国中，对欧洲、特别是对法国历史影响最大的要属定居于莱茵河右岸的法兰克人的部落，在这些部落中又以萨利克法兰克人和利普利安法兰克人两个支系最为强大。公元 481 年，萨利克法兰克人的一个首领希尔德里克亡故，他的十五岁儿子克洛维继承父亲之位成为了萨利克法兰克人的一位军事首领。

克洛维自青少年时期就显示出了非凡的军事才能和统治野心。公元 486 年，他通过与利普利安法兰克人联手在苏瓦松大败罗马帝国派驻高卢的驻军将领西格里乌斯，成功夺取法兰西岛，从而基本占领了高卢北部地区，并将他的都城从图尔移至巴黎，使法兰克王国粗具雏形。

迎娶勃艮第王国公主克洛提尔德是克洛维走向基督教的关键转折。这位身世凄苦的贵族后裔自幼笃信基督教，她在嫁给克洛维后不断向丈夫灌输基督教信仰，克洛维虽不信，但已在很大程度上受到了影响。

公元 496 年，法兰克人与定居在高卢东部并一度向北扩张的阿勒曼尼人展开激战，这一次克洛维没有得到老天的眷顾，他的军队屡遭重创，几乎到了全军覆没的境地。绝望中，克洛维想到了上帝，于是他跪下向上帝祈祷，发誓如果能够转败为胜，他将带领全部法兰克人皈依基督教。奇迹发生了，阿勒曼尼人发生了内讧，阿勒曼国王被杀，阿勒曼士兵见国王被杀，就全都投降了克洛维。

于是，克洛维于公元 496 年的圣诞前夜，在上帝的圣殿里承认了上帝是他所信仰的唯一的神，以圣父、圣子和圣灵的名义接受了洗礼，并用圣膏油涂上基督的十字架作为符号，皈依了基督教。在他之后，他的军队据称有三千多人也同样接受了洗礼。

自此以后，克洛维得到了罗马教会的大力支持，他也顶着基督教会保护人的名头，以帮助教会清剿异端为旗号，通过极其血腥和残暴的手段收服了勃艮第王国、驱逐了西哥特人，逐一征服了昔日各自为政的日耳曼蛮族各部落，最终完成了法兰克王国的霸业。

🕊️拜占庭帝国

公元 395 年，罗马皇帝狄奥多西去世，他把罗马帝国分为东、西两部分，让他的两个儿子各自为帝。东罗马帝国定都君士坦丁堡（原名拜占庭），所以又叫拜占庭帝国。

公元 476 年，西罗马帝国灭亡。此时的东罗马虽然表面上欣欣向荣，实际内部正统基督教与否认基督教神性和权威的阿利安派纷争不息，代表元老、大地主的蓝党与代表手工业者、商人的绿党不断发生冲突。查士丁尼就是在帝国岌岌可危之际登上了政治舞台。

此时的东罗马帝国的疆土包括巴尔干半岛、小亚细亚、叙利亚、巴勒斯坦、埃及等地。奴隶贸易仍相当盛行，半封建性质的隶农已经出现，但受到压制，发展不快。而在同一时期的西罗马帝国故地上，日耳曼人已建起一系列封建王国——如东哥特王国、西哥特王国、北非的汪达尔王国、法兰克王国等。农民获得一定的人身自由，新兴的封建主义生产关系显示了明显优于奴隶制的强大生命力。

查士丁尼深深地陶醉于昔日罗马帝国的强大之中，不能自拔，梦想有朝一日能够重新收复西罗马故地。为此，他开始着手准备。为了适应大规模对外战争的需要，查士丁尼首先在国内大肆搜刮百姓，以积累必要的战争物资。为解除战争的后顾之忧，公元532年，查士丁尼不惜以1.1万磅黄金为代价，与波斯订立停战和约。

公元533年，查士丁尼派大将贝利撒留率1.6万人马首先对北非的汪达尔王国发动了进攻，从而开始了长达二十年的西部征服战争。由于汪达尔王国事先没有认真做好战争准备，这场被东罗马大臣们看作凶多吉少的战争很快就见了分晓。汪达尔贵族盖利麦处死了国王希尔得利克之后，仓促应战，不久，又因兄弟战死，悲痛不已，使整个军队乱作一团，不战而败。盖利麦逃奔努米比亚避难，汪达尔王国灭亡。查士丁尼在收复汪达尔故地后，全盘复辟罗马奴隶制，遭到汪达尔人的反抗，直到公元548年，东罗马在北非统治才稳固起来。

公元535年，查士丁尼又下令贝利撒留兴兵意大利，征服东哥特王国。9月，东罗马军队占领了达尔马提亚；12月，东罗马军队进占西西里岛；第二年6月，包围了那不勒斯；战斗进行至此，东罗马军队几乎未遇到东哥特人的认真抵抗，一切都进展顺利。公元536年12月，贝利撒留军队进入罗马。

公元537年2月，贝利撒留在罗马遭遇了围困，东哥特人新国王维提斯率15万骑兵屯兵罗马城下，将贝利撒留大军围困城中达一年之久。后因东哥特人粮草不继，士气下降，加上查士丁尼援军的到来，贝利撒留才解困。

公元 539 年，贝利撒留率军围攻东哥特首都拉文那，城中守军苦战六个月，拼死抵抗，表现了英勇不屈的英雄气概。直至公元 532 年，东罗马军队才平定了东哥特人国王托提拉率领的反罗马大军。公元 554 年，又灭其余部，将法兰克人驱逐到阿尔卑斯山以北。

公元 554 年，查士丁尼借西班牙的西哥特王国发生内战之机，出兵西哥特占领西班牙东南部。此外，查士丁尼大军还占领了地中海上的科西嘉岛、撒丁岛及巴利阿里群岛。

查士丁尼的侵略战争，使被征服地区人民及东罗马国内原有的奴隶、隶农及手工业者处境更加悲惨。公元 565 年，查士丁尼去世。不久，东罗马帝国被征服的地区大都丧失。

日本大化改新

公元 593 年，圣德太子摄政后实行的"推古改革"，初步确立中央集权制和皇权中心思想，削弱了氏姓贵族奴隶主的保守势力。但改革没有触动部民制，更未摧毁氏姓贵族势力。圣德太子死后，外戚苏我氏专权，苏我虾夷、苏我入鹿父子排斥改革势力，杀死圣德太子之子山背大兄王，另立天皇。公元 640 年，圣德太子派到中国留学三十多年的高向玄理、南渊请安归国（此前僧旻已于 632 年归国），他们带回隋唐的封建统治制度和思想文化，并传授给皇室贵族，为日本的封建化提供了思想基础。

公元 645 年 6 月，中大兄皇子、中臣镰足等人在皇极天皇接见高句丽、百济、新罗使节时，于朝中杀死苏我入鹿，其父虾夷翌日自杀。这一事件史称乙巳之变。政变后，皇极天皇退位，革新派拥立孝德天皇，以中大兄为皇太子，中臣镰足为内臣，僧旻和高向玄理为国博士（顾问），建元大化，迁都难波（今大阪）。新政府以唐朝律令制度为蓝本，参酌日本旧习，规定了中央集权的封建国家体制。

公元 646 年元月，孝德天皇以诏书形式公布改新的主要内容：废止私有土地、部民，实行公地公民制，皇室贵族、地方豪族的部民和屯仓、田庄，均收归国有，但保留朝廷的手工业部民，国家赐大夫以上的高官以食封（按级别所赐封户的赋课）。确定中央、地方的行政区划和组织，中央分京师和畿内（京都周围地带），地方分国、郡、里。整备军事、交通制度。官吏由国家任免，废除世袭制。编制户籍、计账（规定赋役的登记），行班田收授之法，统定班给人民土地和应负租赋的数额。废旧贡纳制，实行租庸调的新税法及向皇室献纳仕丁（夫役）、采女（宫女）的制度。

"大化改新"是一场古代日本以学习和模仿古代中国隋唐的经济和政治制度为主要内容的改革。它废除了奴隶主贵族世袭制，形成以天皇为首的中央集权国家，使日本社会环境稳定，社会经济得到发展，日本由此从奴隶社会走向封建社会，为以后的繁荣奠定了基础。

阿拉伯帝国

阿拉伯帝国（632 ~ 1258 年）是阿拉伯半岛上的阿拉伯人于中世纪创建的一系列伊斯兰封建军事王朝。帝国形成之后，作为先知继承者的哈里发们为了巩固自己的统治，并满足阿拉伯人对商路和土地的要求，掀起了长达一百多年的扩张运动。阿拉伯人以惊人的速度崛起于拜占庭和波斯的南部边疆。通过不断地对外征战，他们建立了一个地跨亚、欧、非三洲的举世无匹的庞大帝国，鼎盛时期领土达到 1339 万平方公里，东起印度河和中国边境，西至大西洋沿岸，北达里海，南接阿拉伯海。

阿拉伯帝国经历了四大哈里发时期（632 ~ 661 年）、倭马亚王朝时期（661 ~ 750 年）和阿拔斯王朝时期（750 ~ 1258 年）。穆罕默德之后，阿拉伯国家的首脑称为哈里发，意为真主使者的继承人。最初的四大哈里发由穆斯林公社选举产生。

第一任哈里发是艾布·伯克尔（632～634 年在位），在其两年任内，平定穆罕默德去世后叛乱的各部落，恢复了阿拉伯半岛的统一。第二任哈里发欧麦尔（634～644 年在位），先后收复拜占庭帝国统治下的叙利亚、巴勒斯坦；同时派 4000 骑兵攻入埃及，占领了整个中东从伊拉克到波斯本土的广大地区，为阿拉伯帝国的建立奠定了基础。欧麦尔还在辽阔的领土上建立了行政管理体制。第三任哈里发奥斯曼（644～656 年在位）率四万阿拉伯铁骑主力军队消灭波斯萨珊王朝数十万大军，西至北非利比亚。在位期间，奥斯曼本人由于腐化，重用亲近、贪图享乐，引起穆斯林的不满，被拥护阿里而倒戈的士兵杀死。第四任哈里发阿里（656～661 年在位）执政时，阿拉伯统治集团内部争权夺利的斗争和教派分歧日趋激烈，先后爆发了三次内战。阿里在同叙利亚总督穆阿维叶的政治和军事斗争中失利。661 年，阿里遇刺身亡，四大哈里发时期遂告结束。

阿里死后，叙利亚总督穆阿维叶即位哈里发，以大马士革为首都，建立了倭马亚王朝，中国史称白衣大食。哈里发不再由选举产生，改为世袭，实际上成了帝国的君主。

倭马亚王朝政权巩固之后，对外又发动了大规模的战争。向东征服了中亚广大地区，势力直达印度河下游；向西扫荡了拜占庭在埃及以西的北非势力，于 711 年越过直布罗陀海峡，占领了安达卢西亚。至 8 世纪中叶，阿拉伯帝国的版图最终形成，成为地跨亚、非、欧三大洲的庞大封建军事帝国。

8 世纪 20 年代以后，阿拉伯统治集团之间的矛盾激化，内讧不止。一直受歧视、受压迫的非阿拉伯穆斯林纷纷揭竿而起。阿拔斯的后裔阿布·阿拔斯利用波斯籍释奴阿布·穆斯利姆在呼罗珊的力量，联合什叶派，于 750 年推翻了倭马亚家族的统治，建立了阿拔斯王朝，中国史称黑衣大食。9 世纪中叶后，阿拔斯王朝进入分裂和衰落期。1258 年，蒙古人入侵，最终结束了阿拔斯王朝，阿拉伯帝国就此瓦解。

🕊 查理大帝

公元 742 年，查理出生于法兰克王国的贵族家庭，其祖父查理·马特是墨洛温王朝大权实握的宫相。查理的父亲丕平原为法兰克王国大臣，废黜了墨洛温王朝的末代国君，取而代之，创造了加洛林王朝。查理自幼跟随父亲参与征战，精于武艺，具备军事才干。公元 768 年，其父去世。遵照遗嘱，在其弟弟卡洛曼患病去世后，查理合并了全部国土，成为加洛林王朝的第二代国王。

查理在位四十六年，先后发动了五十多次扩大疆域的战争。他的业绩不仅限于军事征服，在法律、经济、文化教育方面均有建树。查理是虔诚的基督徒，热爱圣奥古斯丁的《上帝之城》。在他一生的征战过程中，也把基督教推广到了所有被征服的土地上。

查理一生征战中，重要的战役和取得的成果有：公元 774 年征服伦巴德王国；公元 772 ~ 804 年多次进攻萨克森人，使其皈依基督教并夺取易北河流域广大土地；公元 787 年和公元 801 年两次出兵西班牙，夺得尼布罗河以北土地，建立西班牙边区；公元 787 年占领巴伐利亚；公元 796 年征服多瑙河中游的潘诺尼亚。公元 800 年，查理进军罗马，援救被罗马贵族驱逐的教皇利奥三世，并被教皇加冕为"罗马人的皇帝"。从此，法兰克王国成为"查理帝国"，查理国王则成了"查理大帝"。

在军事征服之外，查理大帝兴办学校，聘请知名学者讲学。搜集和抄写古代拉丁文和希腊文的手稿，抄写的文字是用所谓加洛林小草书体，这是一种清秀优美的拉丁字母，后来稍加修改一直使用至今。在修道院设立图书馆，收藏教父作品以及古希腊罗马作家的作品。查理还邀请欧洲最好的建筑师、雕刻家和画家，为帝国修建修道院和教堂。查理大帝的文化教育政策对于恢复古典文明和提高日耳曼人的文化水准，做出了积极的贡献，他在位这一时期的文化成就被后世誉为"加洛林文艺复兴"。

查理大帝死后不久，帝国就出现了分裂。公元843年，他的三个孙子各自为王，帝国一分为三。东法兰克王国成了以后的德国，西法兰克王国成了以后的法国，东、西部之间的地区则成了以后的意大利。法兰克人的语言也出现明显的分化，形成了法语、德语和其他西欧国家的民族语言。

🕊 诺曼征服战

1042年，代表盎格鲁—撒克逊旧王朝的爱德华登上英格兰王位。爱德华是一个懦弱无能的国王，曾长期流亡诺曼底。即位后，为了同国内封建贵族抗争，聘用很多诺曼教主，并和诺曼底公爵、他的表弟威廉结盟，以让他继承王位为许诺，借其力量巩固王位。1066年春，爱德华病逝，按照爱德华生前许诺，王位应由威廉继承，但按照盎格鲁—撒克逊法律，国王死后，王位继承问题应由贵族代表会议来解决。最后的选举结果，盎格鲁—撒克逊人大贵族哈罗德当选为国王。这一消息对威廉来说，不啻为严重的打击，他决心用武力从哈罗德那里夺取王位。

为创造有利的形势，威廉派使节游说当时最有影响的封建领袖罗马教皇亚历山大二世和神圣罗马帝国皇帝亨利四世，向他们控告哈罗德背信弃义，是一个篡位者和发伪誓的人。教皇支持威廉的行为，还赐给他一面"圣旗"。亨利四世也表示帮助威廉夺回王位。丹麦国王出于个人野心，也支持威廉。很快，威廉便拼凑出一个反对哈罗德的松散联盟。为解除后顾之忧，他与东面的弗兰德人订立同盟，在西面征服了布列塔尼，在南部占领了梅因。这一切为他入侵不列颠创造了有利条件。1066年春，他在里里波尼城召开封建主会议，制定进攻英国的方案。同威廉的积极活动形成鲜明对比的是，哈罗德却无所作为，对威廉外交活动的战略意义毫无觉察，这就在战争过程中使自己处于孤立无援的被动局面。

1066年8月初，威廉的进攻准备基本就绪，军队在第费斯河口集结待命。12日原本准备向不列颠进发，但为恶劣气候所阻。非常凑巧的是，在威廉的大军被天气所阻的这一个月内，英格兰发生了一场战争，这意想不到的插曲无疑是上天对威廉的恩赐。封建主托斯蒂格为哈罗德夺走了自己的伯爵领地而起兵反叛，挪威国王哈拉尔德三世怀着个人野心同托斯蒂格联手行动。他们曾兵临英格兰北部重镇约克城下，但终为哈罗德所败。

就在哈罗德获胜的次日，即9月27日午夜时分，威廉的远征军乘着凉爽的南风驶向海峡对岸。28日早上9时未遇任何抵抗便在佩文西湾登陆。此时，英格兰东南沿海地区门户大开，直到伦敦都无重兵防守，因为哈罗德正在约克庆祝自己的胜利。

10月1日，哈罗德得知这一消息后立即飞马赶回伦敦。由于事发突然，哈罗德来不及大规模动员，手下兵力只有未获充分休整的5000余人迎击威廉。

战局倒向了威廉，哈德罗在战斗中被砍死，英军很快就溃不成军。威廉大军接着直逼伦敦，伦敦投降代表向威廉表示屈服，并奉他为国王。1066年圣诞节，威廉在威斯敏斯特教堂被加冕为英国国王，号称"征服者威廉一世"，从此英国开始了历史上的诺曼底王朝。

奥斯曼土耳其崛起

奥斯曼土耳其人原属中亚阿姆河一带西突厥乌古斯人的卡伊部落，从事游牧，逐水草而居。13世纪初，蒙古人大举入侵中亚，卡伊部落首领埃尔图格鲁尔率部400多帐被迫西迁，进入安纳托利亚，信奉伊斯兰教（一说在中亚时已信伊斯兰教）。归顺塞尔柱突厥人的罗姆苏丹国，受封安纳托利亚北部的卡拉贾达地区，并委以守卫边境重任。埃尔图格鲁尔从毗邻拜占庭手中夺取瑟于特、多马尼奇等地，这成为奥斯曼国家的发祥地。

1281年，奥斯曼继其父埃尔图格鲁尔担任部落首领后，继续兼并拜占庭领土卡拉贾希萨尔、比莱吉克、亚尔希萨尔等地，定都耶尼谢希尔。1289年罗姆苏丹国被迫承认他夺取的领土为其封地。1299年，奥斯曼趁罗姆苏丹国分裂，正式宣布独立，称号"苏丹"。

1324年，奥斯曼之子奥尔汗继位后，首先攻占布尔萨，并迁都于此，正式宣布使用"苏丹"称号，立伊斯兰教为国教，实行伊斯兰教法，建清真寺和宗教学校。他继续向外扩张，先后又攻占尼西亚、尼科美底亚、斯库塔里、安卡拉等地，其势力达于马尔马拉海南岸地区及加利波里半岛。他开始建立常备军队，组建近卫军团（即童子军团），确立国家行政组织，中央设立迪万（即国务会议），任命维齐尔（即大臣），向各地派遣贝伊（即行政军事长官）和卡迪（即教法官），铸造统一钱币，成为奥斯曼国家的真正缔造者。

1360年，苏丹穆拉德一世继位后，向东南欧扩张取得决定性的进展。1362年，采取大规模军事进攻，占领埃迪尔内，并以此为都。接着又征服西色雷斯、马其顿、索菲亚、萨罗尼和整个希腊北部，迫使保加利亚和塞维利亚统治者称臣纳贡。1389年在科索沃战役中大败塞尔维亚、保加利亚、匈牙利联军。

苏丹巴耶济德一世（1389～1402年在位）征服多瑙河以南的巴尔干地区，初步统一安纳托利亚突厥塞尔柱各埃米尔公国。1394年，迫使埃及马穆鲁克王朝扶植下的哈里发穆泰瓦基勒赐封他为"罗姆苏丹"。1402年，帖木儿率军侵入小亚细亚，奥斯曼军队战败，巴耶济德一世被俘后身亡，其后代陷入内争。

苏丹穆罕默德一世结束分裂局面，收复帖木儿征战时丧失的领土。

1444 年，穆拉德二世对欧洲基督教王国作战，再次征服波斯尼亚和塞尔维亚，确立了在欧、亚所辖地区的统治。

君士坦丁堡的陷落

1453 年，欧洲历史的列车来了个急转弯。这个转折点，就在君士坦丁堡（今伊斯坦布尔）。奥斯曼土耳其帝国的大军攻占了这座当时东罗马帝国的首都，东罗马帝国至此灭亡，罗马时代结束，欧洲的中世纪也随之彻底寿终正寝。

1451 年，当十九岁的穆罕默德二世成为奥斯曼土耳其帝国苏丹时，东罗马帝国首都君士坦丁堡就成为他心中最想得到的东西。1453 年 3 月底，穆罕默德二世率领大军向君士坦丁堡进发。土军轻而易举地摧毁了由希腊人防守的前沿城堡。4 月 5 日，穆罕默德二世兵临君士坦丁堡城下。

君士坦丁堡城内守军只有 7000 人，其中 2000 人还是来自威尼斯和热那亚的雇佣兵，与土军兵力相差悬殊。君士坦丁十一世不得不向他厌恶的罗马天主教会求救，甚至期望西方再来一次十字军东征，然而，最终没有一支援兵到来。

4 月 6 日，攻城开始。土耳其人首先从西面猛攻，他们用每发炮弹重达 500 公斤的大炮对城墙狂轰乱炸，然后便扛着粗大的树干，滚动巨大的木桶，向护城壕冲去，企图把壕沟填平，但是却遭到了城中火绳枪的严厉打击，纷纷败下阵来。

强攻不行，土耳其人便打算挖地道，穿过护城墙和城墙，钻入城内，不料地道还没挖完，就被当地居民发现，他们用炸药将地道炸毁了。土耳其人见此计不成，又决定使用攻城塔车，在车上筑起塔堡，外面包着三层厚厚的牛皮，车上藏有炮火和弓箭手，还有一架用滑轮升降的云梯。

可是当塔车靠近城墙时，守城的官兵就往塔车内猛投蘸满松脂的火把，将塔车烧着，并用大杆推倒云梯，致使土耳其人又遭惨败。

由于屡战屡败，伤亡惨重，穆罕默德二世不得不重新考察君士坦丁堡的城防虚实，制订新的进攻措施。后来，他发现城北的金角湾水面不宽，东罗马人主要依靠铁索横江来阻挡进攻，倘若能绕过铁索，从水路登陆，进行偷袭，定能在敌军毫无防备的情况攻破城池。

于是，穆罕默德二世派人贿赂据守在金角湾北部加拉太镇的热那亚商人，使这些商人允许他们从加拉太镇通过。之后，土耳其人在加拉太北面铺设一条陆上船槽。船槽是用坚厚的木板铺成的，由高往低的滑行面，槽底又涂上很厚的一层牛羊油脂。靠着这条船槽，土耳其人经过一夜的努力终于奇迹般地将 80 艘战船拖运到了金角湾的侧面。在那里他们架起了浮桥，筑起了炮台，向君士坦丁堡发动了新的攻势。

最终，君士坦丁堡在两面受敌的情况下，被土耳其军队攻克，君士坦丁堡终于陷落了。土耳其士兵在城里连续三天三夜大肆烧杀抢掠，许多居民被掳为奴隶，壮丽豪华的王宫被付之一炬，许多珍贵文物被抢被烧，丧失殆尽。不久，奥斯曼土耳其帝国迁都君士坦丁堡，并将城名易为伊斯坦布尔，这个名称一直沿用至今。

🕊 俄罗斯的崛起

1283 年，莫斯科公国建国。刚一建国，第一个王公丹尼尔初登君位，就夺占了梁赞公国的一些地方，莫斯科公国长达数个世纪的扩张，就此拉开了序幕。

1303 年，丹尼尔去世，其子尤里即位。后来，尤里通过贿赂金帐汗国的乌兹别克得到弗拉基米尔大公之位（当时，鞑靼人的统治方法是，在诸俄罗斯公国中挑选一个王公，作为弗拉基米尔大公，代金帐汗向各国收取贡赋。当时，强大的特维尔公国王公米哈依，成为弗拉基米尔大公）。尤里即位后，对金帐汗忠心耿耿，尽心尽力为金帐汗收取贡赋。但这也引起了特维尔人的反抗，米哈依之子底米特里袭杀了尤里。

尤里被害后，其弟伊万即位莫斯科王公。1327 年，乌兹别克汗派鞑靼人进驻特维尔公国。鞑靼人骄横跋扈，特维尔人造反，杀了不少鞑靼人。乌兹别克汗大怒，伊万甘为马前卒，引五万鞑靼军摧毁了特维尔公国，乌兹别克汗遂改封伊万为弗拉基尔大公。

伊万利用替金帐汗收取贡赋的机会，中饱私囊，捞了不少，还帮金帐汗去镇压别的小公国，同时扩大自己的领土。到了他的孙子季米特里担任大公的时候，莫斯科公国的势力又进一步发展，领土面积进一步扩大。而此时，金帐汗国内部发生混乱，马麦汗篡夺大权，汗国开始走下坡路。底米特里决定举兵反抗，摆脱蒙古人的统治。

马麦汗大怒，率 20 万军队直扑莫斯科公国。1380 年 9 月，双方会战于顿河之滨的库利科沃原野。这时的鞑靼人，国势日衰，鞑靼军早已不复当年之勇，双方一场血战，马麦汗大败而走。

到了 15 世纪，莫斯科的伊万三世统一的俄罗斯，并最终击败蒙古人，结束了金帐汗国对俄罗斯长达两个半世纪的统治。

1689 年，彼得一世夺得政权，从此开始了雷厉风行的改革。彼得一世的改革，一举使俄国告别落后，开始步入欧洲强国之林。1721 年，彼得一世被尊称为彼得大帝，俄国正式称为俄罗斯帝国。

黑死病侵袭欧洲

从 1300 年前后一直到 15 世纪中后叶，世界各地灾难不断，其灾难之严重，持续时间之久，让许多人陷入了绝望，其中尤以在欧洲蔓延的黑死病所造成的危害最为惨烈，有 2500 万欧洲人丧生。

黑死病是因其可怕的症状而命名，其典型症状是患者的皮肤上会出现许多黑斑。病菌是通过老鼠传播的。一旦染上此病，人会高热不退且精神错乱，然后痛苦地死去，根本没有任何治愈的可能，大部分人在感染后的四十八小时内就会死掉。

黑死病最初是于1339年在中亚地区爆发的。随着带着黑死病病菌的老鼠的东奔西走，瘟疫开始迅速蔓延。其结果是印度人口锐减，蒙古统治下的西亚、美索不达米亚、亚美尼亚等地区尸横遍野。1347年，黑死病传到了横跨欧亚的君士坦丁堡和亚历山大城。次年初，上述两座城市的人口死亡数量剧增，亚历山大城一天就至少死亡1000人。而埃及另一座大城市开罗平均每天死亡至少7000人。

欧洲的灾难开始于1347年10月，一艘载有黑死病细菌的老鼠的船只从克里米亚半岛来到了西西里岛，该岛迅速被瘟疫笼罩。1348年年初，黑死病蔓延到了威尼斯和热那亚，随即扩至整个意大利。富裕的大城市佛罗伦萨受灾最为严重，城里的9.5万人死掉了5.5万人。与意大利毗邻的国家法国希望将瘟疫拒之门外，但为时已晚，黑死病已经在港口马赛登陆，并由此进入了西班牙，开始蔓延。1349年，英格兰南部和爱尔兰相继受到黑死病的威胁，随之瘟疫又扩展到了德国北部和北欧的瑞典。1532年，俄罗斯也未能幸免。

据估计，14世纪的一百年中，欧洲有大约2500万人死于黑死病，占当时欧洲人口的三分之一。不过，这次流行并没有到此为止。直到15世纪末，欧洲每十年就遭到一次黑死病的袭击。至于究竟有多少人死于黑死病，对于今天的人们仍是一个不确定的数字。此后三百年间，黑死病还曾多次暴发，可能总共杀死了多达2亿人。当时许多人将这场瘟疫视为"上帝对人间罪人的惩罚"，是"没有药可以克服或减轻的疾病"。

英法百年战争

1337 ～ 1453 年，英法两国先为王位继承问题展开争权夺利，之后演变为英国对法国的入侵，法国则被迫进行反入侵，从而进行长达一百一十六年的战争。

1337 年 11 月英王爱德华三世率军进攻法国，战争开始。1340 年，英、法两国发生海战，法军战败。英国控制了英吉利海峡。1346 年 8 月，双方在克雷西会战，英军大捷，乘胜进入诺曼底。1347 年攻占法国的加来。1356 年 9 月，普瓦提埃之战，法军大败，法王约翰二世（1350 ～ 1364 年在位）及众臣被俘，英借此向法国索取巨额赎金。1360 年法国王子查理被迫签订屈辱的《布勒塔尼和约》，把加来及法国西南部大片领土割让给英国。1364 年，王子查理继位，称查理五世（1364 ～ 1380 年在位），为了夺回失地，改编军队，整顿税制，紧张备战。1369 年起连续发动攻势，几乎收复全部失地，1396 年双方缔结二十年停战协定。

1415 年 8 月，英王亨利五世（1413 ～ 1422 年在位）趁查理六世（1380 ～ 1422 年在位）即位后法国统治阶级发生内讧之机，领兵进攻法国，10 月占领法国北部。1420 年，双方签订《特鲁瓦条约》，条约规定法国王太子的王位继承权转归英王亨利五世。亨利五世与查理六世之女结婚。这项条约实际上将法国分为由亨利五世、勃艮第公爵和法国王太子查理分别统辖的三个部分。

1422 年，法王查理六世与英王亨利五世先后去世，英方宣布由未满周岁的亨利六世（1422 ～ 1461 年，1470 ～ 1471 年在位）兼领法国国王。1428 年 10 月，英军围攻通往法国南方的要塞奥尔良城，形势危急。法国人民组成抗英游击队，袭击敌人。1429 年，法国女民族英雄贞德率军击退英军，解奥尔良城之围。此后，法国人民抗英运动继续高涨，英军节节败退。1429 年 7 月，王子查理在兰斯加冕，称查理七世。1435 年勃艮第公爵臣服于法王。1453 年 10 月，驻波尔多英军投降，除加来外，法国领土全部收复。至此，百年战争以法国的胜利而结束。

百年战争持续了一百一十六年，不论对英国或法国人民来说都是一场灾难，当时又是黑死病流行的时代，在战争和疫病的双重打击下，英、法两国的经济大受创伤，民不聊生。不过，因为这场战争，法国的民族意识开始觉醒，同时，英国失败后放弃了谋求大陆的企图，转而走向海洋扩张的道路。

天主教会大分裂

1378 ～ 1417 年，由于法国和德、意争夺对教廷的控制权，而造成天主教会同时有两个教皇对峙甚至三个教皇鼎立的分裂局面。

1377 年，阿维尼翁教皇格列高利十一世将教廷迁回罗马后，于次年 3 月去世。罗马城的市民决心将教廷留于罗马。枢机主教团在群众骚动的威胁下，选出意籍教皇乌尔班六世。他即位后力图消除法国对教廷的影响，引起在枢机主教团中占多数的法国人的不满。于是他们离开罗马，回到阿维尼翁，并声称被胁迫而选出的乌尔班六世职位无效，另选日内瓦枢机主教为教皇，称克雷芒七世，驻阿维尼翁。乌尔班则在罗马另设枢机主教团。因而形成天主教会大分裂的局面。

两位教皇互相攻讦，互相开除对方教籍，并同时向西欧各国征收贡赋和税金。各国则根据其对法国和德、意的政治态度和关系的亲疏，分别拥护其中一位教皇，而形成两个势力集团。当时承认罗马教皇的，除德、意外，还有与法国处于战争状态的英格兰和受德意志影响的波兰、波希米亚、丹麦、瑞典等。承认阿维尼翁教皇的除法国及其盟国西班牙外，还有与英格兰不睦的苏格兰和受法国影响的西西里和撒丁尼亚。各地教会则基本上按本国君主的态度行事。

天主教会大分裂真正起因并非教义、教规上的分歧，而是西欧各国封建统治者争夺权力的反映。后来，在法王查理六世和巴黎大学的倡议下，两处的枢机主教团于1409年在比萨举行会议，将罗马的格列高利十二世和阿维尼翁的本笃十三世同时废黜，另选教皇亚历山大五世。但格列高利和本笃分别得到一些国王支持，均拒绝退位，因而形成三位教皇鼎立的局面。

1414年，神圣罗马帝国皇帝西吉斯孟会同巴黎大学教会法学者和若干枢机主教，迫使亚历山大的继任者约翰二十三世在德国南部康斯坦茨召开公会议。约翰在会上遭到谴责，弃职而走。在西吉斯孟的坚持下，会议继续举行。结果约翰和本笃被废黜，格列高利被迫引退，另选为各方所接受的新教皇马丁五世。至此，延续四十年的天主教会大分裂才告结束。

🕊 玫瑰战争

玫瑰战争，或称蔷薇战争，指英国兰开斯特家族和约克家族的支持者之间为了英格兰王位的断续内战。两个家族都是金雀花王朝皇族的分支，是英王爱德华三世的后裔。玫瑰战争这个名称来源于两个皇族所选的家徽，兰开斯特的红玫瑰和约克的白玫瑰。

英法百年战争后期，除卡莱外，英国失去所有在法的据点，英贵族纷纷携械返乡，遂成地方强藩。英贵族间，久因在法前线争功积怨，彼此成仇，返乡后时有争端。英王亨利六世既失军功又无力重振威势，中央政府遂成积弱之势，无法主持公义，维护地方秩序，于是放任贵族持械私斗。

贵族们以兰开斯特家族与约克家族为首，分派对垒，互争王位控制权。从 1455 年始，三十年间，战事不断。英国贵族战死无数，许多旧家贵族因此绝嗣灭族。居领导地位之兰开斯特家族于 1477 年绝灭，大权旁落于其支派都铎家亨利之手；而约克家族亦于 1483 年绝男嗣，仅遗一女伊丽莎白。1485 年亨利都铎得贵族支持登英王基，翌年，娶约克家之伊丽莎白为妻，结束为期三十年的恩怨，开创英近代史之第一个王朝——都铎王朝。

在这次战争中，兰开斯特家族和约克家族同归于尽，大批封建旧贵族在互相残杀中或阵亡或被处决。新兴贵族和资产阶级的力量在战争中迅速增长，并成了都铎王朝新建立的君主专制政体的支柱。从这个意义上说，玫瑰战争是英国专制政体确立之前封建无政府状态的最后一次战争。恩格斯说："英国由于玫瑰战争消灭了上层贵族而统一起来了。"这对于英国历史发展来说，无疑是一件幸事。随着政治的统一，各地区的经济联系得到进一步加强，封建农业开始向资本主义农业转变，导致英国农村出现了许多资本主义农场，出现了一批与资本主义密切联系的新贵族，他们把积累起来的资本直接或间接地投入工业，使得英国工业、手工业迅速发展起来。

文艺复兴时期

谷登堡与印刷术

　　在中国的毕昇发明活字印刷术四百多年后，德国人谷登堡于 1450 年研制成功了利用铸造的活铅字进行活版印刷的技术，并在两年之后，建立了印刷所。这在欧洲及世界印刷史上留下了光辉的一页。

　　大约在 1389 年，约翰·谷登堡出生于德国一个叫美茵兹的村镇，小的时候，他家比较富裕。但是 1430 年左右，美茵兹村镇居民发生了冲突，谷登堡家族支持的一方在这场斗争中被击败，他们一家不得不仓皇逃到美茵兹以南 160 公里处的斯特拉斯堡。

　　此后，为了生计，谷登堡开始学手艺谋生，直到 1435 年。至于他从事何种职业，历史学家已无从考察。不过后来，他因商业纠纷被卷进一场诉讼之中，在诉讼中曾出现过"印刷"一词。由此可以推断，谷登堡研究印刷术至少是从那时候开始的。

　　15 世纪中叶，他开始致力于活字印刷的发明研究。鉴于制小号的木活字有困难，他选用金属材料，主要是含锑的铅锡合金（铅、锡、锑合金可以提高活字的硬度），并确定了三种金属含量的配比。他还发明了铸字盒、冲压字模、铸造活字的铅合金、木制印刷机、印刷油墨和一整套印刷工艺。

1450 年，谷登堡回到了美茵兹，专门从事印刷工作。为购置印刷工具，他向一个名叫约翰·福斯特的富翁借了八百个荷兰盾。因为此时的谷登堡已经一贫如洗，他连续多年从事印刷术的各种实验，耗尽了大量的钱财，付出了艰苦的努力，而印出的印刷品质量却一直不太理想，因此，他并没有从中得到任何收益。

1454 年，谷登堡开始出版拉丁文版本的《圣经》，版面分左右两排，每页四十二行，每页上都画有美丽的图案。谷登堡把自己的全部力量都倾注在这项工作上。如果完成这项工作，他将达到一生事业的顶峰，但就在这时，却发生了福斯特逼债威胁诉讼事件。

在诉讼中，谷登堡败北，他不得不将自己的印刷工具和机械全部抵押给福斯特。因此，谷登堡最终没有能完成《圣经》的印刷。《圣经》的印刷和发行最后是由福斯特和他的女婿彼得·舍弗尔共同完成的。

地理大发现

14、15 世纪，地中海沿岸一些城市出现了资本主义生产的最初萌芽，南欧一些国家的手工业及商业贸易有了相当程度的发展。一些商人渴望向外扩充贸易，获取更多财富。但从 15 世纪中叶起，土耳其奥斯曼帝国占据东西方交通往来的要地——君士坦丁堡及东地中海和黑海周围广大地区，对过往商人横征暴敛、多方刁难，加之频繁的战争和海盗活动，从而阻碍西欧与东方陆上贸易的通道；而由东方经由波斯湾—两河流域—地中海和经由红海—埃及—地中海的两条海上商路又完全为阿拉伯人所操纵。因此，欧洲商人和封建主为了获得比较充裕的东方商品和寻求更多的黄金，为了不受土耳其人、阿拉伯人及意大利人的层层盘剥，非常迫切地希望开辟通向东方的新航路。

15世纪起，葡萄牙人不断沿非洲西海岸向南航行，占据了一些岛屿和沿海地区，掠夺当地财富。1487～1488年葡萄牙人迪亚士到了非洲南端的好望角，成为探寻新航路的一次重要突破。1497年7月8日，葡萄牙贵族达·伽马奉葡王之命于从里斯本出发，绕过好望角，沿非洲东海岸北上，之后由阿拉伯水手马季得领航横渡印度洋，于1498年5月20日到达印度西海岸的卡里库特，次年载着大量香料、丝绸、宝石和象牙等返抵里斯本。这是第一次绕非洲航行到印度的成功，被称之为"新航路的发现"。

在葡萄牙组织探寻新航路的同时，西班牙也力图寻求前往印度和中国的航路。1492年8月3日，意大利人哥伦布奉西班牙国王之命，从巴罗斯港（即古都塞维尔，今称塞维利亚）出发，率领探险队西行，横渡大西洋，同年11月12日，到达了巴哈马群岛的圣萨尔瓦多岛（华特林岛），之后又到了古巴岛和海地岛，并于1493年3月15日回航至巴罗斯港。此后哥伦布又三次西航，陆续抵达西印度群岛、中美洲和南美大陆的一些地区，掠夺了大量白银和黄金之后返回西班牙。这就是人们所称谓的"新大陆的发现"。

1519年9月20日，葡萄牙航海家麦哲伦奉西班牙国王之命，率探险队从巴罗斯港出发，横渡大西洋，沿巴西东海岸南下，绕过南美大陆南端与火地岛之间的海峡（即后来所称的麦哲伦海峡）进入太平洋。1521年3月到达菲律宾群岛，麦哲伦死于此地。其后，麦哲伦的同伴继续航行，终于到达了"香料群岛"（今马鲁古群岛）中的哈马黑拉岛。之后，满载香料又经小巽他群岛，穿过印度洋，绕过好望角，沿非洲西海岸北行，于1522年9月7日回到西班牙，完成了人类历史上第一次环球航行。

"地理大发现"是社会生产发展的产物，是应封建社会日趋衰落、资本主义开始兴起的时代要求，是欧洲资本主义经济产生与发展对于扩大原料产地、市场以及交换手段的必然需要。它促进了资本主义的原始积累过程，对世界生产力分布产生了重大影响。

🕊 文艺复兴

文艺复兴是指13世纪末在意大利各城市兴起，以后扩展到西欧各国，于16世纪在欧洲盛行的一场思想文化运动。文艺复兴弘扬新兴资产阶级文化，冲破中世纪神学的束缚，揭开了近代欧洲历史的序幕。

当时，西欧的中世纪是个特别"黑暗的社会"，基督教教会成了当时封建社会的精神支柱，它建立了一套严格的等级制度，把上帝当作绝对的权威，一切都要遵循基督教的《圣经》，否则就要对其进行制裁，甚至处以死刑。在教会的管制下，中世纪的文学艺术死气沉沉，科学技术也没什么进展。

14世纪，随着工场手工艺业和商品经济的发展，资本主义关系已在欧洲封建制度内部逐渐形成；在政治上，封建割据已引起普遍不满，民族意识开始觉醒，欧洲各国大众表现了要求民族统一的强烈愿望。新兴资产阶级认为中世纪文化是一种倒退，而希腊、罗马古典文化则是光明发达的典范，他们力图复兴古典文化——而所谓的"复兴"其实是一次对知识和精神的空前解放与创造。

文艺复兴运动使正处在传统的封建神学的束缚中的人们得到解放，开始从宗教外衣之下慢慢探索人的价值，作为人，这一个新的具体存在，而不是封建主以及宗教主的人身依附和精神依附。文艺复兴运动充分地肯定了人的价值，重视人性，成为人们冲破中世纪的层层纱幕的有力号召。

文艺复兴运动对当时的政治、科学、经济、哲学、神学世界观等都产生了极大影响，是新兴资产阶级在意识形态领域里一场革命风暴。后来，文艺复兴逐渐从意大利向欧洲其他国家扩展，极大地促进了欧洲的发展，使欧洲成为近代最发达的地区。

🐌 文艺复兴三杰

但丁、彼特拉克、薄伽丘是文艺复兴的先驱者，被称为"文艺复兴三颗巨星"，也称为"文学三杰"（文艺复兴前三杰）。

文艺复兴运动起源于意大利北部，一般认为第一个代表人物是但丁，其代表作为《神曲》，他的作品首先以含蓄的手法批评和揭露中世纪宗教统治的腐败和愚蠢，以地方方言而不是作为中世纪欧洲正式文学语言的拉丁文进行创作。另一个代表人物是彼特拉克，他认为古希腊、罗马时代是人性最完善的时代，中世纪将人性压制是违背自然的。他虽然对拉丁文学有深入广泛的研究，但用意大利方言写了大量的以十四行诗为形式的抒情诗歌，受到各城市国家统治者的热烈欢迎。还有一位代表人物叫薄伽丘，其代表作《十日谈》批判宗教守旧思想，主张"幸福在人间"，被视为文艺复兴的宣言。

另外，16 世纪意大利文艺复兴时期绘画艺术臻于成熟，其代表画家有被誉为"艺术三杰"（文艺复兴后三杰），他们分别是达·芬奇、米开朗琪罗和拉斐尔。

达·芬奇把科学灌注于艺术思想之中，在解剖学、透视学、明暗法构图学等方面均有重要建树。主要作品有《蒙娜丽莎》《最后的晚餐》《自画像》等。在文艺复兴画家中，米开朗琪罗是最擅于通过人体肌肉的描绘来传达情感的画家。主要作品有《西斯廷教堂天顶画》《最后的审判》等。拉斐尔吸收佛罗伦萨画派与威尼斯画派的长处，形成独有的优美秀雅风格，擅于以世俗化形象描绘宗教题材。主要作品有《雅曲学院》《大公爵圣母》《椅中圣母》《奥尔良圣母》等。

🕊️ 马基雅维利与《君主论》

　　马基雅维利是文艺复兴时期著名的政治思想家，他是第一位将政治学与伦理学分家的政治思想家。

　　马基雅维利出生在佛罗伦萨一个没落贵族家庭，父亲曾是一名律师，但当他出生后，家中除了四壁图书外已经一无所有，所以他没有多少受学校教育的机会，完全依靠自学。

　　1494 年，美第奇家族对佛罗伦萨的统治被推翻，佛罗伦萨共和国成立。1498 年，马基雅维利出任佛罗伦萨共和国第二国务厅的长官，兼任共和国执政委员会秘书，负责外交和国防，会见过许多执掌政权的人物，成为佛罗伦萨首席执政官的心腹。他看到佛罗伦萨的雇佣军军纪松弛，极力主张建立本国的国民军。1505 年，佛罗伦萨通过建立国民军的立法，成立国民军九人指挥委员会，马基雅维利担任委员会秘书，并在征服比萨的战争中，亲临前线指挥作战。在神圣罗马帝国皇帝和教皇的矛盾中，他到处出使游说，力图使其和解，避免将佛罗伦萨拖入战争，并加强武装以图自卫。但当他于 1511 年前往比萨时，教皇的军队攻陷佛罗伦萨，废黜执政官，美第奇家族重新控制佛罗伦萨。马基雅维利丧失了一切职务。

　　洛伦佐·美第奇成为佛罗伦萨大公，1513 年马基雅维利被抓进监狱，受到严刑拷问，但最终被释放。已经一贫如洗的马基雅维利隐居乡间，开始进行写作。在此期间，他完成了两部名著《君主论》和《论蒂托·李维〈罗马史〉的最初十年》。

　　《君主论》是马基雅维利十四年政治生涯，特别是外交经历总结探索的结果。《君主论》是一本名副其实的惊世骇俗之书，对整个世界的政治思想和学术领域都产生了极为重要的影响。它作为第一部政治禁书而为世人瞩目。在人类思想史上，还从来没有哪部著作像《君主论》这样，一面受着无情的诋毁和禁忌，另一面却获得了空前的声誉。

《君主论》赤裸裸地将君王的政治行为和伦理行为截然分开，直言不讳地否定一般公认的道德。《君主论》主张一个君主为了达到自己的事业或统治目的，不要怕留下恶名，应该大刀阔斧，使用暴力手段解决那些非用暴力解决不了的事，不必要守信义，伦理道德可以抛弃不管，因为目的高于手段。在守信义有好处时，君王应当守信义。当遵守信义反而对自己不利时，或者原来自己守信义的理由不复存在的时候，任何一位英明的统治者绝对不能，也不应当遵守信义。

马基雅维利的《君主论》在打破了旧的、自欺式的政治家观点的同时，创立了新的政治学观点，为后人留下了极为宝贵的精神财富。

🕊 伟大的莎士比亚

威廉·莎士比亚（1564～1616年）是文艺复兴时期英国以及欧洲最重要的作家。他出生于英格兰中部斯特拉福镇的一个商人家庭。少年时代曾在当地文法学校接受基础教育，学习拉丁文、哲学和历史等，接触过古罗马剧作家的作品。后因家道中落，辍学谋生。莎士比亚幼年时，常有著名剧团来乡间巡回演出，培养了他对戏剧的兴趣。1585年前后，他离开家乡去伦敦，先在剧院打杂，后来当上一名演员，进而改编和编写剧本。莎士比亚除了参加演出和编剧，还广泛接触社会，常常随剧团出入宫廷或来到乡间。这些经历扩大了他的视野，为他的创作打下了基础。

他一生写了许多剧本和诗歌，流传下来的有三十七部戏剧、两首长诗和一百五十四首十四行诗。在莎士比亚的早期创作中，他的人文主义思想和独特的艺术风格逐渐形成，出色地反映了英国社会五光十色的画面。《罗密欧与朱丽叶》反映了人文主义者爱情理想和封建恶习之间的冲突，集中体现了莎士比亚个性解放的思想。同期的《威尼斯商人》则尖锐地讽刺了高利贷商人极端利己的本性，有深刻的社会意义。

莎士比亚创作高峰的标志是四大悲剧：《哈姆雷特》《奥赛罗》《李尔王》和《麦克白》。其中《哈姆雷特》堪称世界最佳悲剧，主人公哈姆雷特也成了最复杂的文学典型之一。莎士比亚晚年转入神奇剧的创作，寄希望于乌托邦式的理想世界，作品有《辛白林》《暴风雨》等。

莎士比亚戏剧的艺术特色主要在情节的生动性与丰富性的完美结合，人物形象具有高度的典型性，同时又有丰富多彩的个性特征。作品思想通过情节人物自然地表现出来。莎士比亚还是语言的大师，他吸收人民的语言、以及古代和当代的文学语言，运用得得心应手。剧中时用散文，时用诗体，毫不刻板。莎士比亚被同时代的戏剧家称之为"时代的灵魂"，马克思也把莎士比亚誉为"最伟大的戏剧天才"。

哥白尼与《天体运行论》

1473 年 2 月 9 日，哥白尼诞生于波兰西部的一个商人家庭里，他幼年丧父，由舅父抚养长大。舅父路卡斯·瓦兹洛德是埃尔门兰德地区的主教，非常热心对外甥的培养，这使哥白尼从小受到了良好的教育。

十八岁那年，哥白尼进了波兰的著名学府克拉科夫大学读书。当时，这所学校是闻名全欧洲的学术中心，尤以数学和天文学著称。在这里，他对天文学产生了浓厚的兴趣。1496 年，二十三岁的哥白尼来到文艺复兴的策源地意大利，在博洛尼亚大学和帕多瓦大学攻读法律、医学和神学，博洛尼亚大学的天文学家德·诺瓦拉对哥白尼影响极大，从他那里哥白尼学到了天文观测技术以及希腊的天文学理论。

在意大利期间，哥白尼就熟悉了希腊哲学家阿里斯塔克斯的学说，确信地球和其他行星都围绕太阳运转也即"日心说"是正确的。经过长年的观察和计算，哥白尼于 1514 年完成了他的伟大著作《天体运行论》。他在《天体运行论》中观测计算所得数值的精确度是惊人的。例如，他得到恒星年的时间为 365 天 6 小时 9 分 40 秒，比现在的精确值约多 30 秒，误差只有百万分之一；他得到的月亮到地球的平均距离是地球半径的 60.30 倍，和现在的 60.27 倍相比，误差只有万分之五。

1533 年，六十岁的哥白尼在罗马做了一系列的讲演，提出了他的学说的要点，并未遭到教皇的反对。但是他却害怕教会会反对，甚至在他的书完稿后，还是迟迟不敢发表。直到在他临近古稀之年才终于决定将它出版。1543 年 5 月 24 日，也就是哥白尼去世的前一天他才收到出版商寄来的《天体运行论》。

这本书出版后，果然遭到了罗马教廷的激烈反对，被列为禁书。宗教改革家马丁·路德也曾斥责哥白尼，说他妄想推翻《圣经》的权威论证。这种情况一直持续到三百年后的 1882 年，罗马教皇才最终承认哥白尼学说是正确的。

🕊 坚持真理的布鲁诺

布鲁诺是文艺复兴时期意大利天文学家、哲学家。1548 年诞生于意大利诺拉城一个农民家庭。布鲁诺家境贫寒，十岁就进了修道院，十五岁成为修道士。在修道院学习期间，他与文艺复兴时期的人文主义者交往密切，有机会阅读不少禁书。在读到哥白尼的著作后，他被哥白尼的太阳中心说所吸引，并为哥白尼著作中严谨的逻辑和精辟的论证所倾倒。

布鲁诺以天才的直觉，发展了哥白尼的宇宙学说，提出了宇宙无限的思想。布鲁诺认为，宇宙是统一的、物质的、无限的，太阳系之外还有无限多个世界，太阳并不静止，也处在运动之中，太阳并不是宇宙的中心，无限的宇宙根本没有中心。

年轻的布鲁诺成为哥白尼日心说的热心宣传者，走上了为捍卫和宣传哥白尼学说而奋斗到底的道路。因为遭到教廷通缉，布鲁诺不得不在1578 年离开意大利，先后流亡瑞士、法国、英国、捷克斯洛伐克、奥地利、匈牙利等国，长达十三年之久。布鲁诺每到一个地方，都积极批判宗教神学，热情宣传哥白尼的学说，反对托勒密的地心说。1583 年，布鲁诺来到伦敦，在这里度过了两年多安静的时期，他的哲学著作《论原因、本原和统一》以及《论无限的宇宙和多世界》就是在伦敦写作并于 1584 年出版的。

布鲁诺长期流亡在外，思乡心切。同时他也急切地想把自己的新思想和新学说带回来，献给自己的祖国。1592 年年初，布鲁诺不顾个人安危，回到威尼斯讲学，结果却落入了教会的圈套，被捕入狱。

布鲁诺在长达八年之久的监狱生活中，受尽酷刑，历尽了人世间非人的折磨和凌辱，但他丝毫没有动摇自己的信念，坚贞不屈，始终恪守自己的诺言，不放弃自己的学说和信念。

1600 年 2 月 6 日，宗教裁判所判处布鲁诺火刑，五十二岁的布鲁诺在熊熊烈火中英勇就义。他死后，教会甚至害怕人们抢走这位伟大思想家的骨灰来纪念他，匆匆忙忙把他的骨灰连同泥土一起抛撒在台伯河中。

1889 年的 6 月 9 日，在布鲁诺殉难的罗马鲜花广场上，人们树立起他的铜像，以作为对这位为真理而斗争，宁死不屈的伟大科学家的永久纪念。

伽利略与天文望远镜

伽利略于 1564 年 2 月 15 日出生于意大利西部海岸的比萨城，他原籍佛罗伦萨，出身没落的名门贵族家庭。伽利略的父亲是一位不得志的音乐家，精通希腊文和拉丁文，对数学也颇有造诣。因此，伽利略从小受到了良好的家庭教育。

伽利略十二岁时，进入佛罗伦萨附近的瓦洛姆布洛萨修道院，接受古典教育。十七岁时，他进入比萨大学学医，同时潜心钻研物理学和数学。由于家庭经济困难，伽利略没有拿到毕业证书，便离开了比萨大学。在艰苦的环境下，他仍坚持科学研究，攻读了欧几里德和阿基米德的许多著作，做了许多实验，并发表了许多有影响的论文，从而受到了当时学术界的高度重视。

1592 年，伽利略来到威尼斯的帕多瓦大学任教，开始了他科学活动的黄金时期。在这一时期，他研究了大量的物理学问题，如斜面运动、力的合成、抛射体运动等。他还对液体与热学做了研究，发明了温度计。

1609 年，伽利略制成了天文望远镜，并用这台望远镜去探索宇宙的奥秘，他发现月球的表面凹凸不平，有高山深谷；木星有四颗卫星围绕它旋转，金星和月亮一样有盈有亏；土星有光环；太阳有黑子，能自转；银河是由于千千万万颗暗淡的星星所组成。这些发现为哥白尼、布鲁诺的观点提供了有力的证据，对教会的信条进行了严厉的打击。

伽利略的科学发现，不仅在物理学史上而且在整个科学中上都占有极其重要的地位。伽利略留给后人的精神财富是宝贵的。爱因斯坦曾这样评价："伽利略的发现，以及他所用的科学推理方法，是人类思想史上最伟大的成就之一，而且标志着物理学的真正的开端！"

🕊 马丁·路德与宗教改革

马丁·路德是德国宗教改革的先驱和领袖。青年时代的路德系统地学习了天主教神学，研读了《圣经》。1511 年，路德受修道院的差遣朝拜罗马教廷，目睹了教皇和天主教会的腐朽糜烂，使他对教会的说教越来越感到怀疑，萌发了改革德意志宗教的思想。1512 年，马丁·路德获神学博士学位，并被任命为维登堡修道院的副院长和维登堡大学神学教授。他利用大学的图书馆潜心研读《圣经》，从《圣经》中悟出了

"信仰耶稣即可得救"的道理，初步在思想上否定了教皇的权威，立志要通过改革，实现民族复兴。

1517 年，教皇利奥十世以维修罗马圣彼得大教堂为名，派人到德意志兜售赎罪券，这成了宗教改革的导火线。天主教认为，世人"犯罪"后，就失落了上帝的宠爱，只有悔罪做善功以赎罪，才能获得"免罪罚"。因耶稣钉在十字架上所立的功劳无限，加上圣母和其他圣徒们的多余功劳，形成了教会的"功劳宝库"。个人能力有限，所做善功不足以完全补罪，教会可以从功劳宝库中取而赠之。教皇和主教就以此对教徒施行"大赦"。14 世纪以来，这类"免罪罚"的方式，逐渐演变成出售赎罪券的方式来进行。当时教皇特使宣称，只要购买赎罪券的钱一敲响钱柜，灵魂即刻应声升入天堂。

1517 年 10 月 31 日，马丁·路德以惊人的勇气在维登堡教堂门上贴出了《关于赎罪券的九十五条论纲》，简称"九十五条论纲"，就赎罪券问题提出异议，要求进行争辩。他在论纲里说：教皇无权免罪，他只能宣示和确证上帝对罪愆的赦免；当钱落入钱箱叮当一响，贪婪和爱财的欲念就会增加；基督教徒凡诚心忏悔者，不用免罪符也可以赦罪免罚。他还指出，符券贩卖者们关于免罪之道所作的胡乱宣传，会影响人们对教皇的尊敬，比如说，人们会问，既然教皇比当代最富有的人还富有，为什么他不拿自己的钱财来修缮圣彼得大教堂，而要用贫苦的信徒们的钱财呢？路德提出论纲的时候，并没有公开反对教皇，也没有想到要发动大规模的改革运动，但实际上论纲否定了教皇和教会的权威。所以，论纲犹如"放出闪电"传遍德意志，在德意志引起广泛讨论，激起了德意志民族反对罗马教廷的风潮，接着在西欧引起强烈的反响，揭开了欧洲宗教改革的序幕。

1520 年 8 月，他发表了《致德意志的基督教贵族书》，在信中痛斥罗马教廷对德意志的专横，主张君权神授，呼吁世俗君主建立不受罗马教廷控制的民族教会，企图以民族的世俗权威取代凌驾于国家之上的神权。

随着宗教改革的深入，闵采尔领导农民和平民掀起了新一轮宗教改革。闵采尔也主张信仰得救，但他认为信仰就是人的理性，号召用暴力手段实现社会变革，建立人人平等的"千年天国"。1524～1526年，德意志爆发了大规模的农民战争，全国大约有三分之二的农民参加了斗争。在农民战争中，教会的寺院、教堂被捣毁，教会财产流失，教士的威信扫地，农民战争动摇了天主教会在德意志的统治地位。

马丁·路德的宗教改革还为欧洲的其他国家和地区的宗教改革开辟了道路。发生在德国的这场改革很快波及了欧洲的其他国家和地区，加尔文教和英国国教先后创立，形成了基督教三大新教教派。

🕊 英西战争

西班牙是15、16世纪的海上霸主，到了16世纪下半叶，英国完成统一也开始推行殖民扩张政策，两国间爆发了争夺海上霸权的激烈战争。

西班牙拥有庞大的舰队，英国起初不敢正面交锋，于是采取海盗手段掠夺财富，打击西班牙力量。这期间英国招募和支持的大量海盗在大洋上对西班牙商船军舰大肆劫掠，英国以高官厚禄招募大批富有实战经验的海盗为皇家海军所用。英国的海盗活动使西班牙遭受了巨大损失。西班牙试图报复，暗杀英国女王伊丽莎白，扶植前苏格兰女王玛利亚上台，但阴谋被伊丽莎白识破，于1587年处死了玛利亚，同年英国海盗公然袭击西班牙本土港口，抢劫了西班牙国王的私人财宝船，西班牙决心征讨英国。在信奉天主教的玛利亚被处死后，罗马教皇颁布诏书，号召对英国进行圣战。西班牙借机扩编了舰队，命名为"无敌舰队"。

1588年5月，拥有130多艘战舰、3万多人、1124门火炮的"无敌舰队"由没有海战经验的西多尼亚公爵统率出航。7月到达英吉利海峡，英国舰队尾随前进不断以分队骚扰，逐渐耗尽了西班牙军舰的弹药，英舰经过重新补给后于7月28日夜用火船偷袭在敦刻尔克附近驻泊的"无敌舰队"，西班牙舰队大乱，英舰队全速追击，第二天上午9时双方交火，英舰以纵队靠近西班牙舰队利用侧舷炮密集射击，"无敌舰队"弹药耗尽，无法组织有效的抵抗，被彻底击溃，西班牙自此丧失了制海权。

之后，英国派出海军和海盗配合继续扫荡西班牙海上力量，西班牙为弥补国库空虚疯狂掠夺美洲殖民地，但财富大部分在海上被劫掠，1702年，西班牙满载价值2000多亿英镑财宝的"黄金舰队"遭150多艘英荷联合舰队拦截，西班牙人焚毁了大部分船只，其余被联合舰队俘获，所获数百亿英镑。此后西班牙日渐衰落，英国获得了海上霸主的地位，建立了庞大的殖民帝国。

🕊 尼德兰革命

自16世纪以来，尼德兰城乡资本主义发展迅速。北方以荷兰、泽兰两省的工商业最为发达，毛织业、麻织业、造船业极负盛名，航海业和渔业的水平相当高。阿姆斯特丹等城市出现大规模的、集中的手工工场。农村中的大部土地掌握在大富商手中，北方诸省在经济上与西班牙联系很少。南方诸省的手工工场也有广泛发展。在农村，资本主义农场的经营形式也出现了，安特卫普成为当时世界上最重要的商业中心之一，但南方诸省在经济上与西班牙及其殖民地有密切联系。

经济的发展引起阶级关系的变化。北方的贵族阶级逐渐与资产阶级接近，变为新贵族。市民阶级也在急剧分化。西班牙统治者查理一世和腓力二世及其控制的天主教会推行专制主义，任意破坏尼德兰各省区和城市的特权，勒索大量捐税；设立宗教裁判所，残酷迫害新教徒。这一政策严重地束缚了尼德兰资本主义的发展，加剧了阶级矛盾和民族矛盾。

16世纪60年代初，加尔文教新教徒多次举行反对天主教会的武装暴动。1565年荷兰省督威廉一世组织"贵族同盟"，次年4月向西班牙驻尼德兰总督玛格丽特呈递请愿书，提出停止宗教裁判所的活动等项要求。这说明新贵族和资产阶级再也无法忍受西班牙的统治。尼德兰革命形势成熟。

1566 年 8 月，尼德兰爆发反对天主教会的圣像破坏运动。同年 10 月参加起义者达数万人。后由于资产阶级和贵族同盟的动摇、妥协，1657 年春运动遭镇压。同年 8 月，西班牙国王腓力二世派阿尔法为尼德兰总督。阿尔法设"调查骚乱委员会"，血腥镇压尼德兰革命者，并推行新的税制。尼德兰人民在南方密林中，组成"森林乞丐"游击队；在北方沿海，组成"海上乞丐"游击队，英勇反抗西班牙的暴政。

1572 年，北方各省举行大起义，解放了荷兰、泽兰两省的大部。同年 8 月威廉一世被推为北方各省执政。南方革命形势也日趋高涨。1576 年 9 月 4 日，布鲁塞尔爆发起义，推翻了西班牙在尼德兰的统治机构。1576 年 11 月 8 日，南北各省代表缔结《根特协定》，恢复南北统一，共同反对西班牙的统治。慑于革命的不断深入，在西班牙增兵的情况下，西南几省贵族于 1579 年 1 月 23 日结成阿拉斯同盟，宣布承认腓力二世对尼德兰的主权，天主教神圣不可侵犯。北方 7 省和南方部分城市为对抗西南几省贵族的背叛，于同年 1 月 6 日结成乌得勒支同盟，规定建立统一的军队，采取统一的税率、币制和度量衡制，制定共同的军事、外交政策。同盟促使北方 7 省完全摆脱西班牙的统治，为联省共和国的成立奠定了基础。

1581 年，由北方各省代表组成的三级会议宣布废黜腓力二世，正式成立联省共和国。由于荷兰省在联省中的经济和政治地位最重要，因此亦称荷兰共和国，简称荷兰。随后，荷兰在军事和外交上取得反西班牙斗争的胜利。1609 年 1 月 9 日，西班牙国王腓力三世被迫与荷兰签订《十二年停战协定》，在事实上承认了荷兰的独立。尼德兰革命在北方获得完全胜利。

尼德兰革命以加尔文教为旗帜，以城市平民为斗争的主力，推翻了西班牙在尼德兰的专制统治，在欧洲建立第一个资产阶级共和国，为资本主义在尼德兰北部的发展开辟了道路。

🕊 三十年战争

13 世纪以后，哈布斯堡王朝统治下的神圣罗马帝国皇权日益衰微，各邦诸侯割据称雄。信奉新教（路德教、加尔文教）的诸侯和信奉旧教（天主教）的诸侯在宗教纠纷的掩饰下争夺地盘和反对皇帝专权，并分别组成"新教联盟"和"天主教联盟"。哈布斯堡王朝极力限制新教活动，争取旧教诸侯重振帝国皇权，并得到罗马教皇、西班牙和波兰贵族的支持。法国为称霸欧洲，力图使德意志保持分裂状态，支持新教诸侯反抗皇权；丹麦、瑞典早已觊觎北海和波罗的海的德意志领土和港湾；荷兰和英国则不愿帝国势力在北欧扩张，英国还企图削弱西班牙的势力。因此，这些国家都支持新教联盟。

神圣罗马帝国皇帝马蒂亚斯企图在捷克（波希米亚）恢复天主教，指定斐迪南二世为捷克国王。斐迪南二世下令禁止布拉格新教徒的宗教活动，拆毁其教堂，并宣布参加新教集会者为暴民。1618 年 5 月 23 日，武装群众冲进王宫，把皇帝的钦差从窗口抛入壕沟，史称"掷出窗外事件"，它成为三十年战争的开端。

第二年，起义军进攻奥地利，包围了维也纳，斐迪南惊恐万分，急忙向天主教同盟求救。1620 年，提利率领天主教联盟军队 2.4 万人攻入捷克，击败起义军。1620 年 11 月，曼斯菲尔德统率的新教联盟军和提利天主教联盟军在布拉格决战，新教盟军很快被击溃，起义者被血腥镇压。1620 年底，西班牙军和天主教联盟军攻入普法尔茨，1623 年再度击败新教联军。

天主教联盟的胜利威胁到了德意志新教诸侯，1625 年丹麦在英法荷盟国的支持下和新教联盟联合向帝国皇帝发起进攻，很快攻入德国西北部，曼斯菲尔德率英军占领捷克西部。1624 年皇帝起用华伦斯坦雇佣军。4 月华伦斯坦击败曼斯菲尔德，之后击败丹麦，控制了萨克森地区。

丹麦被迫于次年 5 月同皇帝签订《吕贝克和约》退出德意志。

丹麦失败后皇帝和天主教联盟势力扩张到波罗的海，引起瑞典的不满，1630 年瑞典国王古斯塔夫·阿道夫二世在法国支持下在奥德河口登陆，在盟国支持下迅速攻占了德国北部和中部的大片领土。1631 年 7 月，瑞典军和提利雇佣军进行维尔本会战，提利溃败，9 月 17 日，双方集中主力进行布赖滕菲尔德会战，瑞典和萨克森联军依靠古斯塔夫创造的全新战术大败提利，1632 年 4 月古斯塔夫帅新教联盟军在莱茵河再次击败提利残部，提利阵亡，瑞典军进而驱逐西班牙军占领莱茵区。皇帝再次起用华伦斯坦，华伦斯坦切断了瑞典军后勤补给线，阻止了瑞典军的攻势，1632 年 11 月两军在吕岑决战，瑞典军获胜，但双方均损失惨重，古斯塔夫二世阵亡，这使得瑞典军停止了扩张。

1634 年 9 月，天主教和西班牙联军在纳德林根会战中击败瑞典和新教联军，瑞典军损耗严重，失去了德意志中部的萨克森和勃兰登堡领地。

1635 年，法国直接出兵德意志、尼德兰、意大利、西班牙。瑞典军趁机再次侵入德意志中南部。1642 年 11 月瑞典军再次在布赖滕菲尔德击败皇帝军，此时丹麦却向瑞典宣战，于 1644 年击溃瑞典荷兰联合舰队，不久瑞荷联合舰队歼灭了丹麦海军，丹麦退出战争。1645 年 3 月，瑞典军在捷克重创皇帝军，同年 8 月法军又在纳林根会战中击败皇帝军，皇帝丢失大部分德意志领土，1648 年法瑞联军在处斯马斯豪森会战中彻底击败皇帝军。同年 10 月神圣罗马帝国和参战各方签订《维斯特伐利亚和约》，三十年战争结束。

三十年战争是第一次对立集团间爆发的欧洲大战，反哈布斯堡集团取得胜利，法国取得欧洲霸权，瑞典取得波罗的海霸权，荷兰和瑞士彻底独立；德意志遭到严重破坏，神圣罗马帝国名存实亡，西班牙进一步衰落，葡萄牙获得独立。这场战争过后，新教取得了合法的地位，教皇的权势一落千丈，从此对欧洲政治的影响微乎其微。

资产阶级革命时期

> 革命革到这个份上，当然就不可能是温文尔雅的了，事实上众所周知，在法国大革命当中充斥着很多惨烈的现象。
> ——高毅 北京大学历史系教授，研究欧美近现代史、法国史

英国资产阶级革命

17世纪中期，英国通过殖民扩张，已经变成拥有广大殖民地的海上强国。市场扩大了，财富也随之增加了，同时国内工场手工业也已经有了很大的发展。资本主义经济的发展大大增强了资产阶级和新贵族的势力。当时英国的封建经济基础瓦解了，但是保护它的上层建筑却不愿自动退出历史舞台，这成为资本主义进一步发展的最大阻碍。

到了斯图亚特王朝统治时期，国王詹姆士·斯图亚特、查理一世实行专制政策，在政治上、经济上、宗教上都触犯了新兴资产阶级的利益，使得社会矛盾日益尖锐，最终导致了英国资产阶级革命的爆发。

首先起来反抗查理一世统治的是苏格兰人民。当时苏格兰和英格兰虽然都由查理一世统治，但苏格兰内政仍保持一定的独立性，与英格兰是两个国家。查理一世把专制统治推行到苏格兰，引起苏格兰人民的愤怒，苏格兰贵族和资产阶级发动了反英战争，并于1639年攻入英格兰北部。

查理一世为了筹划军费镇压起义，被迫于 1640 年恢复长期关闭的议会，英国资产阶级革命也由此开始。资产阶级和新贵族联合起来，利用议会同国王进行斗争，他们要求限制王权，取消国王的专卖权，监督国王和大臣的活动。最终，查理一世挑起了内战，组织王军向议会军进攻。

1643 年，克伦威尔在英格兰东部募集了一支主要由自耕农和城市平民组成的骑兵，在马斯顿荒原战役、纳西比战役等战役中屡次击溃王党军。内战结束后，1649 年，查理一世被送上断头台处死。英吉利共和国时代开始。

不过在 1653 年，克伦威尔却发动政变，解散议会，英国由此进入克伦威尔独裁时期。克伦威尔死后，英国又重新陷入混乱。1660 年，斯图亚特王朝复辟，他们推行反动政策，实行血腥报复，严重损害了资产阶级和新贵族的利益。

最终在 1688 年，支持议会的辉格党人与部分托利党人邀请詹姆士二世的女儿玛丽和时任荷兰奥兰治执政的女婿威廉（后来的玛丽二世和威廉三世）回国执政，发动宫廷政变，推翻斯图亚特王朝封建统治，建立了资产阶级新贵族的统治，史称"光荣革命"。

英国资产阶级革命的过程历时约半个世纪，交织着议会斗争和革命战争，共和与独裁，复辟与反复辟的曲曲折折。最终通过资产阶级与地主贵族的妥协（1688 年"光荣革命"）而宣告结束。这当中反映了当时资本主义还处在工场手工业阶段，资产阶级的力量还不足以最后战胜封建主义，于是采取了妥协的方式。

但是，资产阶级和新贵族却利用了自己在议会中占多数的有利条件，使议会通过了限制国王权力的《权利法案》，在英国确立君主立宪制的资产阶级专政方式，不仅为英国资本主义经济发展和资本主义政治、经济制度的建立开辟了道路，它还反映了世界历史发展的趋势，对欧洲和世界其他地方都有广泛的影响，标志着一个新的历史时期的到来。

🕊 《权利法案》

1660年斯图亚特王朝复辟后，开始倒行逆施，不仅大力压制反对派，企图恢复国王集权，而且企图在英国恢复天主教，这引起了当时英国辉格党和部分托利党人的反对，矛盾逐渐激化。

恰好此时，信奉天主教的詹姆斯二世的第二个妻子生了一个儿子，父传子继，这位未来的国王将来肯定会信奉天主教！这样，原来人们认为在詹姆斯二世死后，他的信奉新教的女儿将继位的希望化为泡影。为防止天主教徒承袭王位，资产阶级和新贵族决定推翻詹姆斯二世的统治。于是他们决定采取行动，包括伦敦主教在内的几位著名人物发送了一封密信给在荷兰的信奉新教的詹姆斯二世的女儿玛丽和女婿威廉，邀请他们到英国来保护英国的"宗教、自由和财产"。在威廉看来，他最关心的是如何能为他的妻子和他自己争夺英国王位的继承权，同时他也认为他入主英国可以防止英国同法国结盟以共同反对荷兰，因而接受了邀请。

为了避免当年（1660年）邀请斯图亚特王朝复辟的前车之鉴，英国决定以法律形式限制国王的权力，保证自己的权力，于是在议会上、下两院共同召开的全体会议上，向威廉和玛丽提出了一个"权利宣言"，要求国王以后未经议会同意不能停止法律的效力，不经议会同意不能征收赋税，今后任何天主教徒不得担任英国国王，任何国王不能与罗马天主教徒结婚等。威廉接受了这些要求，即英国王位，是为威廉三世，玛丽即位为英国女王，是为玛丽二世。

1689年10月，议会通过了"权利宣言"并制定为法律，是为《权利法案》。《权利法案》的制定，对英国社会的发展有着重要的意义，它以法律的形式确立了议会主权，国王的权力受到议会的明确限制，这也标志着英国确立了君主立宪制的资产阶级统治。

🕊 普鲁士的崛起

在复杂的近代欧洲，普鲁士曾经是一个非常小的国家，只是破碎的德意志联邦中的一员，贫穷落后，一度沦为波兰的附庸国。当欧洲爆发工业革命时，普鲁士依然是个农业国，还保有农奴制，其工业化进程晚于英国法国，而且是个内陆国，没有多少海外贸易，四面被当时的欧洲列强包围。然而，从18世纪开始，不到一百年内普鲁士迅速崛起，先是成为欧洲强国，随后又统一德国，成为一个军事强国，在"一战"前它的工业实力也超过了英法的总和。普鲁士是如何崛起的呢？

让我们来解开这个谜团：真正影响并促使普鲁士崛起的是四位君侯——大选侯腓特烈·威廉、腓特烈一世、腓特烈·威廉一世以及腓特烈二世。这四位统治者对普鲁士的诸多建树为普鲁士的强大奠定了良好的基础。

而真正使普鲁士步入欧洲强权之林的，是被尊称为"大帝"的腓特烈二世。腓特烈二世即位后，勤于政事、励精图治。他每天早上四五点就起来，一直忙于政事直到深夜。他的生活十分简朴，他要求他的官员严格遵守法律，发现贪污行为，严惩不贷。因此，在当时的欧洲，其他各国贪污腐败成风，只有普鲁士的官员清廉。

为了使普鲁士跃上强国的位置，腓特烈二世可以说采取了最直接、毫不隐藏的方式，即是战争。在腓特烈二世一生的执政中，通过两场著名的战事——西利西亚战争和七年战争，夺取的大量土地，大大增强了国力。1772年，腓特烈二世又勾结奥地利和俄国瓜分波兰，夺取了3.6万平方公里的土地。法国一位高级官员不得不惊叹："别的国家是拥有一支军队，而普鲁士则是军队拥有一个国家！"

除了战争外，外交的手段亦是腓特烈二世重要的方法之一，尤其是当战争的预期目标达成时，腓特烈二世会立即和敌方签下和约以确保战果，如1742年的《布勒斯劳条约》即是一例；可一旦局势又转为对普鲁士不利时，腓特烈二世又立即撕毁和约投入战场。就这样，通过不断的战争和外交手段夺取地盘，腓特烈二世树立了"军事天才"的个人荣誉，他也将普鲁士变为一个军事强国。

腓特烈二世同时还从伏尔泰那里接受了启蒙主义思想，改进司法和教育制度，腓特烈二世鼓励宗教信仰自由，并扶植科学和艺术的发展。到1786年，普鲁士已经成为欧洲强国之一，其行政机构的高效率和廉洁为欧洲之首。

1786年8月17日，腓特烈二世去世，他被尊为"大帝"。他身后无子，由侄子继承，是为腓特烈·威廉二世。

英法七年战争

英法七年战争是指1756～1763年间英国—普鲁士同盟与法国—奥地利—俄国同盟争夺殖民地及欧洲霸权的战争。汉诺威等少数德意志诸侯国参加英普同盟，瑞典、萨克森和大多数德意志诸侯国以及西班牙则参加法奥俄同盟。战场遍及欧洲、北美、印度和海上，陆战以欧洲为主战场。由于参战国家众多，温斯顿·丘吉尔认为这才是真正的第一次世界大战。

引起这场战争的矛盾极为错综复杂，起决定作用的是英法之间争夺海外殖民地的冲突和普奥之间争夺霸主地位（特别是奥地利企图夺回被普鲁士占领的西里西亚）的冲突。俄国企图遏制新兴的普鲁士并扩大自己在西方的领土，也是导致战争的重要因素。英国主要发挥海军优势，全力争夺法国的海外殖民地。

1756年8月，普鲁士国王腓特烈二世为防止反普势力联合，率先出击。他率9.5万人突袭萨克森，迫其投降。1757年4月，普鲁士对奥开战，5月在布拉格之战中击败6万奥军，但6月在科林地区遭道恩元帅指挥的奥军的沉重打击，尔后转战西里西亚。同时，法军10万人进战汉诺威，瑞典军1.6万人在波美拉尼亚登陆。同年5月俄军开始行动，以占领东普鲁士为当前目标；8月底，在大耶格斯多夫地区遭普军袭击，俄军虽反败为胜，但年底主动撤退。同年11月，普军在罗斯巴赫打败法军，12月又在吕岑打败奥军。1758年年初，俄军重新发动对东普鲁士的进攻，占领柯尼斯堡，进而向普鲁士腹地进军。弗里德里希二世率主力前往堵截；8月下旬措恩多夫一战，俄军伤亡惨重，普军也付出巨大代价；年底，俄军撤回本土过冬。1759年，俄奥两军预计会师于奥得河地区，尔后向普鲁士腹地发展攻势。弗里德里希二世企图对俄奥两军各个击破。

8月12日，俄奥联军在库勒尔斯多夫地区与普军发生激战。俄军统帅萨尔特科夫根据地形特点部署防御，弗里德里希二世仍用老一套打法，结果招致惨败，普鲁士从此转入战略防御。战争随后又拖了4年之久，双方各有胜负。

同年在西线，法军同普军进行了黑森—卡塞尔之战和汉诺威之战。1760年10月，俄军一部在奥军配合下乘虚偷袭柏林。翌年夏，俄军在瑞典舰队支援下围攻沿海要地科尔贝格，年底占领。在海上战场，英法进行了激烈的角逐。1756年5月，在地中海梅诺卡岛海战中，法舰队获胜。

在1758年以后，法国由于深陷欧洲战场，在海上和海外殖民地争夺战中处境不利。1760年英国占领法属加拿大、路易斯安那一部分、佛罗里达和法属印度的大部分。1762年年初，交战双方都已疲惫，普鲁士尤甚。亲普的俄国沙皇彼得三世·费多罗维奇继位后，宣布俄国退出反普同盟，将俄军攻占的全部土地归还普鲁士，并进而同普鲁士结盟。

此举使普鲁士转危为安，同时导致法奥俄同盟瓦解。各国相继停战议和。1763 年 2 月，英法缔结《巴黎和约》，普鲁士与奥地利、萨克森签订《胡贝图斯堡和约》。《巴黎和约》规定法属加拿大和印度等殖民地归英国；《胡贝图斯堡和约》规定西里西亚仍归普鲁士所有。一场规模浩大、席卷欧洲的战争宣告结束。

在这次战争中，英国获益最大，从此成为海上霸主。法国受到削弱；俄国加强了在欧洲的强国地位；普鲁士则巩固了在德意志的特殊地位，欧洲的格局由此发生了较大的变化。

波士顿倾茶事件

1773 年，英国政府为倾销东印度公司的积存茶叶，通过了《救济东印度公司条例》，它给予东印度公司到北美殖民地倾销积压茶叶的专利权，免交高额的进口关税，只征收轻微的茶税，条例明令禁止殖民地人们贩卖私茶，东印度公司因此垄断了北美殖民地的茶叶运销，输入的茶叶价格较私茶居然便宜一半还要多。这个条例引发了北美殖民地人民的极大愤怒，因为当时北美殖民地的人们饮用的走私茶占消费量的十分之九，买走私茶的人是相当多。

当年的 11 月，7 艘大型商船浩浩荡荡开往殖民地，其中 3 艘开往波士顿，其他 4 艘分别开往纽约、查里斯顿和费城，船还没靠岸报纸评论便充满了火药味，纽约、查里斯顿和费城三地的进口商失去了接货的勇气，数以吨计的茶叶不得不再被运回伦敦。而运往波士顿的 3 艘茶叶，命运更加的惨，1773 年的 12 月 16 日，塞谬尔、亚当斯率领 60 名自由之子化装成印第安人潜入商船，把船上价值约 1.5 万英镑的 342 箱茶叶全部倒入大海。

北美人民为什么要拒绝价格便宜的东印度公司的茶叶？东印度公司

倾销的茶叶虽然比较便宜，但那是为了打压本土的价格倾销，当时的美国人的提倡自由的意愿特别强烈，他们不想看到这样的结局，因为一时价格的便宜打压了本土的茶叶销售，会导致很多的走私和本地种植的茶叶商人无法生存，最终导致茶叶渠道完全落入英国的东印度公司手中，那时茶叶价格将被操纵，违反了市场公平竞争。

波士顿倾茶事件被认为是对殖民政府的挑衅，英国政府派兵镇压，终于导致 1775 年 4 月美国独立战争的第一声枪响。

🕊️ 莱克星顿的枪声

18 世纪后半期，英国在大西洋沿岸建立了 13 个殖民地。每个殖民地都由英国派来的总督统治。这时的殖民地已经开发了大量的种植园，建立了纺织、炼铁、采矿等多种工业，经济比较繁荣。

英国政府为了增加财政收入，不断增加殖民地的税收，对殖民地进行蛮横的压榨和残酷的剥削。1765 年，英国人又想出个新花样：印花税。他们规定，一切公文、契约合同、执照、报纸、杂志、广告、单据、遗嘱等，都必须贴上印花税票，才能生效流通。这激起殖民地人民极大的愤怒，于是，"自由之子""通讯委员会"等秘密反英组织相继出现，各地都发生了反英事件，抵制英货、赶走税吏、焚烧税票、武装反抗等事件不断发生。

1775 年 4 月 18 日，英国总督得知离波士顿不远的康科德藏有民兵军火武器，于是派出士兵前往查缴没收。工兵保尔·瑞维尔得知消息后，星夜疾驰，通知各个村庄的民兵组织起来，迎击英军。英军和民兵在莱克星顿发生激战，英军尽管赶到康科德，夺取了部分武器，但损失惨重，被迫退回波士顿。莱克星顿的枪声，揭开了美国独立战争的序幕。

1775 年 4 月 19 日，在莱克星顿打响第一枪的美国独立战争，是北美殖民地人民为反对英国殖民统治，争取民族独立而进行的民族解放战争。这场战争从 1775 年至 1783 年，持续八年之久，最终以英国在北美殖民统治的破产和北美殖民地的独立而告终。

《独立宣言》

《独立宣言》是一份于 1776 年 7 月 4 日由托马斯·杰斐逊起草，并由其他 13 个殖民地代表签署的最初声明美国独立的文件。

早在独立前的一百多年间，欧洲启蒙思想就开始在北美传播，为《独立宣言》的发表奠定了理论基础。在欧洲启蒙思想的熏陶下，北美殖民地也产生了自己的启蒙思想家，代表人物是本杰明·富兰克林和托马斯·杰斐逊，他们反对奴隶制，主张人民享有自由、平等的权利。并且喊出了"没有代表权，就不得征税"的口号。这句口号原本是英国政治的基本原则，在英国贵族与王室的斗争中使用过，但独立战争期间被殖民者用来捍卫自己的权利。

在整个 18 世纪 60 年代和 18 世纪 70 年代之间，英国和其北美殖民地之间的关系日益紧张。英国议会对殖民地不断征税，但在议会中却没有殖民地的代表。英国议会分别颁布《糖税法》（1764 年）、《印花税法》（1765 年）、《汤森税法》（1767 年），引发殖民人民的反抗。1775 年，在莱克星顿爆发了战争，这标志着美国独立战争的开始。

1776 年 6 月 7 日，在大陆会议的一次集会中，弗吉尼亚州的理查德·亨利·李提出一个议案，宣称："我们以这些殖民地的善良人民的名义和权力，谨庄严地宣布并昭告：这些联合殖民地从此成为、而且名正言顺地应当成为自由独立的合众国；它们解除对于英王的一切隶属关系，而它们与大不列颠王国之间的一切政治联系亦应从此完全废止。"6 月 10 日大陆会议指定一个委员会草拟《独立宣言》。实际的起草工作由托马斯·杰斐逊负责。7月4日《独立宣言》获得通过，并分送十三州的议会签署及批准。

《独立宣言》发表后，对当时的美国产生了重大的影响。《独立宣言》的全称是《北美十三国联合一致的共同宣言》，宣布各殖民地已是拥有主权的独立国家，从此切断与英国的一切从属关系，这反映了北美广大人民的共同心声。因此，《独立宣言》的发表极大地动员了一切革命力量，大大鼓舞了北美人民的斗志，成为北美人民争取独立的旗帜，对争取独立战争的胜利起了巨大的推动作用。

美国 1787 年宪法

美国独立战争后，建立了邦联制的国家，但政治上的松散状态无法形成强有力的中央政府来稳定统治秩序，保护国家的利益与主权。独立战争中一些大资产阶级利用战争困难大发横财，战后农民生活陷入困境，1786 年还发生了由谢司领导的农民起义。这次起义也使联邦制的统治者迫切感觉到要求强化资产阶级权利，完善资产阶级统治制度。

1777 年大陆会议制定的并于 1781 年批准施行的《邦联条例》规定，由当时 13 个独立州组成邦联制国家。邦联政府的权限很小，不能有效地行使国家职权。鉴此，邦联国会于 1787 年 2 月邀请各州代表到费城召开制宪会议，修改《邦联条例》。

5 月召开会议，出席的有 12 个州（罗得岛州除外）的 55 名代表，华盛顿任主席。主张废除《邦联条例》、重新制定新宪法的代表占优势，使这次会议成了全国制宪会议。出席会议的大都是资产阶级和种植园奴隶主的代表，由于利益不同，大州与小州之间又存在着矛盾。经过长时间的秘密讨论，直至 1787 年 9 月 17 日才通过新的宪法草案，交由各州批准。全国围绕新宪法的批准问题展开广泛的激烈讨论。1789 年 3 月 4

日召开的美国第一届联邦国会宣布《美利坚合众国宪法》正式生效。

1787 年宪法规定美国是一个联邦制国家，联邦权力高于各州权力，采用行政、立法、司法三权分立，相互制衡的原则，肯定了资产阶级民主共和政体。根据这部宪法，美国成为一个拥有统一的中央政权的联邦，以代替过去松散的邦联。虽然各州仍保有相当广泛的自主权，但新宪法使联邦政府的权力大为加强。在当时的历史条件下，这有利于巩固北美独立战争的成果，促进资本主义的发展。

攻克巴士底狱

1789 年 5 月，由于财政困难，国王被迫召集三级会议，路易十六企图向第三等级征收新税。可是，第三等级的代表识破了国王的诡计，他们趁开会的时机，提出了两点要求：第一，限制国王的权力，把三级会议变成国家的最高立法机关；第二，改变按等级分配表决权的办法，要求三个等级共同开会，按出席人数进行表决。国王路易十六听了这些要求，暴跳如雷，认为第三等级大逆不道。他偷偷把效忠王朝的军队调回巴黎，准备逮捕第三等级的代表。消息传出来以后，巴黎人民群情激愤，怒不可遏。于是，酝酿很久的一场大革命就这样爆发了。

1789 年 7 月 13 日这一天，手执武器的人群攻占了一个又一个的阵地，巴黎市区到处都有起义者的街垒。到了 14 日的早晨，人民就夺取了整个巴黎。最后只剩下巴士底狱还在国王军队手里。"到巴士底去！"起义队伍中响起了呼喊声。起义者不约而同地从四面八方涌向巴黎的最后一座封建堡垒。

守卫巴士底狱的士兵从房顶上和窗户里向起义者开火，塔楼上的大炮也开始轰击。冲在前面的起义战士被暴风雨般的火力压住，无法接近巴士底狱，大家就从周围的街垒向巴士底狱还击。他们没有大炮，只有从各处寻来的一些旧炮，甚至几百年前铸造的长满铁锈的古炮也加入了战斗行列。他们没有炮手，只有一些自告奋勇的人出来开炮，一个名叫肖莱的卖酒人居然成了炮手。然而，这些古炮和旧炮在被战斗激发起昂扬情绪的起义者手里，终于发出了轰鸣。一排排炮弹撞击在监狱墙上，打得烟雾弥漫、砖屑纷飞。可是因为围墙太厚，还是无法攻破，而起义者已经有了伤亡。

两个多小时以后，一门威力巨大的火炮被拉来了，有经验的炮手也找到了。不一会儿，猛烈的炮火射向巴士底狱。一部分守军终于举起白旗投降了。吊桥徐徐放下，起义群众冒着另一部分拒降的守军射来的弹雨，冲了进去。

攻克巴士底狱标志着法国大革命的开始，是历史上资产阶级革命的重大事件。在巴黎起义的影响下，革命的浪潮很快席卷了全国，在短短几天的时间里，法国的封建统治就土崩瓦解了，大资产阶级乘机掌握了国家政权。7月14日由于具有特殊的历史意义，后来被确定为法国的国庆日。

《人权宣言》

《人权宣言》，1789年8月26日颁布，是法国大革命时期的纲领性文件。《人权宣言》以美国的《独立宣言》为蓝本，采用18世纪的启蒙学说和自然权论，宣布自由、财产、安全和反抗压迫是天赋不可剥夺的人权，肯定了言论、信仰、著作和出版自由，阐明了司法、行政、立法三权分立、法律面前人人平等、私有财产神圣不可侵犯等原则。

《人权宣言》是法国历史上的第一部人权宣言，也是人类历史上第一部正式的人权宣言，具有极其重要的历史意义。《人权宣言》宣称："在权利方面，人们生来是而且始终是自由平等的"，自由、财产、安全和反抗压迫是"人的自然的和不可动摇的权利"，任何政治结合的目的都在于保存这些权利，从而使基本人权原则成为宣言的核心内容。

在此基础上，《人权宣言》宣告了人民主权原则，指出："整个主权的本原主要是寄托于国民。任何团体、任何个人都不得行使主权所未明白授予的权力；"《人权宣言》确认了分权原则，宣称："凡权利无保障和分权未确立的社会，就没有宪法"，把权利保障和权力制约作为宪法的基本任务；《人权宣言》还宣告了立法权属于人民，法律面前人人平等，正当法律程序、罪刑法定、无罪推定、法不溯及既往的要求，为法治原则的确立做出了独特贡献。

可以说，1789 年法国《人权宣言》郑重宣告的基本人权、人民主权、分权和法治原则，充分体现了近代宪政的基本精神，奠定了近代宪法的基础。

法兰西第一共和国

1789 年法国大革命的爆发使欧洲各国封建统治者胆战心惊。他们策划武装干涉法国，镇压法国革命。1792 年 4 月反法战争开始后，法军节节败退。法国人民紧急行动起来，各地纷纷成立义勇军，开赴前线。8 月 10 日，巴黎人民再次起义，冲进王宫，囚禁了国王，推翻了君主政体，结束了三年来君主立宪派的统治。9 月 20 日，法国军队在凡尔登附近两次打退普鲁士军队的进攻，取得了法国反对外国武装干涉的第一次胜利。几天后，法军开始反攻，最终把敌人赶出法国领土，法国革命的胜利果实保住了。

9 月 21 日，在全国选举中产生的国民公会在巴黎开幕。在国民公会中，吉伦特派由于得票最多而占优势，从此，法国开始了资产阶级共和派——吉伦特派的统治时期。国民公会通过了《废除君主政体案》。9 月 22 日，又通过了成立共和国的决定，这个共和国史称"法兰西第一共和国"。国民公会还公布了革命历法，以9月22日为新纪元的开始，1792年为共和元年。

法兰西第一共和国成立后，巴黎人民和资产阶级民主派强烈要求组织法庭审判国王，吉伦特派却竭力袒护包庇国王。后来由于发现了路易十六通敌卖国的文件，国民公会审判了国王。路易十六于1793年1月21日被送上断头台。

吉伦特派上台执政后，开始奉行对外侵略扩张的政策。但此时法国国内情况十分糟糕，物价飞涨，人民怨声载道，吉伦特派拒绝采取措施来解决日益严重的危机。6月，巴黎人民又一次发动武装起义，推翻了吉伦特派的统治，法国开始了资产阶级民主派——雅各宾派专政时期。

在内忧外患异常严重的形势下，雅各宾派政府实行恐怖统治，组织爱国力量，严厉打击国内外反革命势力，限制资产阶级投机活动，规定物价的最高限额。雅各宾派的非常措施取得了很大的效果，至少是暂时稳定了政权。

国内外局势稳定下来之后，雅各宾派却陷入了内斗当中，分成了三派。丹东派在1793年秋冬主张放松恐怖统治，而埃贝尔派则主张更严厉地推行恐怖政策。罗伯斯庇尔在1794年3～4月先后镇压了两派领导人，但意见并未统一。1794年6月法军在弗勒吕斯取得重大胜利后，罗伯斯庇尔派进一步加强恐怖措施，资产阶级不愿继续受到限制，使雅各宾派内部矛盾更加尖锐。7月27日的热月政变结束了雅各宾派政权。

1804年，拿破仑·波拿巴称帝，法兰西第一共和国被法兰西第一帝国代替。

🕊 法兰西第一帝国

取得意大利之役的胜利后，拿破仑的威信越来越高，他成为法兰西共和国人的新英雄。而他的崛起令督政府感到受威胁，因此任命他为阿拉伯埃及共和国军司令，派往东方以抑制大不列颠及北爱尔兰联合王国在该地区势力的扩张。

1798年远征埃及本身是一个大失败。虽然拿破仑指挥法军在陆地上取得全盘胜利，但他的舰队被英国的海军上将纳尔逊完全摧毁，部队被困在埃及。1799年回国时，400艘的军舰只剩下2只小舰，原本侵略印度的计划受阻，人员损失惨重。

此时欧洲反法联盟逐渐形成，而法兰西共和国国内保皇派势力则渐渐上升。1799年8月，拿破仑最终决定赶回巴黎。1799年10月，回到法兰西共和国的拿破仑被当作"救星"来欢迎。11月9日，拿破仑发动了雾月政变并获得成功，成为法兰西共和国第一执政，实际为独裁者。

拿破仑之后进行了多项政治、教育、司法、行政、立法、经济方面的重大改革，其中最著名并且直到今天依然有重要影响的《拿破仑法典》，是在政变的当天晚上就由拿破仑下令起草的，很多条款拿破仑本人亲自参加讨论最终确定，基本上采纳了法兰西共和国大革命初期提出的比较理性的原则。

1804年，拿破仑称帝，建立了法兰西第一帝国，12月2日在巴黎圣母院举行加冕仪式。在仪式进行过程中，发生了富有戏剧性的场面：当教皇举起皇冠要给拿破仑戴上的时候，拿破仑突然从教皇手中夺过来自己戴上，然后拿起小一点的王冠戴在皇后约瑟芬的头上。他的举动使在场的所有人惊呆了。拿破仑的举动是想说明他的皇位不是上帝授予的，而是他自己挣来的。

在执政府（1799～1804年）的基础上，拿破仑一世进一步加强中央政府和他个人的权力，建立新的贵族等级，封亲王4个，公爵30个，伯爵388个，男爵1090个，荣誉军团骑士数千名。1811年法兰西帝国面积达75万平方公里，人口约4400万，全国划分为130个郡，包括荷兰 9 个郡，北海沿岸德意志各邦 9 个郡，东南瓦莱、皮埃蒙特、热那亚、帕尔马、托斯卡纳和教皇属地 10 个郡。此外，拿破仑一世及其家庭还统治和控制了意大利王国、莱茵联邦、威斯特伐利亚王国、那不勒斯王国、西班牙王国、华沙大公国等。在帝国范围内拿破仑一世力图统一关税、统一法制。

帝国的无限制扩张导致英、俄、普、奥等国组成第六次反法联盟。1814 年 3 月 31 日联盟军攻入巴黎，4 月 6 日拿破仑被迫退位，被流放到厄尔巴岛。波旁王朝复辟。1815 年 3 月 20 日，拿破仑从厄尔巴岛返回巴黎复位，史称百日王朝。6 月 18 日，拿破仑一世在滑铁卢被第七次反法联军击溃。6 月 22 日再次退位，被流放到圣赫勒拿岛，第一帝国覆灭。

俄国十二月党人起义

1812 年 6 月，拿破仑率领六十万大军，渡过尼门河，开赴俄国境内，他们和前来抵抗的俄国军队在波罗地诺进行了激烈的会战，双方死伤惨重，随后俄军司令库图佐夫带领他的军队有序撤退。法国军队开进莫斯科，不料俄国人故意放火烧城。严冬降临，由于缺少食物和住所，法国军队只好撤走，这对拿破仑来说是一场军事浩劫。回到法国时，他的军队只剩下不到十万人，这也是俄国历史上的一个大的转折点。

战争结束后，俄国资本主义经济得到发展，各种工厂纷纷涌现。与此同时商业也出现了繁荣景象，资本主义思想意识日益深入农奴制经济内部，开始改变这种野蛮、落后的经济制度。伴随着反拿破仑战争的胜利，西方资产阶级文化，也即自由主义对俄国的冲击出现了高潮。面对农奴制度和专制制度的现实，知识界的思想十分活跃，作家和诗人们经常聚会，出现了一些专门研究哲学问题的青年群体。那些年出版的很多杂志和书籍成为人们宣传自由、平等的论坛，同时揭露专制政权的警察统治和贵族地主的专横暴虐。

反拿破仑的胜利为新一代俄国人日后改变国家状况提供了可能。在这样的环境下，涌现出了一批要求变革的有识之士。1825 年，俄国终于爆发了反对沙皇残暴统治的武装起义，起义发生在俄历十二月，起义者就被称作十二月党人，起义通常称为十二月党人起义。

12 月 14 日晨，由十二月党人军官带领的近卫军团体按照计划开进彼得堡的枢密院广场，在彼得一世的纪念像下近卫军排列好战斗方阵，到下午起义军人数增至 3000 余人，周围还有 2 万余名拥护起义的老百姓。然而尼古拉一世早有防备，他在 12 月 14 日凌晨就紧急召开国务会议宣布继位，又命令枢密院议员向他们举行效忠宣誓。然后又派出大量的军队将枢密院广场层层包围，这时原定担任起义军总指挥的特鲁别茨科依临阵脱逃而不见踪影，起义军和周围的老百姓处于群龙无首的状态，因而延误了战机，而便于尼古拉一世调兵来镇压。在尼古拉一世数次下令开炮之后，广场上响起了激烈的炮声、枪声、人喊和马嘶声，起义最终被镇压，被打死的起义军官兵和老百姓共计 1271 人。

十二月党人起义虽然失败了，但它是俄国历史上对沙皇专制制度的一次巨大的冲击，唤醒了人民，推进了俄国的政治现代化进程。

维也纳会议

拿破仑失败后，英、俄、普、奥四国立即扮演了欧洲主宰者的角色，尤以英、俄为最。1814 年拿破仑第一次退位后，实现复辟的路易十八政府于当年 5 月 30 日同英、俄、普、奥、西、葡、瑞典七个反法同盟的国家签订了和约，即所谓第一次巴黎和约。和约规定，法国恢复到 1792 年战争开始前的国界。同时规定，于 10 月 1 日在维也纳召开所有参战国（包括战胜国和战败国）参加的国际会议以处理战后问题。接着，上述四国的代表便开始了频繁的幕后活动。9月20日它们达成了如下的协议：欧洲领土的分配要由四国共同决定，事后通知法国和西班牙代表，再通知全体与会代表；由普鲁士、奥地利、巴伐利亚、符腾堡、汉诺威等国代表组成处理德意志问题的专门委员会，拟定组织德意志邦联的草案；整个会议的程序由四国与法、西代表讨论决定。

接着，各国代表陆续来到维也纳。与会代表总数达216人。法国代表、外交大臣塔列朗于9月23日到达。他是近代最出色的资产阶级外交家之一。来到维也纳后，他巧妙地利用了正统主义原则，并常常以小国利益维护者的姿态出现，还从不放过利用四国内部矛盾的机会，终于争得了参与决策的地位。他一到维也纳，就驳斥了四国关于"盟国"的提法，强调拿破仑下台后同盟已失去了存在的意义，法国已是由正统王朝统治的国家。他要求会下的磋商应由巴黎和约的八个签字国进行，而不应只限于四国，而且必须经由全体大会的认可。

四国不肯召开全体大会，坚持私下会商，决定将大会延期。塔列朗表示同意，但在写给四国代表的信中提出："我什么也不要求，可是我给你们带来了重要的东西——神圣的正统原则"。

所谓维也纳会议，实际上称不起是一次会议。从1814年10月1日到1815年6月9日解散为止，从未举行过全体会议，连形式上的开幕式和闭幕式也没有。一切都由大国在幕后决定，其他代表则在无休止的社交活动包括宴会、舞会、观剧和私下交谈中度过，心神不安地等待大国安排自己的命运。当大国做出总决议时，也是分别召来各国代表签字，没有全体通过的手续。这次会议充分暴露了霸权主义的蛮横。

工业革命时期

什么是工业革命

工业革命，又称产业革命或技术革命，指资本主义工业化的早期历程，即资本主义生产完成了从工厂手工业向机器大工业过渡的阶段。是以机器生产逐步取代手工劳动，以大规模工厂化生产取代个体工场手工生产的一场生产与科技革命。

17、18世纪，英、法等国资产阶级革命的胜利，为生产力的发展扫清了道路，资本主义工场手工业的发展和科学技术的发明，为向机器大工业过渡准备了条件。随着市场的扩大，以手工技术为基础的工场手工业不能满足市场的需要，资产阶级为追求利润，广泛采用新技术。工业革命18世纪60年代开始于英国，首先从棉纺织业开始，80年代因蒸汽机的发明和使用得到了进一步发展。继英国之后，法、美等国也在19世纪中期完成工业革命。它极大地促进了社会生产力的发展，巩固了新兴的资本主义制度，引起了社会结构和东西方关系的变化，对世界历史进程产生了重大影响。后来也有一些学者提出"多次工业革命"说，例如，19世纪后期的第二次工业革命，20世纪后半期的第三次工业革命。

工业革命是资本主义发展史上的一个重要阶段，它实现了从传统农业社会转向现代工业社会的重要变革。工业革命是生产技术的变革，同时也是一场深刻的社会关系的变革。从生产技术方面来说，它使机器代替了手工劳动、工厂代替了手工工场。从社会关系说，它使社会明显地分裂为两大对立的阶级——工业资产阶级和工业无产阶级。

工业革命也拉大了东西方社会进步的距离，完成了工业革命的西方国家，打开了亚、非、拉落后国家的大门，把个世界纳入了资本主义的商品经济体系。

🕊 新的纺织机器

18世纪中叶，英国战胜了西班牙、荷兰和法国，成为了新的海上霸主，取得了大量的殖民地。这也就为英国的资本主义发展提供了无数廉价的工业原料和广阔的工业品销售市场。

由于国内外市场的迅速扩大，对工业品的需求大大超过了手工工场所能生产产品的数量。因此，资本家们迫切需要生产技术变革。

棉纺织业率先变革。因为在英国占领印度之后，大量的印度廉价棉布被贩卖到英国。英国的纺织工场主们为了生存，就不得不想办法改进生产技术，降低生产成本。

这些有利条件使得棉纺织业中出现了一系列技术创新及新的纺织机器的发明。1733年机械工约翰·凯伊发明飞梭。从前织工用手来回掷梭子，劳动强度大，效率低，而且因手臂长度有限布面不能太宽。飞梭实际上是安装在滑槽里带有小轮的梭子，滑槽两端装上弹簧，使梭子可以极快地来回穿行，布面也可以大大加宽。

之后的一些新发明，如理查德·阿克赖特的水力纺纱机（1796 年）、詹姆斯·哈格里夫斯的多轴纺纱机（1770 年）和塞缪尔·克朗普顿的走锭纺纱机（1779 年）是十分出色的。水力纺纱机能在皮辊之间纺出又细又结实的纱；多轴纺纱机能同时纺 8 根纱线，后来是 16 根纱线，最后为 100 多根纱线；走锭纺纱机也称为"骡机"，因为它结合了水力纺纱机和多轴纺纱机的优点。所有这些新纺纱机很快就在生产出比织布工所能处理的多得多的纱线。

后来，一位名叫埃德蒙·卡特赖特的机械师在水力纺纱机和骡机的启发下，于 1785 年发明了一种由马驱动的动力织机（1789 年以后改由蒸汽驱动）。虽然这种新发明物制作粗陋，在商业上无利可图。但是，经过 20 年的改进之后，其最严重的缺点得到了纠正。到 19 世纪 20 年代，这种动力织机在棉纺织工业中基本上已取代了手织织布工。

🕊 詹姆斯·瓦特和蒸汽机

詹姆斯·瓦特（1736 ~ 1819 年）是英国著名的发明家，是工业革命时的重要人物。1776 年制造出第一台有实用价值的蒸汽机。这种蒸汽机以后又经过一系列重大改进，成为了"万能的原动机"，在工业上得到广泛应用。瓦特开辟了人类利用能源的新时代，标志着工业革命的开始。后人为了纪念这位伟大的发明家，把功率的单位定为"瓦特"。

实际上瓦特并不是第一个发明蒸汽机的人。公元 1 世纪，亚历山大·希罗曾设计过类似的机器。1698 年，汤姆斯·萨威利获得了用蒸汽机抽水的专利权。1712 年英国人汤姆斯·牛考门获得了稍加改进的蒸汽机的专利权。牛考门蒸汽机效率非常低，只能用于煤矿排水。

1764 年，瓦特在修理一台牛考门蒸汽机时，就对这种机器发生了兴趣。瓦特所做的第一项重大革新就是增加一个独立的凝汽室，并于 1769

年获得专利权。他还使蒸汽缸与外界绝缘，又于1782年发明了双动发动机。连同一些较小的革新一起，这些发明使蒸汽机的效率至少提高了四倍。1781年，瓦特还发明了一套齿轮，从而使蒸汽机的往复运动变换成为旋转运动，这套齿轮使蒸汽机的用途更加广泛。瓦特又发明了自动调节蒸汽机运转速度的离心式调速器（1788年）、压力计（1790年）、计数器、示功器、节流阀以及许多其他仪器。

瓦特本人没有很好的经商头脑。但是他在1775年同一个非常能干的商人、工程师马娄·布尔顿合股成立了瓦特—布尔顿公司。该公司生产了大量的蒸汽机，他们俩也都成了富翁。

1800年，瓦特的专利与布尔顿的合作到期，他于同年退休。但他们的合作延续到下一代，马修·布尔顿与小詹姆斯·瓦特继续合作，同时吸收了威廉·默多克为合伙人，保证了公司的持续成功。

瓦特退休后曾与他的第二任妻子到法国与德国旅行，并且在威尔士购买了一所住宅。1819年8月25日，八十三岁的瓦特于英国斯塔福德郡汉兹沃斯的家中去世。

汽船和火车

纺织工业、采矿工业和冶金工业的发展引起对改进过的运输工具的需要，这种运输工具可以运送大宗的煤和矿石。朝这方向的最重要的一步是在1761年迈出的；那年，布里奇沃特公爵在曼彻斯特和沃斯利的煤矿之间开了一条长7英里的运河。曼彻斯特的煤的价格下降了一半；后来，这位公爵又使他的运河伸展到默西河，为此耗去的费用仅为陆上搬运者所索取的价格的六分之一。这些惊人的成果引起运河开凿热，使英国到1830年时拥有2500英里的运河。

与运河时代平行的是伟大的筑路时期。道路起初非常原始，人们只能步行或骑马旅行；逢上雨季，装载货物的运货车在这种道路上几乎无法用马拉动。1850 年以后，一批筑路工程师——约翰·梅特卡夫、托马斯·特尔福德和约翰·麦克亚当发明了修筑铺有硬质路面、能全年承受交通的道路的技术。乘四轮大马车行进的速度从每小时 4 英里增至 6 英里、8 英里甚至 10 英里。夜间旅行也成为可能，因此，从爱丁堡到伦敦的旅行，以往要花费 14 天，这时仅需 44 小时。

1830 年以后，公路和水路受到了铁路的挑战。这种新的运输方式分两个阶段实现。首先出现的是到 18 世纪中叶已被普遍使用的钢轨或铁轨，它们是供将煤从矿井口运到某条水路或烧煤的地方用的。据说，在轨道上，一个妇女或一个孩子能拉一辆载重四分之三吨的货车，一匹马能干 22 匹在普通的道路上所干的活。第二个阶段是将蒸汽机安装在货车上。这方面的主要人物是采矿工程师乔治·斯蒂芬孙，他首先利用一辆机车把数辆煤车从矿井拉到泰恩河。1830 年，他的机车"火箭"号以平均每小时 14 英里的速度行驶 31 英里，将一列火车从利物浦牵引到曼彻斯特。短短数年内，铁路支配了长途运输，能够以比在公路或运河上所可能有的更快的速度和更低廉的成本运送旅客和货物。到 1838 年，英国已拥有 500 英里铁路；到 1850 年，拥有 6600 英里铁路；到 1870 年，拥有 1.55 万英里铁路。

蒸汽机还被应用于水上运输。从 1770 年起，苏格兰、法国和美国的发明者就在船上试验蒸汽机。第一艘成功的商用汽船是由美国人罗伯特·富尔顿建造的；他曾前往英国学习绘画，但是与詹姆斯·瓦特相识后，转而研究工程学。1807 年，他使自己的"克莱蒙脱"号汽船在哈得孙河下水。这艘船配备着一台驱动明轮的瓦特式蒸汽机，它溯哈得孙河面上，行驶 150 里，抵达奥尔巴尼。其他发明者也以富尔顿为榜样，其中著名的有格拉斯哥的亨利·贝尔，他在克莱德河两岸为苏格兰的造船业打下了基础。早期的汽船仅用于江河和沿海的航行，但是，1833 年，

"皇家威廉"号汽船从新斯科舍行驶到英国。五年后，"天狼星"号和"大西方"号汽船分别以 16 天半和 13 天半的时间朝相反方向越过大西洋，行驶时间为最快的帆船所需时间的一半左右。1840 年，塞缪·肯纳德建立了一条横越大西洋的定期航运线，预先宣布轮船到达和出发的日期。肯纳德宣扬他的航线是已经取代"与帆船时代不可分离的、令人恼火的不规则"的一条"海洋铁路"。到 1850 年，汽船已在运送旅客和邮件方面胜过帆船，并开始成功地争夺货运。

🕊 法拉第发现电磁感应

1820 年奥斯特发现电流磁效应后，许多物理学家便试图寻找它的逆效应，提出了磁能否产生电，磁能否对电作用的问题。1822 年阿喇戈和洪堡在测量地磁强度时，偶然发现金属对附近磁针的振荡有阻尼作用。1824 年，阿喇戈根据这个现象做了铜盘实验，发现转动的铜盘会带动上方自由悬挂的磁针旋转，但磁针的旋转与铜盘不同步，稍滞后。电磁阻尼和电磁驱动是最早发现的电磁感应现象，但由于没有直接表现为感应电流，当时未能予以说明。

1831 年 8 月，法拉第在软铁环两侧分别绕两个线圈，其一为闭合回路，在导线下端附近平行放置一磁针，另一与电池组相连，接开关，形成有电源的闭合回路。实验发现，合上开关，磁针偏转；切断开关，磁针反向偏转，这表明在无电池组的线圈中出现了感应电流。法拉第立即意识到，这是一种非恒定的暂态效应。紧接着他做了几十个实验，把产生感应电流的情形概括为五类：变化的电流、变化的磁场、运动的恒定电流、运动的磁铁、在磁场中运动的导体，并把这些现象正式定名为电磁感应。进而，法拉第发现，在相同条件下不同金属导体回路中产生的感应电流与导体的导电能力成正比，他由此认识到，感应电流是由与导体性质无关的感应电动势产生的，即使没有回路没有感应电流，感应电动势依然存在。

后来，法拉第给出了确定感应电流方向的楞次定律以及描述电磁感应定量规律的法拉第电磁感应定律。

电磁感应现象的发现，乃是电磁学领域中最伟大的成就之一。它不仅揭示了电与磁之间的内在联系，而且为电与磁之间的相互转化奠定了实验基础，为人类获取巨大而廉价的电能开辟了道路，在实用上有重大意义。

🕊 贝尔发明电话

在电话发明以前，人们异地联系的主要方式是发送电报。但发电报不仅手续麻烦，而且也不能进行及时的双向信息交流。因此，人们开始探索一种能直接传送人类声音的通信方式。美国人亚历山大·贝尔系统地学习了人的语音、发声机理和声波振动原理，在为聋哑人设计助听器的过程中，他发现电流导通和停止的瞬间，螺旋线圈发出了噪声，这一发现使贝尔突发奇想——"用电流的强弱来模拟声音大小的变化，从而用电流传送声音。"从此，贝尔和他的助手沃森就开始了设计电话的艰辛历程。

1875年6月2日，贝尔和沃森正在进行模型的最后设计和改进，最后测试的时刻到了，沃森在紧闭着门窗的另一房间把耳朵贴在音箱上准备接听，贝尔在最后操作时不小心把硫酸溅到自己的腿上，他疼痛地叫了起来："沃森先生，快来帮我啊！"没想到，这句话通过他实验中的电话传到了在另一个房间工作的沃森先生的耳朵里。这句极普通的话，也就成为人类第一句通过电话传送的话音而记入史册。1875年6月2日，也被人们作为发明电话的伟大日子而加以纪念，而这个地方——美国波士顿法院路 109 号也因此载入史册，至今它的门口仍钉着块铜牌，上面镌有："1875 年 6 月 2 日电话诞生于此。"

1876 年 3 月 7 日，贝尔获得电话发明专利，第二年，在波士顿和纽约架设的第一条电话线路开通。也就在这一年，有人第一次用电话给《波士顿环球报》发送了新闻消息，从此开始了公众使用电话的时代。一年之内，贝尔共安装了 230 部电话，建立了贝尔电话公司，这就是美国电报电话公司（AT&T）的前身。

🕊 达尔文与进化论

1809 年 2 月 12 日，达尔文出生在英国的施鲁斯伯里。小时候的达尔文虽然成绩平平，但是热爱大自然，尤其喜欢打猎、采集矿物和动植物标本。达尔文的祖父和父亲都是当地的名医，他的父亲希望他能继承祖业成为医生，因此把他送进医学院学医。可是达尔文始终无法克服看到别人流血、痛苦时的恐惧感。后来他的父亲又让他进入神学院，希望他能成为一名牧师。这一次达尔文高兴地接受了父亲的安排。他非常清楚，虽然自己十分厌烦神创论等谬说，但乡村牧师悠闲自在的生活可以为他提供相当多的余暇，让他发展自己在博物学方面的兴趣。他不顾父亲责备他"不务正业"，经常到野外采集动植物标本，把大部分时间用于听自然科学讲座，自学大量的自然科学书籍。

大学毕业这一年，达尔文放弃了待遇丰厚的牧师职业，以"博物学家"的身份，自费搭乘英国政府组织的"贝格尔"号军舰，开始了漫长而又艰苦的环球考察活动。

在为期五年的考察中，达尔文在动植物和地质方面进行了大量的观察和采集。他每到一地总要进行认真的考察研究，采访当地的居民，有时请他们当向导，跋山涉水，采集生物标本，挖掘生物化石，发现了许多没有记载的新物种。在对加拉帕戈斯群岛的考察中，达尔文见到了岛上的多种巨龟和山雀，他不由心生疑惑："生物为什么会如此千变万化？彼此之间有什么联系呢？"

这次探索之旅结束后，达尔文带回了大量的旅行资料，包括 770 页日记，关于地质学和动物学的长篇笔记，还有数千个鸟类、昆虫、植物和岩石标本。回到英国后他立即投入到资料的整理工作中，这是一项繁复且耗时漫长的工作。随着整理的不断深入，达尔文逐渐认识到："物种不是一成不变的，而是随着客观条件的不同而相应变异。"

1859 年 11 月底，达尔文的巨作《物种起源》（全名为《论物种起源：通过自然选择的方式》）正式出版。它以全新的进化思想推翻了神创论和物种不变论，把生物学建立在科学的基础上，提出震惊世界的论断：生命只有一个祖先，生物是从简单到复杂，从低级到高级逐渐发展而来的。它发表传播后，生物普遍进化的思想以及"物竞天择，适者生存"的进化论已为学术界、思想界公认为 19 世纪自然科学的三大发现之一。

🕊 巴斯德发现病菌

路易·巴斯德，是法国的微生物学家、化学家，是近代微生物学的奠基人之一。巴斯德出生于法国汝拉省多尔一个贫苦的皮鞋匠之家，但他从小就很努力，在父亲的鼓励下，前往巴黎，进入大学进修。此后在学校生活中他曾致力于各种化学研究。1848 年他成为物理教授。1854 年，巴斯德应聘到德国一所大学出任化学系主任。

1865 年，法国南部蔓延着一种可怕的蚕病，使养蚕业面临一场严重的危机，一种病疫造成蚕的大量死亡，南方的丝绸工业也因此遭到严重打击。

路易斯·巴斯德得到消息之后，马上到法国南部实地调查。他首先取来病蚕和被病蚕吃过的桑叶仔细观察，一连几天和助手通宵达旦地工作。很快，他通过显微镜发现蚕和桑叶上都有一种椭圆形的微粒。这些微粒能游动，还能迅速地繁殖后代。他找来没病的蚕和从树上刚摘的桑叶，在显微镜下，发现了那种微粒。"这就是病源！"巴斯德兴奋地叫了起来。他立即告诉农民，把病蚕和被病蚕吃过的桑叶统统烧掉。这样，蚕病被控制住了。

通过蚕病事件，巴斯德为人类第一次找到了致病的微生物，给它取了个名字，叫"病菌"。

此后，巴斯德开始研究人类致病的原因，结果发现了多种病菌。他还发现在高温下，病菌很快就会残废，于是他向医生宣传高温杀菌法，可以防止病菌传染。现在，我们医院里使用的医疗器械，都要用高温水蒸汽蒸煮，这就是用巴斯德发明的消毒方法，后人叫它"巴氏消毒法"。

由于在科学上的卓越成就，使得巴斯德在整个欧洲享有很高的声誉，德国的波恩大学郑重地把名誉学位证书授予了这位赫赫有名的学者。但是，普法战争爆发后，德国强占了法国的领土，出于对自己祖国的深厚感情和对侵略者德国的极大憎恨，巴斯德毅然决然地把名誉学位证书退还给了波恩大学，他说："科学虽没有国界，但科学家却有自己的祖国。"这掷地有声的话语，充分表达了一位科学家的爱国情怀，并因此而成为一句不朽的爱国名言。

1880 年，法国鸡霍乱流行，怎样才能使鸡不得传染病呢？这成了巴斯德新的研究课题。不久，他向科学院送上了自己的研究报告，他发现了传染病的免疫方法。

巴斯德把导致鸡霍乱流行的病菌浓缩液注射到鸡身上，当天鸡就死了。病菌浓缩液放了几个星期之后，巴斯德又给鸡注射，鸡却没有死。经过多次实验，巴斯德认识到，病菌放一段时间之后，不仅毒性大为减少，而且还有抗病的效力。这样，他就制成了鸡霍乱疫苗，注射后，能增强鸡的抵抗力，防止霍乱传染。

掌握了制造疫苗的方法之后，巴斯德就开始研究使人类致病的病菌。他组织学士们和助手们进行了无数次实验，制成了伤寒、霍乱、白喉、鼠疫等多种疫苗，控制了多种传染病。

诺贝尔与诺贝尔奖

诺贝尔奖创立于1901年，它是以瑞典著名化学家、硝化甘油炸药发明人阿尔弗雷德·贝恩哈德·诺贝尔的名字命名。诺贝尔1833年生于瑞典的斯德哥尔摩，毕生致力于炸药研究，并取得了重大成就。他一生共获技术发明专利355项，并在20个国家开设了约100家公司和工厂，积累了巨额财富。

然而对于自己的发明被用于破坏，诺贝尔感到震惊和遗憾。1896年12月10日，诺贝尔在意大利逝世。逝世的前一年，他留下遗嘱提出，将其部分遗产作为基金，以其利息分设物理学、化学、生理学或医学、文学及和平五个奖项，授予世界各国在这些领域对人类做出重大贡献的人士。据此，1900年6月瑞典政府批准设置了诺贝尔基金会，瑞典议会通过了《颁发诺贝尔奖金章程》，并于次年诺贝尔逝世五周年纪念日，即1901年12月10日首次颁发诺贝尔奖。自此以后，除因战时中断外，每年的这一天分别在瑞典首都斯德哥尔摩和挪威首都奥斯陆举行隆重的授奖仪式。

1968年瑞典中央银行于建行300周年之际，为纪念诺贝尔，出资增设了诺贝尔经济奖（全称为"瑞典中央银行纪念阿尔弗雷德·伯恩德·诺贝尔经济科学奖金"，亦称"纪念诺贝尔经济学奖"），授予在经济科学研究领域做出重大贡献的人。该奖于1969年开始与其他五个奖项同时颁发。

发明大王爱迪生

爱迪生是位举世闻名的美国电学家和发明家，他除了在电灯、留声机、电话、电报、电影等方面的发明和贡献以外，在矿业、建筑业、化工等领域也有不少著名的创造和真知灼见。爱迪生一生共有约两千项创造发明，为人类的文明和进步做出了巨大的贡献。

爱迪生的父亲是荷兰人的后裔，母亲曾当过小学教师，是苏格兰人的后裔。爱迪生八岁的时候才上学，但仅仅读了三个月的书，就被老师斥为"低能儿"而撵出校门。从此以后，他的母亲便是他的"家庭教师"。由于母亲的良好的教育方法，使得他对读书发生了浓厚的兴趣。之后爱迪生开始博览群书，尤其对物理和化学特别感兴趣，少年时期的他一边卖报、做小生意，一边组建他的化学实验室，有一次在火车上他的化学药品发生了爆炸，他连同他的设备全被扔出车外。

1869 年 10 月他与波普一起成立一个"波普—爱迪生公司"，专门经营电气工程的科学仪器。之后他在新泽西州纽瓦克市的沃德街建了一座工厂，专门制造各种电气机械。他通宵达旦地工作。在纽瓦克，他发明了诸如蜡纸、油印机等，从 1872 至 1875 年，爱迪生先后发明了二重、四重电报机，还协助别人搞成了世界上第一架英文打字机。

1877 年，爱迪生改进了早期由贝尔发明的电话，并使之投入了实际使用。他还发明了他心爱的一个项目——留声机。电话和电报"是扩展人类感官功能的一次革命"；留声机是改变人们生活的三大发明之一，"从发明的想象力来看，这是他极为重大的发明成就"。到这个时候，人们都称他为"门罗公园的魔术师"。

爱迪生在发明留声机的同时，经历无数次失败后终于对电灯的研究取得了突破，1879年10月22日，爱迪生点燃了第一盏真正有广泛实用价值的电灯。为了延长灯丝的寿命，他又重新试验，大约试用了6000多种纤维材料，才找到了新的发光体——日本竹丝，可持续1000多小时，达到了耐用的目的。从某一方面来说，这一发明是爱迪生一生中达到的登峰造极的成就。

1929年10月21日，在电灯发明五十周年的时候，人们为爱迪生举行了盛大的庆祝会，德国的爱因斯坦和法国的居里夫人等著名科学家纷纷向他祝贺。不幸的是，就在这次庆祝大会上，当爱迪生致答辞的时候，由于过分激动，他突然昏厥过去。从此，他的身体每况愈下。1931年10月18日，这位为人类做出过伟大贡献的科学家因病逝世，终年八十四岁。

居里夫人与镭

居里夫人1867年11月7日生于波兰。1895年在巴黎求学时，和法国科学家彼埃尔·居里结婚。居里夫人曾两次获得诺贝尔奖。她是巴黎大学第一位女教授，是法国科学院第一位女院士，同时还被聘为其他15个国家的科学院院士。在她的一生中，共接受过7个国家24次奖金和奖章，担任了25个国家的104个荣誉职位。但居里夫人从不追求名利。她把献身科学，造福人类作为自己的终生宗旨。

1896年，法国物理学家亨利·贝克勒发现了元素放射线。但是，他只是发现了这种光线的存在，至于它的真面目，还是个谜。这引起了居里夫人极大的兴趣，她认为，这是个绝好的研究课题，就同丈夫彼埃尔商量。

"这个课题选得很好，"彼埃尔说，"贝克勒线前年才发现，我想可能还没有人研究。如果发现这种射线的性质和来源，可以写出一篇出色的论文。不过，这是件艰巨的事情，困难也很多。""我知道，"玛丽微笑着说，"不过不要紧，有你这样一位尊敬的老师合作，就一定会成功！"

要研究放射性元素，需要一间宽敞的实验室。彼埃尔东奔西跑，最后才在他原来工作过的理化学校借到一间又寒冷又潮湿的小工作间。实验仪器很少，屋顶漏雨，墙壁透风，条件实在太糟了。但是居里夫人毫不在乎，专心做她的实验。在研究过程中，她发现，能放射出那奇怪光线的不只是有铀，还有钍。她把这些光线称为"放射线"。

居里夫人在进一步的研究中发现，可能还有一种物质能够放射光线。这种光线要比铀放射的光线强得多。她认为，这种新的物质，也就是还未被发现的新元素，只是极少量地存在于矿物之中。她把它定名为"镭"，在拉丁文中，它的原意就是"放射"。彼埃尔也同意这种见解，可是当时有很多科学家并不相信。他们认为这可能是实验出了错误，有的人还说："如果真有那种元素，请提取出来，让我们瞧瞧！"

为了得到镭，居里夫妇必须从沥青铀矿中分离出镭来。他们怎样才能得到足够的沥青铀矿呢？这种矿很稀少，矿中铀的含量极少，价格又很昂贵，他们根本买不起。后来，他们得到了奥地利政府赠送的一吨已提取过铀的沥青矿的残渣，开始了提取纯镭的实验。

在一间简陋的窝棚里，居里夫人要把上千公斤的沥青矿残渣，一锅锅地煮沸，还要用棍子在锅里不停地搅拌；要搬动很大的蒸馏瓶，把滚烫的溶液倒进倒出。就这样，经过三年零九个月锲而不舍的工作，1902年，居里夫妇终于从矿渣中提炼出 0.1 克镭盐，接着又初步测定了镭的原子量。

1906 年，彼埃尔·居里在一场意外的车祸中丧生。居里夫人极为哀痛，但这并没有动摇她献身科学的意志，她决心把与丈夫共同开拓的科学事业进行下去。1910 年，居里夫人成功地分离出金属镭，分析出镭元素的各种性质，精确地测定了它的原子量。同年，居里夫人出版了她的名著《论放射性》，并出席了国际放射学理事会。会上制定了以居里名字命名的放射性单位，同时采用了居里夫人提出的镭的国际标准。

居里夫人和她的丈夫决定放弃炼制镭的专利权。她认为，那是违背科学精神的。她曾经对一位美国女记者说："镭不应该使任何人发财。镭是化学元素，应该属于全世界。"这位记者问她："如果世界上所有的东西任你选挑，你最愿意要什么？"她回答："我很想有一克纯镭来进行科学研究。我买不起它，它太贵了！"原来，居里夫人在丈夫死后，把他们几年艰苦劳动所得，价值百万法郎的镭，送给了巴黎大学实验室。这位记者深为感动。她回到美国后，写了大量文章，介绍居里夫妇，并号召美国人民开展捐献运动，赠给居里夫人一克纯镭。1921 年 5 月，美国哈定总统在首都华盛顿亲自把这克镭转赠给居里夫人。在赠送仪式的前一天晚上，居里夫人又坚持要求修改赠送证书上的文字内容，再次声明："美国赠送我的这一克镭，应该永远属于科学，而绝不能成为我个人的私产。"

居里夫人晚年在镭学研究院工作，亲自指导来自外国的青年科学家从事研究工作。在她培养的许多优秀科学家中，有中国的放射化学创始人郑大章和物理学家施士元教授。由于长期受到放射性物质的严重损害，居里夫人患了白血病，于 1934 年 7 月 4 日逝世。

莱特兄弟与飞机

莱特兄弟出生于美国俄亥俄州的代顿市。哥哥威尔伯·莱特生于 1867 年 4 月 16 日，他的弟弟奥维尔·莱特生于 1871 年 8 月 19 日，他们从小就对机械装配和飞行怀有浓厚的兴趣。有一次，他们的父亲从欧洲回来，带来了一个飞螺旋，把飞螺旋上面的橡皮筋扭好，一松手，它就发出呜呜的声音，向空中高高地飞去。玩过之后，兄第俩便把飞螺旋拆开了，想从中探索一下，它为何能飞上天去。从这以后，在他们的幼小心灵里，就萌发了将来一定制造出一种能飞上高高蓝天的东西。这个愿望一直影响着他们。

从 1896 年开始，莱特兄弟就一直热心于飞行研究。德国的奥托·李林塔尔试飞滑翔机成功的消息使他们立志飞行。而 1896 年李林塔尔试飞失事，促使他们把注意力集中在了飞机的平衡操纵上面。他们特别研究了鸟的飞行，并深入钻研了当时几乎所有关于航空理论方面的书籍。这个时期，航空事业连连受挫，飞行技师皮尔机毁人亡，重机枪发明人马克沁试飞失败，航空学家兰利连飞机带人摔入水中，等等，这使大多数人认为飞机依靠自身动力的飞行完全不可能。

莱特兄弟却没有放弃自己的努力。从 1900 年至 1902 年期间，他们除了进行 1000 多次滑翔试飞之外，还自制了 200 多个不同的机翼进行了上千次风洞实验，修正了李林塔尔的一些错误的飞行数据，设计出了较大升力的机翼截面形状。滑翔机的留空时间毕竟有限，但假如给飞机加装动力并带上足够的燃料，那么它就可以自由地飞翔、起降。于是，兄弟俩又开始了动力飞机的研制。莱特兄弟废寝忘食地工作着，不久，他们便设计出一种性能优良的发动机和高效率的螺旋桨，然后成功以把各个部件组装成了世界上第一架动力飞机。

1903 年，他们制造出了第一架依靠自身动力进行载人飞行的飞机"飞行者"1 号，这架飞机的翼展为 13.2 米，升降舵在前，方向舵在后，两副两叶推进螺旋桨由链条传动，着陆装置为滑橇式，装有一台 70 千克重，功率为 8.8 千瓦的四缸发动机。这架航空史上著名的飞机，现在陈列在美国华盛顿航空航天博物馆内。

1904 年，莱特兄弟制造了装配有新型发动机的第二架"飞行者"，在代顿附近的霍夫曼草原进行试飞，最长的持续飞行时间超过了 5 分钟，飞行距离达 4.4 千米；1905 年又试验了第三架"飞行者"，由威尔伯驾驶，持续飞行 38 分钟，飞行 38.6 千米。

1906 年，他们的飞机在美国获得专利发明权。莱特兄弟飞行的成功，最初并没有得到美国政府和公众的重视与承认，直到 1907 年还为人们所怀疑；反而是法国于 1908 年首先给他们的成就以正确的评价，从此掀起了席卷世界的航空热潮。他们也因此终于在 1909 年获得美国国会荣誉奖。同年，他们创办了"莱特飞机公司"。威尔伯·莱特于 1912 年 5 月 29 日逝世，年仅四十五岁。此后，奥维尔·莱特奋斗三十年，使莱特飞机公司成为世界著名飞机制造商，资金高达百亿美元。奥维尔·莱特于 1948 年 1 月 3 日逝世。

爱因斯坦与相对论

爱因斯坦 1879 年 3 月 14 日出生在德国的一个犹太人家庭。父亲是一个电器作坊的小老板，爱因斯坦十五岁时，父亲因企业倒闭带领全家迁往意大利谋生。

1896 年秋天，爱基斯坦就读于瑞士联邦高等工业学校。在学校里，除了数学课以外，他对其他讲得枯燥无味的课程都不感兴趣。但热衷于探索自然界的奥秘，利用课外时间阅读大量有关哲学和自然科学的书籍。

1900 年，爱因斯坦从瑞士联邦高等工业学校毕业后，加入了瑞士国籍，长期找不到工作。两年后，他才在瑞士联邦专利局找到同科学研究无关的固定职业。但在专利局供职期间，他不顾工资低微的清贫生活，坚持不懈地利用业余时间进行科学研究，并不断取得成果。1905 年，爱因斯坦在物理学方面的研究，取得突破性进展，创立了狭义相对论。这时他刚刚二十六岁。

相对论是爱因斯坦在自己题为《论动体的电动力学》这篇论文中提出的。在此之前，传说物理学的时空观是静止的、机械的、绝对的，空间、时间、物质和物质运动相互独立，彼此没有什么内在联系。也就是说，物质只不过是孤立地处于空间的某一个位置，物质运动只是在虚无的、绝对的空间作位置移动，时间也是绝对的，它到处都是一样的，是独立于空间的不断流逝着的长流。这就是牛顿古典力学的时空观。爱因斯坦以极大的毅力和胆识，突破了传统物理学的束缚，猛烈地冲击形而上学的自然观。他认为，空间、时间、物质和物质运动，彼此不可分割，它们之间紧密相连。作为物质存在形式的空间和时间，在本质上是统一的，随着物质的运动而变化。狭义相对论的最重要的结论之一，是关于质量和能量的关系（ $E = MC^2$ ）。它告诉我们，物质的质量是不固定的，运动的速度增加，质量也随着增加；一定质量的转化必定伴随着一定能量的转化，反之亦然。这个著名的公式成为原子弹、氢弹以及各种原子能应用的理论基础，由此而打开了原子时代的大门。

狭义相对论的问世，震动了物理学界，也使这位年轻学者的名字，马上传遍了整个欧洲，给他带来了极高的声誉。

在之后的研究中，爱因斯坦发现狭义相对论的理论体系并不完善，它只解释了直线运动，而不能解释加速运动和万有引力的问题。因此，他又进行了深入研究，最终创立了广义相对论。

广义相对论的重要结论是，加速运动与引力场的运动是等价的，要区别是由惯性力或者引力所产生的运动是不可能的。对此，爱因斯坦作了一个形象的比喻。他设想有一个人乘摩天楼的电梯自由降落，人不会感到自己在下降，因为这时电梯和人都依照重力加速度定律在下降，仿佛在电梯里不存在地球引力。反之，如果电梯以不变的加速度上升，那么人在电梯里将觉得双脚紧贴在地板上，好像站在地球表面一样。这个等价原理是广义相对论的基础，它显示了等速运动的一些基本原理可以应用到加速度运动中，把狭义相对论推广到更为普通的情况。

广义相对论建立了完善的引力理论，而引力理论主要涉及的是天体。到现在，相对论宇宙学进一步发展，而引力波物理、致密天体物理和黑洞物理这些属于相对论天体物理学的分支学科都有一定的进展，吸引了许多科学家进行研究。

🕊 英国宪章运动

19 世纪 20 ～ 30 年代，英国完成了工业革命。随着工业革命的完成，英国的商业和运输业也有了很大的发展。因此，英国工业资产阶级的力量壮大起来，他们志得意满，进而要求取得政治的统治地位。1832 年议会改革，他们的政治要求得到满足，登上了统治地位。工人阶级在议会改革运动中支持了资产阶级，但是结果一无所得，政治上依然处于无权的地位。于是工人阶级决定掀起一场争取普选权的运动。

以 1836 年"伦敦工人协会"成立和 1837 年《人民宪章》的公布为标志，英国的宪章运动蓬勃兴起。而 1839 年和 1842 年宪章派先后两次向议会提交的请愿书遭到否决，使宪章运动陷入低潮。但是，无论是从运动的组织领导，还是从请愿书的内容和参加签名的人数，都可以看出运动的规模在不断扩大、水平在不断提高。

1847 年英国发生了经济危机，大批工人失业，实际工资降低，在这种环境下，宪章运动又重新活跃起来。1848 年春，又传来了法国二月革命的消息。英国的宪章派和工人群众更为振奋。各地举行群众大会的次数越来越多，规模越来越大。宪章派决定在 1848 年 4 月 10 日组织示威游行，向议会递交新请愿书。各地宪章派纷纷响应。由于英国政府的镇压和宪章派领导人屈服，这次游行示威随之失败。

1848 年示威游行失败后，宪章派内部发生分化，有些人认为工人阶级在当时的英国还不足以单独充当社会的推动力量，它应该与资产阶级合作。也有一些宪章派人士坚持工人阶级的组织应有自己的独立性，他们通过各种手段，力图把宪章运动复兴起来，但未能成功。从 1848

年到 1858 年的运动，是整个宪章运动走向衰落的阶段。不过，从思想发展的角度来看，它比前几个阶段的发展水平更高。而且，在世界工人运动史上，它也占有相当重要的位置。

🕊 1848 年欧洲革命

1848 年欧洲革命是指 1848～1849 年，主要发生在法兰西、德意志、奥地利、意大利、匈牙利等欧洲国家的资产阶级民主、民族革命。

法国七月革命胜利后，资本主义在法国的发展使广大工人、农民和小资产阶级更加贫困。社会危机的加深，对基佐反动政府的不满，使得全国上下反对七月王朝的斗争更加激烈，要求改革选举制度，实行社会变革的呼声越来越高。广大群众的革命积极性空前高涨，全国各地不断发生饥民暴动，各城市工人也纷纷罢工，举行示威游行，并同军警发生冲突。革命形势在形成。

2 月 22 日，法国"二月革命"终于爆发。人们冒雨走上街头，高喊口号冲向基佐住宅。2 月 23 日，起义群众同政府军进行激战，工人也举行了自发的总罢工。法国国王路易•菲利普慌忙解除基佐的职务，答应实行改革。资产阶级准备妥协，但广大群众却把革命推向深入，决心推翻王朝，建立共和国，发动了起义。24 日，菲利普逃往英国。资产阶级成立了由 11 人组成的临时政府，为了麻痹群众，吸收了两名工人代表。25 日，法国成立共和国，即历史上的法兰西第二共和国。

巴黎二月革命胜利后，资产阶级为了对付无产阶级，下令解散"国家工场"，把工场中的工人编入军队或赶到外省做苦工，巴黎无产阶级被迫举行了六月起义（6 月 23～26 日），但被镇压。

这一年，革命之火熊熊燃烧。不只在法国，其他国家和地区的革命活动也风起云涌。在法国二月革命的影响下，德意志许多地区都出现了要求改革的游行示威和武装起义，其中，最有影响的是普鲁士首都柏林的三月革命。3月初，柏林人民开始行动起来，举行集会，提出政治自由，实行大赦，在法律面前人人平等等要求。群众运动愈演愈烈，18日，群众包围王宫，要求军队撤出柏林，遭到拒绝。群众立即发动起义，士兵们也同情起义，国王不得不妥协，宣布军队撤出柏林，召开议会，制订宪法，改组政府和释放政治犯。在这期间的战斗中，死伤一千多人，国王被迫向死难者致哀。此后，国王任命大资产阶级组织了政府。德意志各邦相继都组织了资产阶级自由派政府。5月中旬，在法兰克福召开了全德国民议会，并成立了帝国政府，第二年3月，还通过了一部宪法，但这个议会、政府和宪法都有名无实，对各邦没有任何约束力。1848年秋，反动势力进行反扑，11月，强行解散国民议会，柏林三月革命失败。

1848年3月，奥地利首都维也纳人民也行动起来，要求出版自由、信仰自由和建立责任内阁制等。群众和军警发生冲突，起义爆发。显赫一时的奥地利首相、维也纳体系的风云人物梅特涅被迫辞职，次日乔装逃往英国。但是，人民仍不满足，他们要求制定宪法，实行宪政，遭到政府拒绝。起义群众包围了王宫，国王不得不宣布同意颁布宪法，改组政府，但实际上换汤不换药。不过资产阶级靠人民的力量取得了部分政权。在维也纳三月革命的影响下，捷克、匈牙利等地也爆发了革命。3月，布拉格人民举行集会，向奥皇提出请愿书。奥皇不得不同意捷克语与德语平等，允许捷克成立责任内阁。不久，布拉格的资产阶级民主派要求撤出军队，遭到拒绝，6月发动起义。战斗持续了5天，最后被镇压下去。3月，匈牙利也发生革命，组织了独立政府，取得了在奥地利帝国内自治的权利。奥地利企图镇压匈牙利革命。10月，维也纳人民发动起义，占领了维也纳。奥皇出逃，调集军队反攻，起义群众终因寡不敌众，11月1日，维也纳失陷，革命失败。然后，奥地利政府调大军镇压匈牙利革命。匈牙利人民进行了英勇抵抗，最后于次年8月被镇压下去。1848

年 1 月 13 日，意大利西西里首府巴勒摩人民首先发动起义，赶走了政府军，建立了资产阶级自由派的临时政府。意大利各地纷纷行动起来，组织资产阶级政府或进行资产阶级性质的改革，驱逐奥地利统治者。3月，以撒丁王国为首的意大利各邦对奥地利宣战。各邦统治者各怀私心，第二年，反奥战争失败，奥地利重新确立了在意大利许多邦国的统治。意大利革命最后失败。

1848 年欧洲革命打击了欧洲各国的封建专制制度，摧毁了反动的神圣同盟和维也纳会议的体系，为资本主义的发展扫清了道路；它锻炼了法、德等国的无产阶级以及革命群众，丰富了科学社会主义的理论，对于马克思主义和后来欧洲工人运动以及社会主义运动的发展有着深远的影响。

《共产党宣言》

19 世纪 40 年代，西欧主要资本主义国家进入机器大工业阶段，极大促进了经济的发展，但也使资本主义制度固有的矛盾即生产的社会化和生产资料的私人占有之间的矛盾日益暴露，导致周期性的经济危机的爆发。随着资本主义社会基本矛盾的激化，国际工人运动蓬勃兴起。欧洲三大工人运动标志着无产阶级已经作为独立的政治力量登上历史舞台。

马克思、恩格斯在直接参加并领导工人革命运动的过程中，认识到建立一个国际性的无产阶级革命政党对实现无产阶级的历史使命的重要性，于是先后成立了布鲁塞尔共产主义小组和布鲁塞尔共产主义通讯委员会，为创建无产阶级革命政党做准备。

1847 年 1 月，他们应邀加入正义者同盟这一国际性工人组织，并着手把它改造为一个以科学的思想体系作指导的共产主义政党。1847 年 6 月正义者同盟的伦敦代表大会根据马克思、恩格斯的建议，决定将同盟改名为共产主义者同盟，并讨论了恩格斯起草的同盟纲领草案——《共产主义信条草案》。随后，恩格斯起草了纲领的第二稿——《共产主义原理》。

同盟的伦敦第二次代表大会又委托马克思、恩格斯以宣言形式制定共产主义者同盟纲领，马克思与恩格斯交换意见，创作《共产党宣言》，于 1848 年 1 月底寄往伦敦。2 月 24 日，《共产党宣言》在伦敦以单行本正式出版。

《共产党宣言》运用辩证唯物主义和历史唯物主义分析生产力与生产关系、经济基础与上层建筑的矛盾，分析阶级和阶级斗争，特别是资本主义社会阶级斗争的产生、发展过程，论证资本主义必然灭亡和社会主义必然胜利的客观规律，作为资本主义掘墓人的无产阶级肩负的世界历史使命。《共产党宣言》公开宣布必须用革命的暴力推翻资产阶级的统治，建立无产阶级的"政治统治"，表述了以无产阶级专政代替资产阶级专政的思想。《共产党宣言》还指出无产阶级在夺取政权后，必须在大力发展生产力的基础上，逐步地进行巨大的社会改造，进而达到消灭阶级对立和阶级本身的存在条件。《共产党宣言》批判当时各种反动的社会主义思潮，对空想社会主义做了科学的分析和评价。《共产党宣言》阐述作为无产阶级先进队伍的共产党的性质、特点和斗争策略，指出为党的最近目的而奋斗与争取实现共产主义终极目的之间的联系。《共产党宣言》最后庄严宣告："无产者在这个革命中失去的只是锁链，他们获得的将是整个世界。"并发出国际主义的战斗号召："全世界无产者，联合起来！"

《共产党宣言》的诞生标志着马克思主义的诞生，对全世界的无产阶级革命运动起了巨大的推动作用。

🕊 第一国际

第一国际即国际工人协会，是 1864 年建立的国际工人联合组织。

马克思是创始人之一和实际上的领袖。第一国际是在 19 世纪 50 年代末、60 年代初欧洲工人运动和民主运动重新高涨的形势下产生的。

1863 年，波兰爆发了反对俄国民族压迫和反对封建的民族大起义。沙皇俄国惊恐万分，派出了大量的军队对起义者进行血腥镇压。沙俄军队的野蛮行径，引起了欧洲人民的强烈愤怒。

1863 年 7 月 22 日，工人联合会伦敦理事会召开群众大会，抗议沙皇俄国镇压波兰起义，声援波兰人民正义斗争。法国工人代表团参加大会，并与英国工联领袖就联合行动问题交换了意见。同年 11 月 10 日英国工人大会通过《英国工人致法国工人》的呼吁书，号召两国工人加强团结，共同战斗。

1864 年 9 月 28 日，英国工联在伦敦圣马丁堂召开群众大会，欢迎为响应呼吁书而来访的法国工人代表团。出席大会的还有德国、意大利、波兰、爱尔兰的工人代表以及一些资产阶级民主人士。

这次会议讨论了声援波兰人民和国际工人联合斗争的问题。大会决定成立国际性的工人组织，这个工人组织后来被定名为"国际工人协会"。

1864 年 10 月 5 日，国际举行临时委员会第一次会议，选举代表各国的委员，连同原已选出的委员，共五十人；会议还选出一个由九人组成的起草章程的专门委员会。马克思出席国际成立大会，并被选入临时委员会和小委员会。在马克思的努力下，小委员会否定了马志尼的秘书沃尔弗和老宪章派韦斯顿提出的充满资产阶级民主主义精神的纲领文件草案，粉碎了资产阶级分子领导国际工人运动的企图，并最终通过了马克思起草的《成立宣言》和《共同章程》两个纲领性文件，规定了国际工人协会的政治方向和组织原则。

第一国际成立后先后组织各国工人开展运动，欧洲各国的工人运动此起彼伏。如 1866 年英国裁缝工人大罢工，1867 年法国青铜工人大罢工，1868 年瑞士日内瓦建筑工人大罢工。

在支持各国工人罢工的同时，第一国际也在与各种机会主义做斗争。第一国际成立后先后进行了反对蒲鲁东主义、反对工联主义、反对巴枯宁主义的斗争。在它存在期间，传播了科学社会主义，促进了工人运动的发展，加强了无产阶级的国际团结。1876年7月15日，第一国际宣布解散。

🕊 巴黎公社

1870年9月2日，拿破仑三世在普法战争中战败投降。9月4日，巴黎人民发动起义，推翻了第二帝国的统治，建立了共和国，即法兰西第三共和国。但是，革命的胜利果实却落入了资产阶级共和派右翼和帝制派奥尔良党人之手。

1871年2月17日，梯也尔出任法国政府首脑。资产阶级临时政府对逼近巴黎的普鲁士军队采取了屈膝投降的态度。1871年2月28日，同德国（当时普鲁士隶属于德意志的一个邦联国）草签了条约，割让阿尔萨斯、洛林大片领土给德国，并赔款50亿法郎。

梯也尔政府的丧权辱国行为激起人民群众的极大愤慨。巴黎民众纷纷要求成立公社，以监督政府。3月15日，国民自卫军251个营队的代表选出中央委员会。3月18日晨，梯也尔政府出动军队袭击蒙马特尔和梭蒙高地，企图夺取国民自卫军的417门大炮，逮捕国民自卫军中央委员会成员，从而触发武装起义。

巴黎人民奋起反击，当晚就占领了城内的战略要地，临时政府总理梯也尔狼狈逃出巴黎，迁往凡尔赛。3月26日巴黎进行选举，3月28日正式成立巴黎公社。巴黎公社是第一个无产阶级政权的雏形，巴黎公社的领导人许多是第一国际的成员。

败逃的梯也尔自然不会就此罢休。正规军撤至凡尔赛后，借巴黎公社选举的时机，重整了军队。4 月 2 日梯也尔聚集四万军队展开对巴黎的进攻，并于 5 月 10 日在法兰克福与普鲁士签订合约，割让阿尔萨斯和洛林，支付 50 亿法郎的战争赔款。作为交换，俾斯麦提前释放了 10 万被俘的波拿巴军队帮助梯也尔向公社进行镇压，使梯也尔反革命势力自 5 月初就占了决定性优势。

凡尔赛军队自 5 月初在西线和南线不断推进，5 月 21 日，在国民自卫军疏忽的情况下，凡尔赛反革命军队与巴黎城内叛徒相策应，攻进巴黎市。同时占据巴黎东部和北部炮台的普鲁士军队悍然不顾停战协定，为凡尔赛军放行。凡尔赛军只遇到微弱的抵抗就经过了西半部富人区，到了东半部工人区后，遭遇到顽强的抵抗。无产者的武装英勇地同反革命军展开巷战和街垒战。在历经八天的战斗后，最后一个街垒被攻破，公社的最后捍卫者在贝尔维尔和梅尼尔蒙坦高地上倒下。

巴黎公社是无产阶级推翻资产阶级统治，建立无产阶级专政的一次伟大尝试。诚然，由于当时的政治经济条件所限，世界范围内的资本主义正处于上升和大发展的时期，资产阶级正与封建势力做最后阶段的斗争，发生于资本主义大工业初期阶段的这次无产阶级起义无法进行其推翻资本主义统治、实现科学社会主义的愿望。但是，作为一次壮举，它带给我们以教育和反思。它深刻地表明，资本主义社会的民主，只是资产阶级内部的民主，当无产阶级的斗争威胁到了资产阶级的利益和安全时，资产阶级会毫不犹豫地把无产阶级投入血泊之中。

巴黎公社的实践，丰富了马克思主义关于无产阶级革命和无产阶级专政的学说。它的经验和教训是国际社会主义运动的宝贵财富。公社战士在同强大敌人战斗时表现出来的英勇不屈、视死如归的精神将永垂史册。

两次世界大战

我竟有幸亲身经历了规模比第一次世界大战要大得多、时间要长得多、伤亡要重得多的第二次世界大战的开端。可是万万没有想到，这一出人类历史上罕见的大戏，开端竟是这样平淡无奇。

——季羡林 曾任北京大学教授、系主任、副校长

三国同盟和三国协约

三国同盟是指德国、奥匈帝国、意大利在维也纳结成的秘密同盟。1881 年，法国从阿尔及利亚侵入突尼斯，并把它变成自己的保护国。意大利早已觊觎突尼斯，但苦于实力不足，不能单独对抗法国，便投靠德、奥。经过谈判，1882 年 5 月 20 日，德、奥、意三国在维也纳签订同盟条约。

条约得主要内容有：（1）如意大利遭到法国进攻，德、奥两国应全力援助，如德国遭受法国侵略，意大利也担负同样的义务。（2）缔约国的一国或两国遭受两个或两个以上的大国（指法、俄）进攻，则缔约三国应协同作战。意大利对此附有一个保留条件：如英国攻击德国或奥匈，意大利将不负援助自己盟国的义务。（3）当一大国（指俄国）攻击缔约国一方时，其他两缔约国应取善意的中立，即一旦发生俄、奥战争，意大利将保守中立。

三国同盟的缔结标志着欧洲列强两大对峙军事集团的一方初告形

273

成。三国同盟的矛头指向俄国和法国，随着德国不断地扩张以及英、德矛盾的日趋尖锐，英国协调了与法国和俄国的关系，在1904年和1907年分别与法国和俄国签订协约，最后形成了三国协约。

三国同盟形成后，法俄都感到不安，为了对付共同的敌人，两国逐渐接近，并于1892年缔结了军事协定。法俄同盟形成，欧洲开始出现两大军事集团对峙的局面，这是向三国协约方向推进的第一步。三国协约形成的决定性步骤是其核心英国放弃了传统的外交政策与法国结盟。

随着在殖民地问题上冲突的加剧，20世纪初，英德矛盾成为帝国主义之间的主要矛盾。英国不得不放弃维持欧洲大陆均衡的"光荣孤立"政策，首先与德国的宿敌法国接近；法德矛盾促使法国也向英国靠拢。1904年英法签订协约，调整了两国在瓜分非洲等殖民地问题上的矛盾。自此，英法事实上建立了同盟关系。为了共同对付德国，英国又主动协调了同俄国的利害冲突。1907年英俄签订协定，调整了双方在亚洲争夺殖民地的矛盾。英法、英俄协定的签订，意味着英、法、俄三国协约的建立。这样，为重新瓜分世界，欧洲两大军事集团——三国同盟与三国协约最终形成。

🕊 萨拉热窝事件

受俄国支持的塞尔维亚，一直被奥匈认为是在巴尔干扩张的主要障碍。1914年，为了对塞尔维亚进行军事恫吓，奥匈准备选定于塞尔维亚被土耳其征服的"国耻日"（6月28日）在波斯尼亚首府萨拉热窝举行军事演习，以示其侵略野心。其实这一消息，早已于当年4月传出。塞尔维亚的秘密民族主义组织——民卫社和黑手党，决定派人去暗杀指挥这次演习的好战分子奥匈皇储弗兰茨·斐迪南。塞当局曾致函奥匈政府，劝其取消这次演习，但未被接受。

5月，黑手党七名成员分头潜入萨拉热窝，为暗杀活动进行了周密的准备。6月28日上午10时，斐迪南夫妇在城郊检阅军事演习之后，乘敞篷汽车，进萨拉热窝市区巡视。埋伏在路旁人群中的黑手党成员查卜林诺维奇突然冲到车前，向斐迪南投掷一枚炸弹。司机见此情景，加足马力，汽车冲向前方，炸弹落到后随汽车上，炸死一名军官和几名群众。查卜林诺维奇被捕。斐迪南故作镇静，挥手示意继续前进。斐迪南到市政厅出席了欢迎仪式，稍作休息之后，又乘车上街，招摇过市。当汽车途经一拐角处时，十七岁的中学生加·普林西波冲上前去用枪打死斐迪南夫妇。这就是著名的萨拉热窝事件。

德、奥匈帝国立即以此作为发动战争的借口，挑起了第一次世界大战，萨拉热窝事件遂成为第一次世界大战的导火线。

🕊 "施里芬计划"

萨拉热窝的枪声，引燃了第一次世界大战的战火。德国为了进行这场战争，早就做好了周详的计划。德军是当时世界上组织最完善、装备最好的军队，早在1905年，德军的整个作战计划就已经由当时的德军参谋总长施里芬拟订好了，称为"施里芬计划"。

"施里芬计划"的主要目标是法国。普法战争失败后，法国为抵御德国进攻，从瑞士阿尔卑斯山开始，经贝耳福、厄比纳尔、土尔和凡尔登构筑了坚固的防御堡垒，仅仅在厄比纳尔和土尔之间留有豁口以通法德边境，并在豁口的两翼部署了密集的交叉火力，因此"施里芬计划"的中心与重点，便是如何绕过法国漫长而坚固的防御体系。

"施里芬计划"基本内容是：将德国全部作战兵力分为对俄国的东线和对法国的西线。其中，西线部队79个师，东线部队则仅有10个师夹杂一些地方部队。东西线兵力分配比例大致为1:8。西线又分为左右两翼，右翼部队为 68 个师，左翼部队 11 个师一部分配在凡尔登中央地段，这里是巴黎的西北入口，距巴黎仅仅 135 英里，也是法国对德防御体系的重心所在。其余则部署在长达 240 公里的法德边境线上。西线中的右翼，是德国主力中的主力，也是该计划中德国赢得战争胜利的"灵魂"。

按照"施里芬计划"，一旦战争打响，东线德军部队以其少数兵力与奥匈帝国军队遥相呼应，牵制俄军，将俄国限制于东普鲁士边境。与此同时，集结于西线的右翼以凡尔登地区为轴心向西南方向旋转，取道欧洲的中立国比利时，由比法边界进入法国，在穿越比利时平原，横扫法国沿海后从北、西、南三个方向包围巴黎，继而向东，从法军背后包抄其主力。而西线的左翼的任务，便是抵御法军主力的攻击。

在"施里芬计划"中，德军在西线同英、法军队作战时，应该把打击的重点放在右翼，先发制人，集中优势兵力，从不设防的比利时，卢森堡攻入法国，从侧翼切割、包围法军，一举歼灭其主力。而德法边界的左翼只负责牵制。施里芬在临死前还一再叮嘱："切勿削弱我的右翼。"

战争开始后，施里芬的后继者，始终把这份计划看成战胜敌人的法宝，沉醉在速胜的梦幻之中。德国皇帝威廉二世对整装待发的德国士兵吹嘘说："你们勇敢地去旅行吧，落叶之前你们就会返回故乡。"

以速战速决为基本思想的"施里芬计划"，是第一次世界大战时期德国战略计划的基础。它表现了后起的德意志帝国急于争夺世界霸权的狂热欲望。但是，它过高地估计了德国自身的力量，终于遭到彻底的破产。

🕊️ 日德兰大海战

日德兰大海战是第一次世界大战期间英、德两国舰队在日德兰半岛附近的北海海域中展开的一场海战，也是第一次世界大战期间规模最大的一次海上争斗。

第一次世界大战开始后，英国就以强大的主力舰队对德国进行海上封锁，使德国港口与外界的海运联系几乎全部中断。德国海军小分队不断地对英国军舰发动突袭，也利用潜艇击沉了大批协约国和中立国的船只，但始终未能突破强大的英国海军实行的海上封锁。

1916年1月，赖因哈德·舍尔海军上将被任命为德国大洋舰队司令。他沮丧地发现，面对实力强大的英主力舰队，摆在他面前的现实选择只有一个，要么困在港内无所作为，要么拼掉英国主力舰队。如何以不占优势的德国海军去拼掉强敌呢？经过一番冥思苦想，一个富有进攻性的大胆计划在舍尔脑海里酝酿成熟：首先以少数战列舰和巡洋舰袭击英国海岸，诱使部分英国舰队前出，然后集中大洋舰队主力聚歼，继而在决战中击败英国主力舰队。为实现这一计划，舍尔用了4个月的时间，派出战列巡洋舰、潜艇和"齐柏林"飞艇，多次袭击英国东海岸，并实施布雷和侦察行动。

不料，英国破译了德国的无线电密码。5月30日，在得知德国大洋舰队将于明日出航的绝密情报后，英国海军主力舰队司令约翰·杰利科连夜制订出一个与舍尔如出一辙的作战计划：贝蒂海军中将率领前卫舰队从苏格兰的罗赛思港出发，于31日下午到达挪威以东日德兰半岛附近海域，以期与德舰队相遇。杰利科则亲自率主力舰队从斯卡帕弗洛港出发，也于31日下午到达贝蒂舰队西北方向60海里处的海域，如果此刻贝蒂与德舰队交上火，在主动示弱后，他将对方引向舰队主力的方向，这样杰利科庞大的舰群就会出现在德舰的侧后。凭借英舰队庞大的火力和速度，杰利科认为完全有把握歼灭出现在预想海域上的德国舰队。

5月31日下午，双方前卫舰队在斯卡格拉克海峡附近海域遭遇，英舰转舵自西北向东南驶去，德前卫舰队判断对方有断其归路的企图，乃转向回驶。15时20分，双方呈同向异舷机动势态，德舰先行发炮攻击。战至一小时后，英舰"不倦"号和"玛丽王后"号先后被击沉，德舰"狮"

号、"虎"号亦中弹受伤。此时，英海军4艘战列舰赶来支援，德国大洋舰队司令舍尔也率主力舰队赶到。英前卫舰队见势不利，于是往北撤退，企图与己方舰队主力会合后再战，德舰队乘胜追击。

下午5时许，德英主力舰队相遇，在德舰队先导舰轰击下，英装甲巡洋舰"武士"号在德舰炮火下爆炸沉没。德舰"威斯巴登"被英舰炮火击中下沉。6时半以后，英主力舰队强大炮火袭来，德舰队前锋舰只几乎全部被击中失去攻击力，但德战列舰"吕措夫"号和战列巡洋舰"德芬格尔"也以准确火力将英巡洋舰"常胜"号炸成两截儿，该舰随即沉没，1026名官兵全部丧生。

一小时后，英舰以强大火力在交战中渐占优势，德舰队见众寡悬殊，势难取胜，遂在夜幕掩护下，释放烟雾撤退。在撤退中，德战列舰"黑森"号（1.7万吨）将德轻巡洋舰"埃尔平"号（4000吨）撞沉。英装甲巡洋舰"黑王子"号被德战列舰击沉。德老式战列舰"波墨恩"号被英驱逐舰鱼雷击沉。此时双方主力舰队均已退出战斗，由小型军舰互相进行鱼雷攻击。6月1日凌晨，德舰队终于突破英舰队拦截，驶返威廉港，英舰队追之未及。海战历时12小时结束。

日德兰大海战是英德争夺海上霸权的一次较量，也是历史上交战双方使用战列舰编队进行的最后一次海战。双方参战官兵在10万人以上。英国损失舰船14艘，阵亡官兵6097人；德国损失舰船11艘，阵亡官兵2545人。就战役胜负得失而言，德国海军略占上风。但就战略意义而言，英国仍保持了对德国的海上优势，德国企图打破英国海上封锁的目的未能实现。

凡尔登"绞肉机"

1916年年初，德意志帝国统帅部决定把战略重点西移，德军总参谋长法金汉将打击目标定在法国境内著名要塞凡尔登。凡尔登是英法军队战线的突出部，它像一颗伸出的利牙，对深入法国北部的德军侧翼形成严重威胁，德、法在这里曾有过多次交手，但德军皆未能夺取要塞。如果此次德军能一举夺取凡尔登，必将沉重打击法军士气。同时，占领了凡尔登，也就打通了德军迈向巴黎的通道，占领了巴黎，法国就不攻自灭了，剩下的英、俄两军就不足为惧了。

1916 年 1 月开始，法金汉就悄悄结集部队准备攻击凡尔登，同时，德国明目张胆地向香贝尼增兵，做出要在香贝尼发动攻势的姿态。法军总司令霞飞果然上当了。自 1914 年德军无力攻克凡尔登而转移进攻方向之后，法国人就认为凡尔登要塞已经过时，霞飞在 1915 年即停止强化要塞。而此时德军向香贝尼移动的动作使霞飞异常警惕，他认为德军会向香贝尼进攻，然后从这里进军巴黎。

随着结集迹象的渐渐明显和暴露，英法联军终于弄清了德军的真正意图。霞飞慌了神，火速下令向凡尔登增兵。但到 2 月 21 日，仅有两个师赶到凡尔登。而这一天，德军开始向凡尔登进攻。德军炮兵团以猛烈的炮火轰击凡尔登要塞，然后发起了冲锋。凡尔登战役的序幕拉开了。德军的 1000 门大炮如雷霆一般轰击着，轮番的冲锋一浪高过一浪。凡尔登要塞司令贝当指挥守军和增援来的军队拼命抵抗。但因增援部队只赶来两个师，加上他自己的两个师，总共才有四个师的兵力，头一天就被德军推进了 6 公里。不过总算稳住了阵脚。

战斗对于法军来说是艰苦的。德军有 27 个师，1000 门大炮，而法军只有 10 万人，270 门大炮。但好歹算抵住了德军的进攻。待法国援军赶到之后，双方开始了拉锯战。德军未在头天一举拿下凡尔登，已经失去了战机，双方都在向凡尔登增兵，摆开了决一死战的阵势。激战到 4 月，法军的兵力已与德军相当。德国人急了，由皇太子亲征，并首次使用了毒气弹。但法军仍将德军的攻势一次次阻止在要塞前。7 月，德军发起了最后一次进攻高潮，但仍被法军抵挡住，到秋天，法军开始反攻了。

凡尔登战役德法双方投入了近两百万兵力，伤亡人数共计达七十多万。德军在这一战役中耗尽了元气。法军反攻开始以后，逐次收复了凡尔登以东的大片土地，德军节节败退。到 1917 年，德、奥阵营日益衰败，终于在 1918 年战败投降，第一次世界大战随即结束。

凡尔登战役是第一次世界大战的决定性战役和转折点，德军未能实现它夺取凡尔登包抄巴黎南路的计划，在耗尽兵力后再也找不到出路，最终失败。

🕊 十月革命

十月革命是俄国工人阶级在布尔什维克党领导下联合贫农所完成的伟大的社会主义革命，又称布尔什维克革命，因为革命发生在俄历（儒略历）10 月，故称为"十月革命"。

在第一次世界大战爆发之前，腐朽、反动的俄国沙皇专制统治已经陷入深刻的危机，革命出现高潮。大战爆发后，俄国社会矛盾日益尖锐，革命形势迅趋成熟。1917 年 2 月，俄国人民在以列宁为首的布尔什维克党的领导下，推翻了沙皇专制统治。起义的工人和士兵成立了工兵代表苏维埃。但是，俄国资产阶级窃取了二月革命的胜利成果，成立了以克伦斯基为首的临时政府。这样就出现了两个政权并存的局面。临时政府公开使用暴力镇压人民群众的示威游行，并准备建立军事专政。4 月，列宁结束长期在国外的流亡生活回到俄国，发表了著名的《四月提纲》，制订了从资产阶级民主革命向社会主义革命过渡的明确路线和具体计划，明确提出"全部政权归苏维埃"的口号。

1917 年 11 月 7 日，俄国首都彼得格勒（圣彼得堡）的工人赤卫队和士兵在列宁和布尔什维克党领导下首先举行武装起义。以停泊在涅瓦河上的"阿芙乐尔"号巡洋舰的炮声为信号，彼得格勒的工人和士兵开始向冬宫发起攻击，深夜攻入冬宫，逮捕了临时政府成员。克伦斯基逃亡，临时政府被推翻。当晚，在斯莫尔尼宫召开第二次全俄苏维埃代表大会，宣布临时政府被推翻，中央和地方全部政权已转归苏维埃。第二天，列宁在大会上作报告，大会通过了《和平法令》和《土地法令》，组成了以列宁为主席的第一届苏维埃政府——人民委员会，世界上第一个社会主义国家宣告诞生。

伟大的俄国十月社会主义革命的胜利开创了人类历史的新纪元，为世界各国无产阶级革命、殖民地和半殖民地的民族解放运动开辟了胜利前进的道路。

德国签约停火

战争进行到了 1918 年，德国在各条战线上连连失败。虽然在 3 月 3 日，德国与苏俄政府签订了《布列斯特和约》，俄国退出战争，减轻了东线的压力。但此时德国国内人民的反战运动此起彼伏，给德国统治者带来了更大的压力。

内外交困的德国于 10 月进行了政府改组，新任首相巴登亲王马克斯请求与协约国签订停战协议。不久，德国的基尔爆发了水兵起义，起义军迅速占领了基尔、汉堡、不莱梅等城市。这也使得全德国各地掀起了革命风潮，资产阶级政权摇摇欲坠。德国政府停火求和的意愿也变得更加紧迫。

1918 年 9 月，德军领导人发表声明，要求签订停战协定。不久，德国发生了十一月革命。出于对德国革命的恐惧，11 月 5 日，协约国同意在威尔逊提出的"十四点"的基础上同德国开始会谈。11 月 8 日，福煦代表协约国在贡比涅森林接见了德国代表团。他下令宣读协约国提出的停战条件，并要求德国必须在 72 小时之内答复。经过几天的谈判，德国只从协约国方面得到了微小的让步。

1918 年 11 月 11 日，德国政府代表埃尔茨贝格尔同协约国联军总司令福煦在法国东北部贡比涅森林的雷东德车站签署停战协定，德国投降。根据协定，德国在 15 天内从法、比、卢、阿尔萨斯—洛林及莱茵河左岸地区全部撤军，同时从土、罗、奥匈帝国及非洲撤军，并交出 5000 门大炮、2.5 万挺机枪、3000 门迫击炮、1700 架飞机、5000 台火车机车、15 万节车皮和 5000 辆卡车。

《贡比涅森林停战协定》的签订，宣告德、奥、土、保同盟国集团的彻底战败，第一次世界大战至此结束。

一切为了东线

高尔察克原是沙皇的海军上将，黑海舰队司令。十月革命后他盘踞在西伯利亚一带。1919 年春，协约国帝国主义改变反苏斗争策略，把白卫军（又称白军，苏联建国初期 1918 ~ 1920 年间的内战中反对苏联共产党的军队，主要由支持沙皇的保皇党、军国主义者、自由民主分子和温和社会主义者组成，与苏联红军对立）推到第一线，以高尔察克的军队为主力，派去许多军事顾问和运送大量枪支弹药，发动对苏维埃俄国的武装干涉。

3 月 4 日，高尔察克出动 40 万大军，在长达 2000 多公里的东方战线上发动进攻，占领乌法，并攻入伏尔加河流域。邓尼金、尤登尼奇、米格尔的白卫军以及波兰和芬兰的军队也同时发动进攻。

在这苏维埃政权的危急关头，列宁在《真理报》上发出了"一切为了东线""必须用全力粉碎高尔察克"的号召，大批工农加入红军支援东方战线。莫斯科—喀山铁路段的工人发起了星期六义务劳动来支援前线。党中央还把东线分成南北两路，以南路为重点。4月28日，伏龙芝统帅的南路红军展开反攻。传奇式英雄恰巴耶夫指挥的第25师勇猛善战，屡立战功。7月中旬，新任东线司令员伏龙芝指挥红军继续东进。8月，红军解放了整个乌拉尔和西伯利亚大部分地区。11月14日，红军开进高尔察克的"首都"鄂木斯克。高尔察克本人被逮捕并被判处死刑。

此前，红军还击退尤登尼奇对彼得格勒的进攻。协约国组织的以高尔察克为主力的对苏维埃俄国的武装干涉遭到彻底失败。

🕊巴黎和会

第一次世界大战结束后，各国于巴黎召开和会，称为"巴黎和平会议"（简称巴黎和会）。

当时参加巴黎和会的各国代表有1000多人，其中全权代表70人，但会议的重大决定几乎都是由美国总统伍德罗·威尔逊、英国首相劳合·乔治、法国总理克列孟梭主持，所以巴黎和会实际上是可以说是"三人会议"。

虽然美国总统伍德罗·威尔逊主张宽大对待德国，但法国却因为复仇心作祟，主张严惩德国。因此，诸国与德签订的议和条约——《凡尔赛和约》，因应法国的要求而加入了极其苛刻的条款，向德国强加了巨大的割地赔款及限制军备条款。但与此同时，和会并未对德皇威廉二世、兴登堡元帅、鲁登道夫将军等战犯施以应有的惩处。结果为德国在20年后挑起规模更大的第二次世界大战埋下了祸根。

由于各大国之间心怀鬼胎，这场会议足足开了5个月之久。6月28日是巴黎和会的最后一天，也是全体战胜国在和约上签字的一天。但作为战胜国的中国代表没有出席会议，拒绝签字。原因是巴黎和约里有三条是关于中国的，即战前德国侵占的山东胶州湾的领土，以及那里的铁路、矿产、海底电缆等，统统归日本所有。

本来中国当时参加了协约国，对同盟国作战，曾支援协约国大量粮食，还派出 17.5 万名劳工，牺牲了 2000 多人。作为战胜国的中国，索回德国强占的山东半岛的主权，这是顺理成章的事。但英、美、法却做主要送给日本。而卖国求荣的中国的北洋军阀政府都准备签字承认这个丧权辱国的条约。消息传来，中国人民忍无可忍，终于爆发了轰轰烈烈的五四运动。

华盛顿会议

华盛顿会议亦称太平洋会议，是第一次世界大战后，美、英、日等帝国主义国家为重新瓜分远东和太平洋地区的殖民地和势力范围，由美国建议召开的国际会议。会议于 1921 年 11 月 12 日至 1922 年 2 月 6 日在华盛顿举行。参会有美、英、法、意、日、比、荷、葡和中国北洋政府的代表团。

华盛顿会议实质上是巴黎和会的继续，因为巴黎和会虽然暂时调整了帝国主义国家在西方的关系，但它们在东亚、太平洋地区的矛盾仍然十分尖锐，日美之间的矛盾尤为激烈。华盛顿会议目的是要解决《凡尔赛和约》未能解决的帝国主义列强之间关于海军力量对比和在远东、太平洋地区特别是在中国的利益冲突，完善第一次世界大战后的帝国主义和平体系。在华盛顿会议上起主要作用的是美、英、日三国。

会议有两个主要议题，一是限制海军军备问题，二是远东和太平洋问题。为此，除由九国代表参加的大会外，还设立了由美、英、日、法、意五国组成的"缩减军备委员会"和由九国组成的"远东和太平洋问题委员会"。会议期间和结束时，与会国签订了一系列条约、协定和决议案，主要有《四国条约》《五国海军条约》和《九国公约》。

华盛顿会议所形成的华盛顿体系，是凡尔赛体系的继续和补充。它暂时调整了第一次世界大战后帝国主义列强在远东、太平洋地区的关系，确立了它们在东方实力对比的新格局，承认了美国的优势地位，使日本受到一定的抑制，但又使中国回到几个帝国主义国家共同支配的局面。

🕊新经济政策及苏联成立

十月革命后，布尔什维克党人在俄罗斯取得了政权，随即与德国签订《布列斯特和约》退出第一次世界大战。在随后的几年里，由托洛茨基指挥的红军通过残酷的内战击败了白军和协约国的干涉。

1921年年初，国内战争结束，苏俄取得了胜利，然而它面临的形势依然十分严峻：战争使工业生产受到严重破坏，战时共产主义政策的实行也压抑了广大农民的生产积极性，社会不满情绪影响了政治稳定。在这种情况下，列宁开始着手经济政策的调整。

1921年3月8～16日，俄共（布）召开了第十次代表大会。根据列宁的提议，大会于3月15日通过决议，决定用粮食税代替余粮收集制，以新经济政策取代战时共产主义政策。这一政策实际上是削弱社会化和鼓励有限的自由经营。其目的在于把占苏联人口绝大部分的农民争取过来，因为自从战争结束以来，这些农民一直处于悲惨的困境之中。

新经济政策的内容十分广泛，并且是逐步实行的。1922年苏维埃政府又颁布法令，规定农民有选择使用土地形式的自由，允许农民在一定范围内出租土地和使用雇佣劳动。在流通方面，政府允许农民和小手工业者把自己的产品拿到市场自由买卖，恢复国内的自由贸易。

1922～1924年，国家进行了币制改革，稳定了货币。在工业方面，国家继续掌管重要的工矿企业，但把一些中小企业租赁给本国和外国资本家经营。在管理体制方面，要求各企业按部门组成托拉斯，独立进行生产管理和经济核算。合作社也获得了自主经营权。在分配方面，废除了平均主义的实物配给制，实行按劳分配。

新经济政策的实施受到广大农民的欢迎，也得到了工人和其他劳动者的拥护。它使苏俄遭受战争破坏的经济迅速恢复，工农联盟日益巩固，苏维埃政权不断加强。

新经济政策为苏俄从资本主义向社会主义过渡创造了有利条件。1922年12月30日，苏维埃社会主义共和国联盟成立大会在莫斯科召开，大会宣布，在自愿和平等的基础上成立"苏维埃社会主义共和国联盟"，简称"苏联"，当时参加联盟的四个共和国包括俄罗斯、乌克兰、白俄罗斯和外高加索联邦。

墨索里尼登上首相宝座

1922年10月28日，在寒冷的意大利古都罗马城街头，忽然出现一支庞大的游行队伍。游行者一边前进，一边振臂呼喊："我们要土地！""我们要工厂！""我们要帝国！"听到这样的口号，看到这样的情景，饱受经济萧条折磨的罗马居民也都涌上街头，有些居民一时冲动，也加入游行队伍。越向前进，游行队伍越是庞大，口号声越是惊天动地。到达市中心时，游行队伍已增至五六万人，熙熙攘攘，塞满一街，望不见首尾。

这就是意大利历史上著名的"向罗马进军"。意大利从此被搅得天翻地覆。

策动这场"向罗马进军"闹剧的首要人物是意大利民族法西斯党领袖贝托尼·墨索里尼。墨索里尼十七岁时加入意大利社会党，开始投身政治活动。第一次世界大战爆发后，墨索里尼因鼓吹战争，与意大利社会党决裂。1915年，三十二岁的墨索里尼应征服役，参加意大利军队，投身第一次世界大战中，很快由列兵升为下士。从军队退伍后，墨索里尼开始转向法西斯主义，自比古罗马恺撒大帝，处心积虑谋篡意大利全国政权。

第一次世界大战以后，意大利因战争浩劫，百业凋零，民不聊生，工农运动风起云涌。工人纷纷暴动，夺占资本家的工厂，农民也广泛开展"夺取土地运动"，意大利处在一场大动乱的前夜。墨索里尼决定利用这种形势，实现夺权梦想。1919年3月，墨索里尼纠集150名退伍军人、民族主义分子和政治暴徒，组织了意大利第一个法西斯组织——法西斯战斗团。两年后，墨索里尼又把法西斯战斗团改组为民族法西斯党，墨索里尼自封为法西斯党领袖。

为了夺取政权，墨索里尼极力把邪恶的法西斯党打扮成代表全民族利益的政党，争取各方面支持。他花言巧语，不断许诺。他向工人许诺，将给他们工厂；向农民许诺，将平均分配土地；向军队许诺，将增加军费，扩充陆海空三军；向资本家许诺，将对外扩张，夺取广大殖民地，武力开拓海外市场。法西斯党迅速膨胀，很快发展至15万党徒，并到处谋杀、绑架和制造各种混乱。然后，墨索里尼倒打一耙，把社会动乱的根源归咎于其政治对手，以博取声誉，要求政府恢复秩序。

1922年8月，意大利发生全国性政治罢工，墨索里尼指挥法西斯党徒乘乱夺取了米兰、波伦亚和北意大利许多大城市，并把各地法西斯党徒按军队编制，统编为四个建制完整的军团，准备最后夺取政权。

1922年10月28日，墨索里尼坐镇米兰，指挥成千上万法西斯党徒，由米兰徒步进军首都罗马，不费一枪一弹，和平占领罗马。意大利国王维克多·艾曼努尔见法西斯党势不可当，便下令解散意大利政府，任命墨索里尼为政府首相，组织法西斯政府。10月30日，墨索里尼实现了梦想，登上了决定意大利命运的首相宝座。从此，意大利的历史年轮开始向深渊滚动，欧洲和世界在后来的岁月中因为这一颗灾星又陷入了一场大混战。

阿道夫·希特勒

阿道夫·希特勒，纳粹德国元首，第二次世界大战头号战犯。1889年4月20日，希特勒生于巴伐利亚和奥地利的边界城市布劳瑙一个海关职员之家。中学毕业后梦想当艺术家，去维也纳报考美术学院，结果名落孙山。1913年迁居德国慕尼黑无固定职业，成为民族主义和反犹主义的狂热信徒。

1914年8月，希特勒加入德国陆军，在巴俄利亚预备步兵第16团服役，参加第一次世界大战，军衔至下士。战后退役，曾一度在慕尼黑为国防军反谍机关当密探。为寻生活出路，于1919年加入德意志工人党。该党于次年改名为民族社会主义德意志工人党，即纳粹党。1921年，希特勒成为纳粹党党魁，随即组织该党的准军事组织——武装冲锋队。1923年11月希特勒在慕尼黑发动"啤酒馆暴动"，企图仿效墨索里尼建立法西斯政权。失败后被捕入狱。在狱中口述了《我的奋斗》一书，鼓吹废除《凡尔赛和约》，夺取生存空间，扩充领土，征服世界，宣扬复仇主义、种族主义、民族沙文主义和反苏反共思想。1924年年底，希特勒出狱。

1933年1月在垄断资本集团和军界支持下，纳粹党发展成为国会中的第一大党，希特勒登上总理宝座，开始实现其称霸世界和使德国纳粹化的计划。

1934年，德国总统兴登堡死后，希特勒得以集总统和总理的大权于一身，废止共和国，改称德意志第三帝国，自称国家"元首"。他解散国会，取缔纳粹党以外的其他一切政党，迫害和屠杀共产党人、进步人士和犹太人，实行法西斯独裁专政。1935年，他撕毁凡尔赛条约，宣布重整军备，为发动侵略战争做准备。

希特勒在国内加剧对犹太人的迫害，1935 年 9 月颁布法律剥夺了犹太人的公民权利，后来又颁发了十三条补充法令，剥夺了犹太人在德国谋生的权利。

1936 年，德国与东条英机领导的日本签订《反共产国际协定》；次年，墨索里尼领导的意大利加入这个协定，于是形成了德、日、意三国轴心。1936 年 3 月他命令德军进入莱茵兰非军事区，同年 7 月伙同意大利武装干涉西班牙内战，扶持佛朗哥取得西班牙政权。1938 年 3 月和 1939 年 3 月，对奥地利和捷克斯洛伐克实施兼并。之后，希特勒进一步独揽陆、海、空三军指挥权，担任德国武装部队最高统帅。1939 年 9 月，希特勒纳粹德国闪击波兰，挑起了第二次世界大战。

以希特勒为首的法西斯德国，在第二次世界大战中给世界许多国家的人民带来了空前的灾难。据统计，"二战"期间总共有约 600 万犹太人、数千万其他人种因为希特勒的种族灭绝政策而被屠杀。希特勒对世界人民犯下了滔天罪行，也给德国人民的生命财产造成了巨大损失，战争中近 800 万德国人死亡。世界各国的珍贵文化遗产的损失更是无法计算。

🕊 "大萧条"

"大萧条"指的是 1929 ～ 1933 年之间全球性的经济大衰退。

"一战"过后，美国经济日益繁荣起来。1923 ～ 1929 年秋天，美国每年的生产率增幅达 4%，此时，整个美国社会的价值观念都发生了巨大的变化，发财致富成了人们最大的梦想，投机活动备受青睐，享乐之风盛行，精神生活愈发浮躁和粗鄙，政治极端腐败，人们把这时的美国称为精神上的"饥饿时代"或"疯狂的 20 年代"。

尽管这一繁荣造就了资本主义发展的一个黄金时期，但这一繁荣本身却潜伏着深刻的矛盾和危机。农业一直都没有从战后萧条中完全恢复过来，农民在这个时期始终贫困，农村购买力不足，农场主纷纷破产。此外，工业增长和社会财富的再分配极端不均衡，工业增长主要集中在一些新兴工业部门，而采矿、造船等老工业部门都开工不足，纺织、皮革等行业还出现了减产危机，大批工人因此而失业。

在 1920～1929 年，工业总产值几乎增加了 50%，而工人却并没有增多，交通运输业职工实际上还有所减少。这一时期兼并之风盛行，社会财富越来越集中于少数人手中。全美三分之一的国民收入被 5% 的最富有者占有；60% 的家庭年收入为仅够温饱的 2000 美元水平；还有 21% 的家庭年收入不足 1000 美元。

由于大部分财富都集中到了极少数人手中，社会购买力明显不足，导致美国经济运行中商品增加和资本输出困难，这进一步引发了生产过剩和资本过剩；虽然金融巨头在投机行为中都获得了高额利润，但大量资金并没有被投入到再生产过程，而是被投向了能获得更高回报的证券投资领域。

1929 年 10 月 29 日，美国迎来了它的黑色星期二。这一天，美国金融界崩溃了，股票一夜之间从顶峰跌入深渊。从 1929 年 10 月 29 日到 11 月 13 日短短的两个星期内，共有 300 亿美元的财富消失，相当于美国在第一次世界大战中的总开支。但美国股票市场崩溃不过是一场灾难深重的经济危机爆发的火山口。

随着股票市场的崩溃，美国经济随即全面陷入毁灭性的灾难之中，可怕的连锁反应很快发生：疯狂挤兑、银行倒闭、工厂关门、工人失业、贫困来临、有组织的抵抗、内战边缘。农业资本家和大农场主大量销毁"过剩"的产品，用小麦和玉米替煤炭做燃料，把牛奶倒进密西西比河，使这条河变成"银河"。城市中的无家可归者用木板、旧铁皮、油布甚至牛皮纸搭起了简陋的栖身之所，这些小屋聚集的村落被称为"胡佛村"。

流浪汉的要饭袋被叫作"胡佛袋"，由于无力购买燃油而改由畜力拉动的汽车叫作"胡佛车"，甚至露宿街头长椅上的流浪汉上盖着的报纸也被叫作"胡佛毯"。而街头上的苹果小贩则成了大萧条时期最为人熟知的象征之一。在那些被迫以经营流动水果摊讨生活的人中，有许多从前是成功的商人和银行家。

股票市场的大崩溃导致了持续四年的经济大萧条，这次经济危机很快从美国蔓延到其他工业国家。对千百万人而言，生活成为吃、穿、住的挣扎。各国为维护本国利益，加强了贸易保护的措施和手段，进一步加剧恶化世界经济形势，这是第二次世界大战爆发的一个重要根源。

罗斯福新政

1933年3月4日，新任美国总统罗斯福从胡佛手中接过了领导美国的权力。此时持续近四年的大萧条已经让美国——这个新崛起的世界头号工业国变得千疮百孔、风雨飘摇。

上任的第二天，罗斯福就针对当时的实际，顺应广大人民群众的意志，大刀阔斧地实施了一系列旨在克服危机的政策措施，历史上称之为"罗斯福新政"。

罗斯福应对危机的"新政"，其核心是三个R：改革（Reform）、复兴（Recovery）和救济（Relief）。罗斯福的"新政"并非一时的权宜之计，而是一场为保证资本主义制度的稳定发展，在资本主义经济肌体内部进行的一场"伤筋动骨"的大手术。

其主要措施有：整顿银行与金融系，下令令银行修业整顿，逐步恢复银行的信用，并放弃金本位制，使美元贬值以刺激出口；复兴工业（中心措施），通过《全国工业复兴法》与蓝鹰行动来防止盲目竞争引起的生产过剩；调整农业，给减耕减产的农民发放经济补贴（农民缩减大片耕地，屠宰大批牲畜，由政府付款补贴），提高并稳定农产品价格；推行"以工代赈"；大力兴建公共工程，缓和社会危机和阶级矛盾，增加就业刺激消费和生产；政府还建立社会保障体系，使退休工人可以得到养老金，失业者可以得到保险金，子女年幼的母亲、残疾人可以得到补助。

"新政"在美国和世界资本主义发展史上具有重要意义。经过这一系列"新政"的实施，美国经济回升，失业人数大幅度下降；也使得资本主义国家对经济的宏观控制和管理得到加强，美国联邦政府的权力明显增强。新政开创了国家干预经济新模式，美国进入国家垄断资本主义时期。

罗斯福新政不仅使美国渡过了经济危机，维护了资本主义民主制度，也为其他国家实施国家干预经济，进行体制性自我调整提供了宝贵的经验，但不能从根本上消除资本主义的经济危机。

绥靖政策

各国人民革命的兴起及社会主义苏联的出现，引起帝国主义的恐惧和仇视。它们在争夺世界霸权的斗争中，既想削弱和击败竞争对手，又要反对社会主义，镇压人民革命。绥靖政策正是适应这一需要出现的，在不同的情况下，其内容、形式和手法有所不同，但目的都是为了维护和争夺世界霸权，反对社会主义和人民革命。

绥靖政策最积极的推行者是英国、法国、美国等国。20 世纪 30 年代前，绥靖政策主要表现为扶植战败的德国、支持日本充当防范苏联的屏障和镇压人民革命的打手。30 年代后，面对德、意、日法西斯国家的严重挑战，以英国首相张伯伦为代表的英、法、美等国的绥靖主义者，为了维护既得利益，求得一时苟安，不惜以牺牲别国利益为代价，谋求同侵略者妥协，妄图将祸水引向苏联，坐收渔利。

1931 年"九一八"事变，容忍日本侵略中国东北；1935 年 3 月容忍希特勒重整军备；1935 年 8 月美国通过中立法；1935 年 10 月容忍意大利侵略埃塞俄比亚；1936 年 3 月放任希特勒武装进占莱茵区；1936 年 8 月对德、意武装干涉西班牙采取"不干涉"政策；1937 年 7 月纵容日本发动全面侵华战争，此后又策划太平洋国际会议，阴谋出卖中国，同日本妥协；1938 年 3 月默许希特勒兼并奥地利；这些都是绥靖政策的例证。最典型的体现则是 1938 年 9 月的慕尼黑会议和《慕尼黑协定》。英、法及幕后它们支持的美国，妄图以牺牲捷克斯洛伐克为代价，在欧洲实现"普遍绥靖"，求得"一代人的和平"，实质上是推动德国进攻苏联。

历史证明，绥靖政策是一种纵容战争、挑拨战争、扩大战争的政策。它无法满足法西斯国家的侵略野心，却鼓励了侵略者冒险，加速了第二次世界大战的爆发。1939 年德国闪击波兰，绥靖政策一度破产。

🕊 二二六事件

希特勒在德国建立法西斯专政，并形成世界大战的欧洲策源地的时候，亚洲日本的法西斯势力也开始抬头了。二二六事件是 1936 年（昭和十一年）2 月 26 日，在日本发生的陆军青年官兵反叛的事件，是一次由皇道派军人发动的未遂军事政变。政变失败使得东条英机为首的统制派借机清理敌对的皇道派军人的政治势力。

第二次世界大战爆发之前，日本军队内部的斗争相当严重，对于政治的看法也不同。事件发生的前夕，军队内部主要分为皇道派与统制派。皇道派为激进的中级少壮军官，统制派则为军队的高阶将领。皇道派认为，日本天皇已经被"周边的坏人"所包围，无法知道民间疾苦，所以必须起来"清君侧"，废除内阁，让天皇直接成为类似希特勒这种军事独裁者。两派的政治看法完全不同，目的却都是想要将日本进一步转型为法西斯战争机器国家。

两派核心的斗争是在宫闱之内进行，受到影响的却是没有实际权力的年轻军官。以安藤辉三大尉为首的年轻军官团，遂结合约1400名军官，在2月26日当天凌晨，占领包括东京警视厅、首相府等重要机关建筑，并且杀害了包括财务大臣、内大臣、侍从长等重要官员，希望能够达到"昭和维新""尊皇讨奸"的目的。但是，昭和天皇对此举却甚为震怒，认为这些军官有意作乱。统制派的将领便以平乱为由，向皇道派进攻。由于多数士兵并未接到皇道派接管东京的命令，并未采取行动；再加上皇道派部分军人的倒戈，二二六事件只持续了四天。最后，获得实际利益的统制派高阶将领，以叛国等理由，处死了发动事变的军官。

二二六兵变是日本"皇道派"军官发动的一次打击"统制派"势力的政变，对日本法西斯政权的建立有重大影响。在二二六兵变之后，日本统制派以此事件为借口，对皇道派实行镇压，加速了法西斯主义在日本的确立和全面侵华战争的爆发。

🕊 慕尼黑协定

慕尼黑协定，全称《关于捷克斯洛伐克割让苏台德领土给德国的协定》，是1937年9月29日至30日英国、法国、纳粹德国、意大利四国首脑张伯伦、达拉第、希特勒、墨索里尼在慕尼黑会议上签订的条约。英、法两国为避免战争爆发，牺牲捷克斯洛伐克利益，将苏台德区割让给纳粹德国。

早在1937年6月，纳粹德国就拟订了代号为"绿色方案"的入侵捷克斯洛伐克的计划。1938年3月，纳粹德国吞并奥地利后，把侵略矛头指向捷克斯洛伐克，企图以支持"民族自决"为名，占领捷克斯洛伐克西部日耳曼人集中的苏台德区。同年4月，以康拉德·汉莱因为首领的苏台德日耳曼人党举行代表大会，提出把苏台德区从捷克斯洛伐克分裂出去的"自治"纲领。阿道夫·希特勒以此为由，在德捷边境集结兵力，以战争相威胁。5月20日，捷克斯洛伐克政府被迫宣布局部动员，德捷边境局势紧张，史称"五月危机"。

经过英、法的不断调停，9月29日，张伯伦同达拉第、希特勒、墨索里尼一起，在慕尼黑举行英、法、德、意四国首脑会议。会议从29日12时45分开始，至次日深夜1时半，四国正式签署了将苏台德区割让给德国的《慕尼黑协定》。直到此时，一直在隔壁房间里等候的捷克斯洛伐克的两名代表被带进会议厅，告之协定的内容。迫于英、法两国的压力，捷克斯洛伐克政府在德国限定的6小时内接受了《慕尼黑协定》。

《慕尼黑协定》的签订标志着英、法绥靖政策的顶峰。协定使捷克斯洛伐克丧失了1.1万平方英里的领土、360万居民和一半以上的经济资源，丧失了捷作为边境地区安全屏障的防御要塞，破坏了英、法在东欧的同盟体系，加强了纳粹德国的经济和军事实力，助长了德、日、意法西斯的侵略气焰。

该协定的签订不但没有换来张伯伦所宣扬的"一代人的和平"，反而加速了世界大战的爆发。1939年9月，纳粹德国大举进攻波兰，挑起了第二次世界大战。

苏德互不侵犯条约

十月革命及苏联建立后，由于意识形态等原因，以英国、法国为首的西方国家与苏联的矛盾激化。到20世纪30年代末，英、法的主要战略对手是苏联，而在东欧地区的问题上又与纳粹德国发生冲突。而纳粹德国向来仇视共产主义，要向苏联采取军事行动，也必须经过东欧。对苏联而言，英、法是"老牌帝国主义国家"，意识形态冲突显而易见，而纳粹德国的崛起更是直接威胁到苏联的国防安全。故此，西方、德国与苏联三方之间的博弈与斗争便开始了。

希特勒一面声称要消灭社会主义苏联，一面又加紧准备向西方侵略扩张。面对德国咄咄逼人之势，英、法一味退让，推行绥靖政策，企图"祸水东流"。1938年9月29日《慕尼黑协定》的签订标志着英法绥靖政策的顶峰。

而斯大林为了保护苏联的安全及利益，决定放弃与英、法共同对抗纳粹德国，反而与之保持表面上的友好关系，以争取时间及空间应对纳粹德国在日后可能进行的军事行动。另一方面，希特勒为了执行1939年4月3日制订的闪击波兰的"白色方案"，避免过早地与苏联发生冲突，陷入两线作战的困难境地，所以也愿意与苏联签订非战条约。

8月21日，斯大林接受希特勒提出的立即缔结互不侵犯条约的要求。8月23日，苏联同德国签订《苏德互不侵犯条约》，有效期10年。条约规定：缔约双方彼此互不使用武力，任何一方将不参加直接或间接反对他方的国家集团；当一方受到第三国进攻时，另一方不给予第三国任何支持；就彼此有关问题，密切接触，交换情报；和平解决相互间的一切争端。

该条约的签订使苏联得以暂时置身于战火之外。但条约签订不到两年，德国在西线得手后，于1941年6月22日撕毁《苏德互不侵犯条约》，对苏联发动突然袭击。

🕊德国突袭波兰

1939年9月1日凌晨，德国突然出动58个师，2800辆坦克，2000架飞机和6000门大炮，向波兰发起"闪电式进攻"。9月3日，英、法被迫对德宣战，第二次世界大战全面爆发。

法西斯德国对波兰的侵略战争，是希特勒称霸世界的战争总计划中的一个重要组成部分。波兰位于欧洲东部，东接苏联，西临德国，南界捷克斯洛伐克，北濒波罗的海，战略地位十分重要。波兰是当时英、法在欧洲诸盟国中军事上最强大的一个国家。德国如果占领波兰，不仅能获得大量的军事经济资源，而且还能大大改善自己的战略地位；既可以消除进攻英法的后顾之忧，还可以建立袭击苏联的基地。因此，德国在吞并奥地利和捷克后，下一步侵略的目标就定在波兰。

从 1938 年 10 月起，德国向波兰接二连三地提出领土要求，要波兰交出"波兰走廊"和但泽，并将在"波兰走廊"建筑公路、铁路的权利也转让给德国。这些要求遭到波兰政府的严词拒绝，于是德国决定用武力迫使波兰就范。德军侵波战争的计划代号为"白色方案"，其战略企图是：利用快速兵团和优势航空兵，实施突然袭击，一举灭亡波兰。波兰战役，是法西斯德国"闪电战"在战争中的首次应用。

1939 年 8 月 31 日晚，一支身穿波兰军装的德国党卫军，冒充波军，袭击了德国边境的格莱维茨电台，在广播里用波兰语辱骂德国，并丢下几具身穿波兰军服、实际上是德国囚犯的尸体。接着，全德各电台都广播了"德国遭到了波兰突然袭击"的消息。9 月 1 日拂晓，德国便大举入侵波兰。

波兰与英、法两国曾订有盟约，德波战争爆发后，9 月 3 日，英、法政府对德宣战，并表示要履行保护波兰独立的诺言。但实际上英、法政府宣而不战，没有认真援助波兰。波兰当局对德军的突然袭击缺乏准备，仓促应战，结果在德军的进攻下防线迅速瓦解。波兰政府于 9 月 16 日逃往国外。

尽管波兰政府临阵脱逃，但波兰人民还是与波兰军队一起，跟德军展开了殊死的战斗。在华沙保卫战中，华沙军民坚持了二十多天的激战，最后弹尽粮绝，华沙陷落。波兰政府把本国的安全寄托在英、法身上，没有认真做好反侵略的准备，结果在危急时刻被英、法出卖，成为帝国主义大国争霸的牺牲品。

🕊敦刻尔克大撤退

敦刻尔克大撤退是第二次世界大战初期的 1940 年 5 月，英法联军防线在德国机械化部队快速攻势下崩溃之后，在敦刻尔克这个位于法国东北部靠近比利时边境的港口城市进行的当时世界上最大规模的军事撤退行动。

1940 年 5 月 10 日，德国开始进攻西欧。当时英国、法国、比利时、荷兰、卢森堡拥有 147 个师，300 多万军队，兵力与德国实力相当。但法国战略呆板保守，固守长线价值投资，只把希望寄托在他们自认为固若金汤的马其诺防线上，对德国宣而不战。在德、法边境上，只有小规模的互射，没有进行大的战役，出现了历史上有名的"奇怪的战争"。

然而，德军没有攻打马其诺防线，他们首先攻打比利时、荷兰和卢森堡，并绕过马其诺防线从色当一带渡河入法国。德国法西斯的铁蹄不久又踏入荷兰、比利时、卢森堡。5 月 21 日，德军直趋英吉利海峡，把近 40 万英法联军围逼在法国北部的狭小地带，只剩下敦刻尔克这个仅有万名居民的小港可以作为海上退路。形势万分危急，敦刻尔克港口是个极易受到轰炸机和炮火持续攻击的目标。如果 40 万人从这个港口撤退，在德国炮火的强烈袭击下，后果不堪设想。

英国政府和海军发动大批船员，动员人民起来营救军队。他们的计划是力争撤离 3 万人。对于即将发生的悲剧，人们怨声载道，争吵不休。他们猛烈抨击上层的无能和腐败，但仍然宁死不惧地投入到撤离部队的危险中去，于是出现了驶往敦刻尔克的奇怪的"无敌舰队"。这支船队中有政府征用的船只，但更多的是自发前去接运部队的人民。

5月26日、6月2日和6月3日共三个晚上，5月27日至6月1日共五个全天，英法联军在德军的追击之下总共将338226人撤回英国，其中英军约21.5万人、法军约9万、比利时军约3.3万人，为日后盟军的反攻奠定了坚实的基础。事后，丘吉尔曾经说过一段名言："我们不要把这次援救说成是胜利。战争不是靠撤退而赢得的。但是，在这次援救中却孕育着胜利。"

🕊 不列颠空战

　　纳粹德国占领法国后，希特勒便着手对付欧洲北部的英国。诱英妥协失败，希特勒于1940年7月下达全面入侵英国的"海狮计划"。此次作战需要首先歼灭英国的空中力量，以保障登陆行动的顺利。为夺取制空权，把占有优势的英国海军赶出英吉利海峡，给入侵扫清道路，并迫使英国屈服。

　　德国最高统帅部把此次行动的最早日期定于8月5日，代号为"鹰袭"。到了8月6日，戈林才把进攻日期正式定于8月12日，名为"鹰日"。然而，因为英国南部天气不稳定，因此德国空军于8月13日才发动对英国的空中攻势。德军最初主要目标是英军的军舰、海军基地、机场和雷达站。

　　8月13日，德国空军开始突袭英伦海峡及英国本土，计划歼灭英国的空军基地及雷达站，以及消除英国的空军主力。但在英国南部恶劣天气的影响下，再加上英国使用新研发的雷达，使得德国空军在这一天遭到了失败。自此，英、德的空军不断在英国的空中交战，双方伤亡惨重。至8月28日晚，德国对英国城市利物浦发动轰炸，造成英国大量平民伤亡。英国皇家空军开始对德国进行反击，在8月下旬接连轰炸德国首都柏林。德国为了对抗皇家空军的夜袭，9月7日起转而主要轰炸伦敦等重要城市，企图摧毁英国军民的抵抗意志。

德军动用了2000架左右飞机，飞行4.6万多架次，投掷了6万吨炸弹，给英国造成重大损失。首都伦敦破坏严重，形势严峻。英国军民在丘吉尔政府领导下团结一致，奋力抵抗。仅拥有1000余架飞机的皇家空军充分利用本土上空作战的优势，使用刚刚发明的雷达早期预警，以915架飞机的代价使德国损失飞机1733架、飞行员6000名，并对德国进行了有限还击。

德军无法实现战役目的，同时希特勒的注意力也转向东方准备进攻苏联，因而"海狮计划"的实施无限期推迟。10月初，德国空军转入夜袭，不列颠空战接近尾声。

此次空战是第二次世界大战中规模最大、时间最长的空战。英国取得自卫战的胜利，希特勒的军事冒险受到严重的挫败，有力地鼓舞了世界各国人民反法西斯斗争。

莫斯科保卫战

莫斯科保卫战是指第二次世界大战，苏德战争中一次会战，苏联军队保卫其首都莫斯科及其后反攻德军的战役。

1941年6月22日，纳粹德国与其盟友入侵苏联，使苏联及苏联红军领导层大吃一惊。德军以闪电战战术快速深入苏联领土。装甲部队以钳形方式推进，先孤立然后彻底摧毁苏军。德军北方集团军群向列宁格勒推进，南方集团军群则征服乌克兰和高加索高地，而中央集团军则向莫斯科进发。1941年8月上旬，德军攻占斯摩棱斯克，这是往莫斯科路上一个重要据点，但斯摩棱斯克的战斗阻碍了德军的攻势直到9月中，有效地瓦解了闪电战的战术。

德军在"闪电战"计划破产后，被迫缩短战线，妄图集中力量，迅速攻占莫斯科。莫斯科是苏联的首都，全国政治、经济、军事和文化中心，也是铁路交通枢纽，具有极其重要的战略意义。希特勒认为，一旦攻占莫斯科，就能击败苏军主力，达到结束对苏战争的目的。

9月30日，德军对莫斯科发动了代号"台风"的大规模攻势，妄图在十天之内攻占它。德军投入的兵力有74个半师，180万人，1700辆坦克，1390架飞机，1.4万多门大炮和迫击炮。德军集中了最精锐的部队。苏军方面总共有95个师，125万人，990辆坦克，677架飞机，7600门大炮和迫击炮。希特勒扬言要在莫斯科红场上检阅他的法西斯军队。

在首都和全国军民支援下，前线军民英勇抗敌，浴血奋战。到10月底，德军被阻止在加里宁—土耳基诺沃—沃洛克拉姆斯克—多罗霍沃—纳罗—佛敏斯克—谢尔普霍夫—阿列克辛以西一线。希特勒妄图在10月占领莫斯科的计划破产了。

12月初，莫斯科的气温已下降到零下20℃至零下30℃，德军没有棉衣，飞机和坦克的马达无法发动，坦克上的光学窥镜失去作用。而苏军，他们习惯寒带生活，而且穿上了棉衣、皮靴和护耳冬帽，仅英、美根据莫斯科议定书就给苏联运送了150万双军靴，1.05万吨制靴皮革，随后又运去700万双军靴。12月6日，苏军从莫斯科南面和北面展开大反攻。1942年年初，苏军击溃了进攻莫斯科的德军，毙伤16.8万人，把德军赶离莫斯科100到250公里，取得了莫斯科保卫战的胜利。在1941年德、苏战场的整个冬季战役中，德军被击溃50个师，陆军伤亡83万多人。

德军在莫斯科战役中的失败，标志着希特勒"闪电战"的彻底破产。这是德军在第二次世界大战中的第一次大失败。苏军的胜利，极大地鼓舞了苏联人民和全世界人民反法西斯战争的胜利信心。

🕊 偷袭珍珠港

自从第一次世界大战后，美、日矛盾就不断激化。1937年7月7日，日本发动了全面侵华战争，严重损害了英、美在华的政治、经济利益。1940年5月，美国总统罗斯福命令结束年度例行演习的太平洋舰队不返回美国西海岸，而是留驻珍珠港，实施对日威慑。1941年8月1日，美国又宣布对日本实施全面石油禁运，这对于资源极为缺乏的日本而言，无疑是致命的。为此日本不惜偷袭珍珠港，进行一场致命的赌博。

战前，日本进行了周密准备，欺骗麻痹美国。因此，直到大战在即，夏威夷岛上的美军仍毫无战斗准备。

1941年11月18日前后，日军以第6舰队27艘潜水艇并载有5艘特种潜水艇组成的先遣舰队，分别从横须贺、佐伯湾出发，分3路，直扑夏威夷，担负侦察监视和截击美舰队的任务。26日，以第1航空舰队6艘航空母舰为基干而组成的突击舰队，从单冠湾出发，沿北方航线隐蔽开进，赴瓦胡岛北面预定海域，担负空中突袭珍珠港的任务。12月2日，先遣舰队和突击舰队同时收到"12月8日（东京时间，夏威夷时间为7日）为空袭日"的通知。"空袭日"选定在星期天。

12月7日4时30分，当突击舰队顺利到达瓦胡岛以北，即展开组织进攻。5时30分，两架水上飞机对瓦胡岛及其附近海面进行侦察。354架舰载机用于空袭，分为两个攻击波：第1波183架，第2波171架。6时，第1波起飞，由云层上空悄悄飞向珍珠港。7时15分，第2波起飞。日军在2个小时内出动350余架飞机偷袭珍珠港的美军基地，炸沉炸伤美军舰艇40余艘，炸毁飞机200多架，毙伤美军4000多人，美军主力战舰"亚利桑那"号被1760磅重的炸弹击中沉没，舰上1177名将士全部殉难。

但是，短暂的战术胜利改变不了日本军国主义灭亡的命运。"不论在不在港内，我们每个人都将永远记住这一时刻。"1941年12月8日，美国总统在国会发表了其历史性的演说，而后国会通过对日宣战。美国完全投入了"二战"，将其强大的国家机器转入了战时的轨道，从而彻底扭转了"二战"局面。

《大西洋宪章》

德苏战争爆发后，斯大林在1941年7月3日的广播演说中表示，苏联的卫国战争，不仅是为了保卫苏联，而且要帮助那些在德国法西斯主义枷锁下的欧洲各国人民。这促使英、美政府要对法西斯侵略和战争目的表明自己的态度。

1941年8月初，罗斯福、丘吉尔分别率领本国政府的官员乘军舰在纽芬兰的阿金夏港举行会谈，最后于8月13日签署了联合声明，14日正式公布，史称《大西洋宪章》。声明宣布了对德战争的目的和战后和平的处置。声明称英、美两国并不追求领土或其他方面的扩张；凡未经有关民族自由意志所同意的领土改变，两国不愿其实现。两国宣称尊重各民族自由选择其所赖以生存的政府形式的权利。待纳粹暴政被最后毁灭后，使全世界所有人类悉有自由生活的保证。两国相信世界所有国家，无论为实际上或精神上的原因，必须放弃使用武力。两国赞助与鼓励其他一切实际可行的措施，以减轻爱好和平人民对于军备的沉重负担。

《大西洋宪章》在当时历史条件下，对于动员世界人民，加强反法西斯联盟，打败德、意、日侵略者，无疑起着积极的作用。美国作为一个尚未参战的国家，与英国一起发表如此明确的声明，对德、意、日法西斯是个沉重的打击，但是，《大西洋宪章》中也反映出英、美存在争夺殖民利益的矛盾。美国依仗其经济实力而极力强调把"机会均等""海上自由"的原则塞进宪章，有利于美国战后与英国争夺势力范围，取得世界"领导地位"。

🕊 中途岛战役

日本自 1941 年 12 月 7 日偷袭珍珠港开始，发动了太平洋战争，以后在 3 个多月的时间里便占领了东自威克岛、马绍尔群岛，西至马来半岛、安达曼和尼科巴各岛，南至俾斯麦群岛地区，几乎完全控制了整个西太平洋。

不过，临危受命的美国太平洋舰队的司令切斯特·尼米兹很快组织了只有 4 艘航空母舰及其护航舰的舰队。这支舰队袭击了在中太平洋岛屿上的日军，紧接着实施一项令人震惊的作战计划——轰炸东京。东京被炸后，日本认为威胁来自中途岛，日军企图夺取中途岛迫使美军退守夏威夷及美国西海岸；诱歼美国太平洋舰队，以保障日本本土的安全。

日本联合舰队为实施此次战役，动用舰艇包括运输舰、辅助舰在内共 200 余艘，其中航空母舰 8 艘（舰载机 400 多架）、战列舰 11 艘、巡洋舰 23 艘、驱逐舰 56 艘、潜艇 24 艘，由联合舰队司令长官山本五十六海军大将统一指挥。5 月 26～29 日，各编队先后由本土起航，预定于 6 月 4 日对中途岛发起进攻。

不过，在 5 月中旬，美军就已经通过破译日本海军密码电报而掌握了日本进攻中途鸟的企图。尼米兹集中航空母舰 3 艘（舰载机 230 多架）及其他作战舰艇约 40 多艘，组成第 16 特混舰队和第 17 特混舰队，在中途岛东北海域展开，隐蔽待机。与此同时，19 艘潜艇部署在中途岛附近海域，监视日舰行动。

6 月 3 日，细萱戊子郎海军中将率北方编队（航空母舰 2 艘、舰载机 82 架、其他作战舰艇 29 艘）对阿留申群岛的荷兰港发起突击。4 日凌晨，南云忠一海军中将率第 1 机动编队（航空母舰 4 艘、舰载机 260 多架、其他作战舰艇 17 艘）进至中途岛西北 240 海里海域，4 时 30 分派出第 1 波飞机 108 架飞往中途岛。岛上美军发出警报，飞机升空迎敌，展开激战。日军轰炸机袭击机场，炸毁部分地面设施。由于岛上防御得到加强，机场跑道未被摧毁。在此期间，南云的机动编队多次受到美军岸基飞机的侦察、袭扰和攻击。南云遂决定再次攻击中途岛。7 时 15 分，美军岸基鱼雷机结束攻击，南云却下令已挂上鱼雷准备攻击美国航空母舰的第 2 波飞机改装炸弹攻击中途岛。7 时 28 分，日军侦察机报告发现美国舰队。此时，在中途岛东北海域待机的美国特混舰队正向日机动编队接近，并已派出第 1、第 2 波飞机 200 多架。8 时 20 分，日本侦察机报告美国舰队似有 1 艘航空母舰。南云于是命令攻击中途岛的第 1 波飞机和担任空中战斗巡逻任务的战斗机返航，随后率领舰队北驶，以免遭到袭击，并重新部署对敌舰队的攻击。约 9 时 20 分于 10 时 26 分，正当日军第 2 波飞机正在卸下炸弹、重挂鱼雷的混乱之际，美国舰载鱼雷机和俯冲轰炸机连续攻击南云的航空母舰。日方虽有部分战斗机临空迎战，但为时已晚。日军损失航空母舰 4 艘（"赤城"号、"加贺"号、"苍龙"号、"飞龙"号）、重巡洋舰 1 艘、飞机 285 架、人员 3500 名；美军损失航空母舰 1 艘（"约克敦"号）、驱逐舰 1 艘、飞机约 150 架，人员 307 名。鉴于第 1 机动编队损失惨重，山本于 5 日下令停止中途岛作战，率联合舰队西撤。美军乘势追击，于 6 日派舰载机 3 次出击，又击沉日军重巡洋舰 1 艘，击伤巡洋舰、驱逐舰数艘。

中途岛战役改变了太平洋地区日、美海军的航空母舰实力对比。日军仅剩 1 艘重型航空母舰、4 艘轻型航空母舰，并损失大量舰载机飞行员。从此，日本在太平洋战场丧失战略主动权，战局出现有利于盟军的转折。

斯大林格勒战役

1942 年 7 月 17 日，德军在顿河河曲发动攻势，伟大的斯大林格勒保卫战开始了。德军发起连续性的猛攻，力图突破顿河防线，而苏军进行了顽强的反击。8 月 23 日，德军付出惨重代价后才突破顿河防线，渡过顿河河曲，开始直接攻击斯大林格勒。在这紧急关头，苏联最高统帅部命令该城守军采取一切措施守住阵地，消灭逼近伏尔加河的敌人。

在苏联军民的英勇阻击下，德军的锐气受到严重挫伤。到 9 月 13 日，德军才攻入斯大林格勒市，双方开始了更为激烈的城区争夺战。德军为了侵占这座名城，又从高加索调来大量军队、飞机进行强攻和轮番轰炸。然而，英雄的苏联军民，用自己的生命和鲜血保卫着祖国的每一寸土地。在近两个月的斯大林格勒争夺战中，苏军击退德军 700 多次冲锋，使德军始终无法攻占全城。

战争进行到 11 月中旬，德军陷入了进退两难的困境。苏军的积极防御战术，再次粉碎了希特勒的侵略计划，并为苏军全面反攻赢得了时间。由于德军伤亡过重，苏军在兵力和武器装备上开始超过德军。在这种形势下，苏联最高统帅部决定组织力量进行反攻。1942 年 11 月 19 日拂晓，苏军开始大反攻，向德军阵地发起攻击。22 日夜间，苏军强渡顿河成功。23 日，几支苏军在卡拉奇会师，形成了对斯大林格勒城下德军第六集团军的包围。

1943 年 1 月 10 日，苏军以 50 门大炮向包围圈内的敌人猛轰。德军开始全线崩溃。苏军指挥部命令被围德军投降，但遭拒绝。1 月 22 日，苏军再次发动全线进攻。德军第六集团司令鲍卢斯在弹尽粮绝的困境下，请求希特勒投降，未获同意。希特勒为给鲍卢斯打气，于 30 日下令授予鲍卢斯元帅军衔，给第六集团军的 117 名军官以各晋升一级等奖励。但是，无论希特勒怎样封官晋爵，也无法挽救德军的败局。2 月 2 日，苏军生俘德军 9 万人以上，被围的 33 万德军全部歼灭。震撼世界的斯大林格勒战役至此结束。德军在会战中伤亡约 150 万人，占其在苏德战场作战总兵力的四分之一。

苏军在斯大林格勒的胜利，对苏德战场，乃至对整个第二次世界大战进程产生了巨大影响。斯大林格勒战役是苏德战场的根本转折点，也是第二次世界大战的一个具有决定性意义的转折点。

🕊 西西里岛登陆

1943 年 5 月，盟军在把德、意军队逐出非洲大陆后，将意大利西西里岛定为下一个进攻目标。1943 年夏，盟军在北非沿海港口集中了大量兵力，准备在西西里岛登陆。这次作战的代号为"哈斯基"，由亚历山大将军指挥的第 15 集团军群负责实施。该集团军群下辖蒙哥马利指挥的英军第 8 集团军和巴顿指挥的美军第 7 集团军，共有 13 个师和 3 个独立旅，总兵力达 47.8 万人，拥有作战飞机 4000 余架，各种战斗舰艇和辅助船只约 3200 艘。

为保证西西里岛登陆战的胜利，盟军在战役前曾实施代号为"肉馅"的误导行动，发出盟军将在撒丁岛和希腊登陆的错误信息，致使希特勒下令分散了西西里岛上的德军兵力。

1943 年 7 月 9 日深夜，盟军按计划以空降登陆打响了西西里岛登陆战役。10 日凌晨，盟军在恶劣天气的掩护下，在西西里岛强行登陆。面对盟军的突然袭击，德、意军队猝不及防，海岸防线很快被摧毁。战役进行到第三天，英军便占领了西西里岛的东南部。7 月 22 日，美军又攻克西西里岛首府巴勒摩。8 月 5 日，英军占领卡塔尼亚。8 月 17 日，盟军先后进入西西里岛东北角通向大陆的咽喉重镇墨西拿，随即占领全岛。至此，西西里岛登陆战役以盟军获胜宣告结束。

在这场战役中，德、意军共投入兵力约 27 万人，总计损失近 17 万人，盟军损失 3 万余人。西西里岛战役是盟军在欧洲战场上进行的一次重要战役。战役的胜利为盟军打开了直接进攻意大利的大门，也加深了墨索里尼政权所面临的危机，为最终迫使意大利投降创造了条件。

德黑兰会议

当斯大林格勒会战取得伟大胜利以后，如何协调行动，共同作战就成了十分迫切的问题。1943 年 11 月 28 日～12 月 1 日，苏联领导人斯大林、美国总统罗斯福、英国首相丘吉尔来到伊朗首都德黑兰，讨论盟国战略和战后世界和平问题。

这次会议主要是研究如何打败德国法西斯，早日结束战争问题。更具体地说，就是如何尽快开辟欧洲第二战场。当时，苏联是抗击德军的主要力量，迫切需要美、英在欧洲西部开辟另一条战线，牵制德军，缩短战争时间。斯大林早在 1941 年就几次要求英国开辟第二战场，却遭到了丘吉尔的拒绝。后来美国和英国国内也掀起了要求开辟第二战场的声浪，两国才制订了代号是"霸王"的战役计划，准备在 1944 年从法国诺曼底登陆。

斯大林十分关心开辟西欧战场的"霸王"行动，要求立即确定其开始日期；丘吉尔先是坚持其进军巴尔干的计划，继而又提出从巴尔干和西欧两路攻入欧洲的新方案，极力回避发起"霸王"行动的确切日期；罗斯福则居中调和，但倾向斯大林的意见，表示不想推迟"霸王"行动。三方最终就对德作战问题达成一致意见，签署秘密作战计划（即《苏美英三国德黑兰总协定》），规定"霸王"行动和进攻法国南部的战役于

1944 年 5 月同时发起；届时，苏军将在东线发动攻势，以阻止德军由东线向西线调动。12 月 1 日会议结束时，三国首脑发表《德黑兰宣言》。宣言指出苏、美、英三国已经议定关于消灭德军的计划，并已就从东面、西面和南面进行的军事行动的规模和时间商得完全一致的协议；号召所有国家积极参加对德作战，并欢迎它们参加战后维护和平的国际组织。会议还通过苏、美、英《关于伊朗的宣言》，承认伊朗在对德战争中所做出的贡献，同意给予经济援助，并赞成伊朗维持其独立、主权和领土完整的愿望。

会议还就波兰边界、战后处理德国的原则、建立国际组织等问题交换了意见，并讨论了盟国对日作战问题。苏联同意欧洲战争结束半年后参加对日作战。

德黑兰会议和《德黑兰宣言》是反法西斯联盟主要国家在战争后期建立有效军事合作的重要步骤，对加强盟国团结、加快第二次世界大战的进程、彻底打败德、意、日、法西斯产生了重大作用和影响。

🕊 开罗宣言

在日本法西斯逐渐丧失战略上的主动地位，盟军节节推进的时候，1943 年 11 月 22 日至 26 日，中、美、英三国首脑蒋介石、罗斯福、丘吉尔在埃及首都开罗举行会议，商讨如何协调对日作战的共同军事问题和战后如何处置日本等政治问题，史称"开罗会议"。

因为美、英事先已进行过商议，无需再谈。商谈主要集中于中、美双方领导人之间八个方面的问题。其中，关于中国的领土主权问题，中、美双方同意：日本用武力从中国夺去的东北各省、台湾和澎湖列岛，战后必须归还中国。这也就为《开罗宣言》关于台湾回归中国的内容打下了基础。

1943 年 12 月 1 日，中、美、英三国在重庆、华盛顿、伦敦三地同时发表《开罗宣言》。《开罗宣言》的主要内容是：中、美、英三国对日作战的目的在于制止和惩罚日本的侵略；"剥夺日本从第一次世界大战爆发后，在太平洋上夺得或占领的一切岛屿"，使日本强占的中国领土，例如东北地区、台湾和澎湖群岛等"归还中国"。

这样，《开罗宣言》在反法西斯战争的历史背景下，以中、美、英三国首脑会谈精神为基础，由美方代表草拟，经中、美、英三方代表认真讨论，三国首脑同意，并征得斯大林的完全肯定，实际上以国际协定的形式公布于世，表达了同盟国打击并惩罚侵略者、维护国际正义的共同政治意愿。其合理性、严肃性、正义性和有效性毋庸置疑。《开罗宣言》是第一份确认台湾是中国领土的具有国际法效力的条约性文件，它从法律上明确了日本侵占台湾的非法性，为战后中国处理台湾问题提供了国际法依据。

诺曼底登陆

1944 年初夏，苏联军队在东线战胜德军已成定局，盟军为履行美、英、苏首脑在 1943 年 11 月德黑兰会议上达成的关于在西线开辟欧洲第二战场的协议，决定在法国诺曼底地区登陆，向纳粹德国的军队发起反击。

6 月 6 日凌晨，以美国为主的盟军在艾森豪威尔将军的指挥下，以 2 万多空降伞兵为先导，近 16 万部队在空军的掩护下，从朴茨茅斯起航，横渡英吉利海峡，一举突破了德军防线——"大西洋壁垒"，置德军于腹背受敌的境地。这次登陆作战，盟军出动 1200 艘战舰、1 万架飞机、4126 艘登陆艇、804 艘运输舰、数以百计的坦克和 15.6 万名官兵（7.3 万名美军、8.3 万名英国和加拿大军），分五路向诺曼底海滩发起猛烈的攻击并开始登陆。登陆的海滩从奥恩河的河口湾延伸到科唐坦半岛东南部。12日，盟军的登陆点已连成一片。7月5日，盟军在诺曼底的登陆人员已达100万。7月24日战役结束时，盟军共投入288万人，5300多艘战舰和13700多架战机。德军投入的兵力达51万人。战役中，盟军共消灭德军11.4万人，击毁坦克2117辆、飞机245架。盟军方面有12.2万将士献身疆场。此后，盟军继续向欧洲腹地推进，在三个月的时间里相继解放了法国和比利时等国，并攻入德国本土。盟军的胜利开辟了欧洲第二战场，加速了法西斯德国的灭亡。

雅尔塔会议

1945年年初，德国法西斯临近灭亡，反法西斯战争接近最后胜利，美、英、苏之间的矛盾日益明显暴露。为加强相互信赖，协调战略计划，尽快结束战争，安排战后国际事务，维护战后和平，三国首脑罗斯福、丘吉尔和斯大林于1945年2月4～11日在雅尔塔举行会议。

会议上，三巨头首先重点研究了处置战后德国的问题。他们一致同意对德国实行分割政策。战后德国由苏、美、英、法分区占领。后来分区占领发展成为东西两个德国，并且以东西德的分界为界限，东德划入苏联势力范围，西德划入美国势力范围。关于向德国索赔问题，英、美同意苏联提出的"战争赔偿总额为290亿美元，其中50%归苏联"的建议。

接着，三国领导人就对日作战条件达成协议并签了字。根据这个协定，苏联要在德国投降及欧战结束后2个月或3个月内参加作战，其条件是：（1）外蒙古（今蒙古共和国）现状须予维持；（2）库页岛南部及邻近一切岛屿须交还苏联；大连商港须国际化，苏联在该港的优越权益须予保证，苏联租用旅顺港为海军基地须予恢复；苏中共同经营中东铁路和南满铁路，但苏联的优先权益须予保证，中国可保持在"满洲"的全部主权；（3）千岛群岛须交予苏联。显然，这个协定是美、苏在亚洲划分势力范围相互妥协的产物。他们背着当时作为四大盟国之一的中国政府和人民，做出了侵犯中国主权和利益的协定。这完全是大国沙文主义与强权政治的一种丑恶行径，是雅尔塔会议最不光彩的一页。

由于非洲、拉美及亚洲很大一部分地区战前曾是西方国家的殖民地、半殖民地或附属国，美、英认为这些地区理所当然是西方势力范围，所以会上没有涉及。雅尔塔会议无疑为战后世界以美、苏两极为主导的战略格局奠定了基础，因而后来人们惯常称这种格局为雅尔塔格局或雅尔塔体系。

🕊 日本无条件投降

1945 年 5 月 8 日，法西斯德国无条件投降，欧洲战争结束，世界反法西斯战争进入最后阶段，盟军在亚洲大陆各战场对日军发起反攻。7 月 26 日，中国、美国和英国三国发表《波茨坦公告》，促令日本立即无条件投降。但是，日本政府予以拒绝，并先后三次扩军动员，准备进行本土决战。

当年 8 月 6 日和 9 日，美国先后在日本广岛和长崎各投下一颗原子弹。8 月 8 日，苏联召见日本驻苏大使，通告苏联参加《波茨坦公告》，并宣布对日作战。8 月 9 日，苏联出兵中国东北和朝鲜北部，对日本关东军发动全面进攻。8 月 14 日，日本政府照会美、英、苏、中四国政府，宣布接受《波茨坦公告》。8 月 15 日，日本天皇裕仁以广播《停战诏书》的形式，正式宣布日本无条件投降。

1945 年 9 月 2 日，日本无条件投降签字仪式在停泊于日本东京湾的美国战列舰"密苏里"号上举行。9 时 4 分，日本外相重光葵代表日本天皇和日本政府、参谋总长梅津美治郎代表日军大本营首先在投降书上签字。9 时 8 分，麦克阿瑟以盟国最高司令官的身份签字，接受日本投降，然后是接受投降的九个盟国代表分别代表本国依次签字。签字结束后，上千架美军飞机从东京湾上空呼啸而过，庆祝这个具有伟大历史意义的时刻。投降书的签署，正式宣告日本军国主义的彻底失败和世界反法西斯战争的最后胜利。

此后，驻海外的日军陆续向盟国投降。中国战区的投降仪式于 9 月 9 日在南京举行。日本中国派遣军总司令官冈村宁次在投降书上签字，并交出了他的随身佩刀，以表示侵华日军正式向中国缴械投降。

至此，日本帝国主义历时十五年的侵略战争，以彻底失败而告终。第二次世界大战也以全世界人民的伟大胜利而结束。

联合国的成立

太平洋战争爆发以后，美国总统罗斯福和英国首相丘吉尔为加强所有反法西斯国家的统一行动，拟定了一个各国共同遵守的原则，并征得了苏联的赞同。1942 年 1 月 1 日，美、英、中、苏等 26 个反法西斯国家签署了这个文件，即《联合国家共同宣言》，为联合国的成立奠定了基础。第二年 10 月 30 日，中、苏、美、英四国在莫斯科发表了《普遍安全宣言》，正式提出建立一个普遍性的国际组织。

1944 年 8 月 21 日至 10 月 7 日，美、英、苏三国和美、英、中三国先后在美国华盛顿附近的敦巴顿橡胶园举行会议，根据《普遍安全宣言》的精神，草拟了建立新的国际组织的章程，并通过了《关于建立普遍性国际组织的建议案》。

1945 年 2 月，由罗斯福、丘吉尔和斯大林参加的雅尔塔会议，又进一步讨论了成立联合国的问题。会议公报宣布，为了维护世界和平与安全，反法西斯同盟国将尽快建立一个普遍性的国际组织，并决定同年 4 月 25 日在美国旧金山召开联合国制宪会议。

根据这一决定，由美、英、中、苏、法五国发起，并邀请《联合国家共同宣言》各签字国参加的联合国制宪大会，于 1945 年 2 月 25 日在美国旧金山隆重举行。50 个国家的 280 多名代表和 1700 多名顾问、专家及记者聚集一堂。中国代表团由十人组成，其中包括中国共产党的代表董必武。

会议以敦巴顿橡胶园会议的建议为基础，经过两个多月的讨论，起草了《联合国宪章》。6 月 25 日，代表们在旧金山歌剧院一致通过了这个宪章。26 日，制宪会议在旧金山退伍军人纪念堂礼堂进行最后一项，也是此次大会最庄重的议程——与会代表在宪章上签字。按照大会商定的程序，中国代表团第一个签字。正午时分，董必武用毛笔在宪章上写下了自己的名字。各国代表都签署了这个宪章，其后波兰也在宪章上补签。签署宪章的 51 个国家成为联合国的创始会员国。10 月 24 日，美、英、中、苏、法等多数签字国送交了批准书，宪章开始生效，联合国正式宣告成立。

根据宪章规定，联合国的宗旨为"维护国际和平与安全"，"发展国际间以尊重人民平等权利及自决原则为基础的友好关系"，"进行国际合作"。联合国所有成员国都享有平等的表决权。联合国的常设核心机构是安全理事会，它有权根据联合国宪章采取必要的措施与行动，美、英、中、苏、法为安理会的常任理事国。安理会在决定重大问题时，采取五个常任理事国一致的原则，即五个常任理事国都享有否决权。

几十年来，联合国历经国际风云变幻，在曲折的道路上成长壮大，为人类的和平与繁荣做出了重要贡献。联合国在实现全球非殖民化、维护世界和平与安全、促进社会和经济发展等方面取得了令人瞩目的成就。联合国已成为当代由主权国家组成的最具普遍性和权威性的政府间国际组织。

战后新世界

杜鲁门主义

第二次世界大战结束后，国际舞台上风云变幻、兴衰起落，发生了空前巨大而又深刻的变化。战后美国为推行冷战政策进行了一系列的舆论准备和具体化措施，而"杜鲁门主义"的出台，使美苏之间冷战正式开始。

1946 年 3 月 5 日，英国前首相丘吉尔由杜鲁门陪同在美国的富尔敦发表关于"铁幕"演说，宣称"从波罗的海的什切青到亚得利亚海边的里雅斯特，一条横贯欧洲大陆的铁幕已经降落下来"，呼吁美英合作，建立军事同盟，以对付苏联的威胁，揭开了"冷战"序幕。同年 9 月，杜鲁门的白宫助理白拉克·克利福德的长达 50 页的《美国与苏联关系》的报告，正式提出对苏"冷战"的纲领。

此后，英国因无力对希腊政府镇压希腊人民革命武装继续进行援助，于 1947 年 2 月 21 日通知美国国务院，英国于 3 月底停止向希腊和土耳其提供军事和经济援助，希望美国填补它撤退后留下的"真空"。英国的这一表示为美国扩展势力和执行以实力"遏制"苏联的政策提供了机会。

1947年3月12日，杜鲁门在美国国会特别联席会议上做了关于援助希腊、土耳其的演说，要求国会向希腊和土耳其提供4亿美元的紧急援助，帮助希、土重建经济生活，以抵制极权政体强加于它们的种种侵犯行动，抵制共产主义的扩张。杜鲁门提出的这项政策后来被称为"杜鲁门主义"。

"杜鲁门主义"是美国对外政策的一大转折点。过去美国把苏联称为盟国，只是在一些具体问题上攻击苏联，现在，杜鲁门公开叫板苏联，宣布苏联是美国的主要敌人，他打出了反苏、反共的旗号，在整个资本主义世界进行反苏、反共政治动员。"杜鲁门主义"出台，标志着美苏战时同盟关系正式破裂，是美苏"冷战"正式开始的重要标志。

马歇尔计划

马歇尔计划，官方名称为"欧洲复兴计划"，它是"二战"后美国对被战争破坏的西欧各国进行经济援助、协助重建的计划。1947年6月5日，美国国务卿乔治·马歇尔在哈佛大学发表演说首先提出援助欧洲经济复兴的方案，故名马歇尔计划。马歇尔计划的实施对战后欧洲国家的发展和世界政治格局产生了深远的影响。

马歇尔计划最初曾考虑给予苏联及其在东欧的卫星国以相同的援助，条件是苏联必须进行政治改革，并允许西方势力进入苏联的势力范围。但事实上，美国担心苏联利用该计划恢复和发展自身实力，因此美国故意提出许多苏联无法接受的苛刻条款，最终使其和东欧各国被排除在援助范围之外。

当该计划临近结束时，西欧国家中绝大多数参与国的国民经济都已经恢复到了战前水平。在接下来的二十余年时间里，整个西欧经历了前所未有的高速发展时期，社会经济呈现出一派繁荣景象。

同时，马歇尔计划长期以来也被认为是促成欧洲一体化的重要因素之一。因为该计划消除，或者说减弱了历史上长期存在于西欧各国之间的关税及贸易壁垒，使得西欧各国的经济联系日趋紧密并最终走向一体化。该计划同时也使西欧各国在经济管理上系统地学习和适应了美国的经验。

🕊 第一次柏林危机

随着德国战后重建的开始，美国、英国与苏联在德国的问题上矛盾加深，苏联迟迟不愿让德国各占领区合并，并拒绝西方的经济政策。为此，美国计划将德国西部占领区三合为一。1948 年 2 月至 6 月，美、英、法、比、荷、卢六国召开伦敦外长会议，提出"伦敦建议"，内容为法占区与英、美双占区协调经济政策，共同管制对外贸易，并共同制宪，成立联邦德国，将联邦德国纳入欧洲复兴计划。1948 年 6 月 18 日，美、英、法三国公布了"关于改革植国货币制度的法令"；6 月 21 日，正式在西占区实行货币改革，发行了"B"记号德国马克。这一行动成为第一次柏林危机爆发的导火线。

苏联得知该计划后，于 6 月 19 日提出抗议，占领军长官索洛科夫斯基发布《告德国民众书》，书中称英、美、法三国欲分解德国。6 月 22 日，苏占区也实行货币改革，发行新的"D"记号马克，并于 6 月 24 日，全面切断西占区与柏林的水陆交通及货运，只保留从西德往柏林三条走廊通道。与此同时，苏联驻扎在东部德国地区的三十多万军队摆出了强烈的战争姿态。美、英等国对此反应强烈，立即向西部德国紧急调动兵力，准备全面迎战。一时间，整个欧洲再度陷入危机，似乎"第三次世界大战"一触即发。这就是历史上震惊全世界的"柏林危机"。

最终，由于双方都不愿诉诸武力，经过谈判，达成了妥协。1949年5月12日，苏联宣布解除对柏林的封锁，延续四百六十二天的柏林危机结束。5月23日，在英、美、法三国代表参加下，西德通过《德意志联邦共和国基本法》。9月20日，西德建立，定都波恩，以阿登纳总理组成了第一届联邦政府。9月21日，占领法生效，令西德享有自主权，英、美、法三国保留管制联邦德国的外交、外贸、国防特权力。同一时间下，苏联亦在德国东部筹措成立共产党控制的德意志国家，苏占区在1949年5月30日通过宪法，10月7日，德意志民主共和国宪法生效，东德建立，定都东柏林，皮克为总统，格罗提渥为总理，取代苏联管制委员会对民主德国的外交及外贸监督，德国彻底分裂为东德和西德。

这次危机可以说是美国蓄意分裂德国，恶化美苏关系而制造的一次事件。

北约成立

1949年4月4日，美国、英国、法国、荷兰、比利时、卢森堡、加拿大、丹麦、挪威、冰岛、葡萄牙、意大利共十二个国家在华盛顿签订《北大西洋公约》，北大西洋公约组织（简称北约）正式成立。北约是为了对抗苏联在军事上和意识形态上的扩张而建立的，也是美国第二次世界大战后在欧洲推行世界霸权政策，为从军事上控制西欧而建立的政治、军事组织。

北约成立之初只有十二个成员国，后来北约经过六次扩大，成员国逐渐达到二十八个：1952年2月，土耳其和希腊加入；1955年5月，联邦德国加入；1982年5月，西班牙加入；1999年3月，波兰、匈牙利和捷克加入；2004年3月，爱沙尼亚、拉脱维亚、立陶宛、斯洛伐克、斯洛文尼亚、罗马尼亚和保加利亚加入；2009年4月，阿尔巴尼亚和克罗地亚加入。

六十多年来，随着世界风云变幻，北约不断调整其军事战略。成立初期，北约实行"集体防御"原则，遵循"地区性遏制战略"。华约成立后，北约开始逐步推行"灵活反应战略"和"前沿防御战略"。

1991年华约解散和冷战结束后，北约开始实施"全方位应付危机战略"，并通过介入前南斯拉夫地区危机、东扩和推行"和平伙伴关系计划"向东欧地区扩展。2001年"9·11"恐怖袭击后，北约又把打击恐怖主义作为新的行动重点，参与阿富汗战争，其军事力量由欧洲扩展到了亚洲。近年来，北约又在推行新的战略转型，在保留传统职能的同时，执行从军事到民事的广泛任务，如反恐、维和和人道主义援助等。

🕊 朝鲜战争

1950年6月25日，正当中国人民全力以赴地为巩固新政权、恢复国民经济而努力的时候，朝鲜战争爆发，这是新中国成立以来最重大的对外战争、政治斗争和军事斗争。这场战争，是新中国本来不愿见到的。

朝鲜战争爆发后的第三天，美国总统杜鲁门发表声明，宣布扩大朝鲜战争，并单方面粗暴干涉中国内政，声称："我已命令第七舰队阻止对福摩萨（指中国台湾地区）的任何攻击。"9月，美军在朝鲜仁川登陆，此后美国飞机不断侵犯中国领空。

整个局势的发展使中国忍无可忍。10月1日，周恩来总理向美国提出郑重警告。但傲慢的美国政府无视中国的警告，自以为具有足以压倒一切的实力，悍然越过"三八线"，向中朝边境的鸭绿江、图们江推进。朝鲜政府两次邀请中国出兵支援。中国军队是赴朝参战，还是隔岸观火，已到了必须做出决定的时刻。

10月19日夜，中国人民志愿军雄赳赳，气昂昂，跨过鸭绿江，入朝参战。

经过五次战役，到 1951 年 6 月，在朝鲜战场上形成以"三八线"为界的相峙局面。7 月，在苏联代表的建议下，停战谈判在开城举行，不久后移至双方实际控制线上的板门店进行。经过两年边打边谈的局面，1953 年 7 月，美军总司令克拉克不得不同中朝方面正式签订军事停战协定。

抗美援朝使全世界重新认识了新中国。中国人已不再像过去那样任人欺凌，已不再是以往西方人眼中的"东亚病夫"。她热爱和平，但决不能容忍别人强加于自己的威胁和侵略。朝鲜战争爆发时，新中国诞生刚刚一年，经过两年零九个月的英勇激战，迫使美国在停战协定上签字，将军事分界线重新推回到"三八线"，使举世为之震惊。这个胜利，打破了美国军队不可战胜的神话，极大地提高了中华民族的自信心和自豪感，对远东及世界局势产生了巨大而深远的影响。

从此，帝国主义再也不敢轻易做出以武力侵犯新中国的尝试，保证中国的经济建设和社会改革得到了一个长时间内相对稳定的和平环境。

🕊️ 欧共体的成立

欧洲统一思潮存在已久，第二次世界大战后进入高潮。"二战"后，欧洲出现了美苏两国严重对峙的局面。美国凭借它在战争中增长起来的经济和军事实力，通过马歇尔计划、北约等途径，力图全面控制西欧。而苏联则在东欧建立起经济互助委员会和华约组织，使西欧国家产生了担忧和恐惧。他们既不愿"成为大西洋一边的殖民地"，也不愿成为"乌拉尔一边的卫星国"。然而，经过两次世界大战，许多西欧国家在世界政治经济中的地位和作用已大大下降。要想不受超级大国的控制和威胁，西欧各国只有走联合自强之路，才能有效地维护自身的利益，并在国际舞台上扮演一个新的重要角色。

1951 年，欧洲一体化先驱让·莫内和法国外长舒曼首先提出建立欧洲煤钢共同体（即舒曼计划），旨在约束德国。1951 年 4 月 18 日，法、意、联邦德国、荷、比、卢六国签订了为期五十年的《关于建立欧洲煤钢共同体的条约》。1952 年煤钢共同体建立，这也为实现西欧经济联合奠定了基础。

1955 年 6 月 1 日，参加欧洲煤钢共同体的六国外长在意大利墨西拿举行会议，建议将煤钢共同体的原则推广到其他经济领域，并建立共同市场。1957 年 3 月 25 日，六国外长在罗马签订了建立欧洲经济共同体与欧洲原子能共同体的两个条约，即《罗马条约》，于 1958 年 1 月 1 日生效。1965 年 4 月 8 日，六国签订了《布鲁塞尔条约》，决定将欧洲煤钢共同体、欧洲原子能共同体和欧洲经济共同体统一起来，统称欧洲共同体。条约于 1967 年 7 月 1 日生效，这也标志欧洲共同体的正式成立，其总部设在比利时布鲁塞尔。

欧洲经济共同体的建立是欧洲经济和政治一体化进程的起点，是当代世界经济政治发展的客观趋势，它对国际事务具有深远的影响。

1991 年 12 月 11 日，欧共体马斯特里赫特首脑会议通过了建立欧洲经济货币联盟和欧洲政治联盟的《欧洲联盟条约》（通称马斯特里赫特条约，简称马约）。1992 年 2 月 7 日，各国外长正式签署马约。经欧共体各成员国批准，马约于 1993 年 11 月 1 日正式生效，欧共体开始向欧洲联盟（欧盟）过渡。

万隆会议

第二次世界大战结束后，世界面貌发生了巨大变化，亚洲民族独立运动勃兴，特别是中华人民共和国的诞生，推动了非洲、拉丁美洲人民的解放运动的发展。一系列前殖民地的独立敲响了殖民统治的丧钟。到 20 世纪 50 年代中期，在亚、非两大洲已涌现出三十个独立国家。这是几百年来国际关系史上一个空前未有的变化，它为亚非国家独立自主地召开一次大型国际会议创造了条件。

1955 年 4 月 18 ~ 24 日，会议冲破了重重障碍终于在万隆隆重召开，代表着占世界面积将近四分之一（3100 多万平方公里）和世界人口约三分之二（14.4 亿人）的 29 个亚、非国家共计 340 名代表出席了会议，并有 5 个国家派代表团列席了会议。周恩来总理率中国代表团与会。亚非会议是一个历史性的伟大创举，正如印度尼西亚总统苏加诺所指出的，这是人类有史以来第一次的有色人种的洲际会议，是世界历史的新的起点。

万隆会议期间，某些原殖民主义和帝国主义国家利用一些国家制造纷争和矛盾，并对中国发出诋毁性言论，企图分裂会议。周恩来提出"求同存异"的方针。在中国和大多数与会国努力下，会议一致通过了包括经济合作、文化合作、人权和自决、附属地人民问题和关于促进世界和平和合作宣言等部分的《亚非会议最后公报》，确定了指导国际关系的十项原则，其核心内容便是一年前由中国首先倡导的"互相尊重主权和领土完整、互不侵犯、互不干涉内政、平等互利、和平共处"五项原则。

亚非会议是亚、非各国人民民族解放运动史上的一个重要的里程碑。会议所反映的亚、非人民团结一致、反对帝国主义和殖民主义、争取和维护民族独立、保卫世界和平、增强各国人民间的友谊的精神，统称为"万隆精神"。

万隆会议后，中国始终奉行和平共处五项原则处理国际事务，赢得了世界上不同地区、不同种族和不同社会制度国家的一致赞誉。

🕊 非洲独立年

自从 15 世纪早期殖民主义者窜入非洲大陆以来，非洲就一直遭受着殖民奴役，成为任人宰割的"黑暗大陆"。第二次世界大战后，非洲独立浪潮首先兴起于北非。1952年，纳赛尔领导埃及自由军官组织发动政变，推翻英国控制的傀儡政权，建立了埃及共和国。1956年，纳赛尔总统宣布从英法殖民者手中将苏伊士运河收归国有。1962年，阿尔及利亚赶走法兰西殖民者，赢得独立。

在北非独立运动的影响下，撒哈拉沙漠以南非洲的独立运动逐渐高涨。1960年7月11日，达荷美、尼日尔、上沃尔特和象牙海岸等四个西非国家同法国签署了脱离共同体成为主权国家的协定。这四国原系法国殖民地，属法属西非。1958年12月，四国分别成为法兰西共同体的"自治共和国"。协定签署后，四国分别于1960年8月1日、3日、5日、7日正式宣布独立。

这一年非洲有17个国家获得独立，它们是：喀麦隆、多哥、马达加斯加、刚果（利）（曾称扎伊尔，1997年改名为刚果民主共和国）、索马里、达荷美（现名贝宁）、尼日尔、上沃尔特（现名布基纳法索）、象牙海岸（现名科特迪瓦）、乍得、乌班吉沙立（现名中非）、刚果（布）、加蓬、塞内加尔、马里、毛里塔尼亚和尼日利亚。因此，1960年被称为"非洲独立年"。

非洲的独立运动改变了非洲的面貌，也使世界殖民体系最终瓦解。非洲的新兴独立国家成为一支重要的反殖反帝力量，在国际舞台上发挥着日益重要的作用。

🕊古巴导弹危机

1959年初，古巴发生革命，以卡斯特罗为首的革命起义军进行了武装暴动，推翻了亲美卖国、贪污腐化的巴蒂斯塔独裁统治，建立了革命政权。美国一向把拉美地区视为自己的后院，没想到这次后院起火，美国如坐针毡，于是，便视古巴革命政权为眼中钉。而苏联却喜出望外，视古巴为击破美国称霸拉丁美洲的桥头堡。

"猪湾事件"后，美、古关系不断恶化。在这种情况下，弱小的古巴不得不寻求外界的支援。古巴看到了美、苏之间的深刻矛盾，于是向苏联政府发出了请求援助的信息。

1962 年 6 月，苏联和古巴签署了部署苏联导弹的秘密协议，该协议的主要内容是：古巴接受苏联的 24 个中程和中远程弹道火箭，每个携带两枚导弹和一个核弹头；24 个先进的萨姆 2 型地空导弹发射器；42 架米格战斗机和 42 架伊尔 -28 轰炸机；加上其他一些海岸防卫武器。这些武器由苏联人掌控，另外派 4.2 万名军人驻扎在古巴。

1962 年 10 月 15 日，美国 U-2 飞机拍摄到了苏联中程弹道导弹的照片，美国很快确认，苏联已经在古巴部署了 16 至 32 枚导弹核武器。10 月 22 日，美国总统肯尼迪发表电视讲话，强烈呼吁赫鲁晓夫"停止和取消对世界和平和我们两国稳定关系的这种秘密鲁莽并富有挑衅气味的威胁"，要求苏联放弃世界霸权的计划，结束危险的军备竞赛，从古巴撤走导弹并保持克制。23 日，肯尼迪又签署了《禁止进攻性武器运往古巴》的公告，宣布从 24 日起将拦截可能前往古巴的舰船并勒令这些船只听候美国的检查。与此同时，美国摆出一副核大战的样子，调动了 180 艘舰船（包括 8 艘航母），68 个空军中队，战略轰炸机携带核弹升空、战略核潜艇出海，另有 5 个师的部队集结在佛罗里达，全球美军处于核战备状态。

一开始，苏联态度比较强硬，并加速在古巴的导弹基地建设。赫鲁晓夫认为，美国的海上封锁只是虚张声势，它不可能进攻古巴，所以他命令苏联舰只继续向古巴挺进，不要害怕美国的海上封锁；宣布苏联和华沙条约组织国家的武装力量立即进入最高战备状态。双方剑拔弩张，第三次世界大战大有一触即发之势，古巴导弹危机由此爆发。

不过后来，在美国强大攻势的压力下，苏联开始后退。10 月 28 日，由于苏联实力当时还比不上美国，美国也认识到核大战的可怕后果，双方正式达成妥协：苏联将全部拆除部署在古巴的导弹，并在联合国进行核查之后运回本国；美国允诺拆除前不久刚刚在土耳其部署完毕的导弹基地，并保证不会发动对古巴的军事进攻。

11 月 20 日，苏联撤走了它部署在古巴的 42 枚导弹，并且拆除了全部导弹基地；美国也宣布解除对古巴的海上封锁，古巴导弹危机遂告结束。

🕊不结盟运动

第二次世界大战后，一些民族独立国家为摆脱大国控制，避免卷入大国争斗，维护国家主权和独立，发展民族经济，采取了和平、中立和不结盟的对外政策。1955 年的万隆会议本着求同存异原则，通过了团结反帝的纲领，显示了新兴民族独立国家的巨大力量，给不结盟运动以思想启示和政治推动。

1956 年南斯拉夫总统铁托、印度总理尼赫鲁、埃及总统纳赛尔在南斯拉夫布里俄尼岛会晤，正式提出了不结盟的主张。随后，印度尼西亚总统苏加诺、柬埔寨国家元首西哈努克、加纳总统恩克鲁玛等政治活动家也积极倡导不结盟运动。

1961 年 9 月，在南斯拉夫、埃及、印度和印度尼西亚等国的倡议下，首次不结盟国家首脑会议在南斯拉夫首都贝尔格莱德举行，25 个国家的代表出席了会议，不结盟运动正式形成。中国一贯重视与不结盟运动的关系，在国际事务中与不结盟运动保持着良好的合作，并于 1992 年 9 月正式成为不结盟运动的观察员国。

不结盟运动奉行独立、自主和非集团的宗旨和原则，支持发展中国家争取和维护民族独立、捍卫国家主权以及发展民族经济和文化的斗争，坚持反对帝国主义、新老殖民主义、种族文化和一切形式的外来统治和霸权主义。

不结盟运动的成立是发展中国家走向联合自强的新开端，在支持和巩固成员国民族独立和经济发展、维护成员国权益等方面发挥了重要作用，成为国际社会的重要力量。在新形势下，不结盟运动着重强调维护世界和平与安全，推行平等、互不侵犯、多边主义等原则，并为来自不发达地区的成员国在国际谈判中争取权益。

🕊布拉格之春

1968 年，捷共中央第一书记杜布切克发起了名为"布拉格之春"的改革，有脱离苏联控制倾向，苏军决定武装干涉。6 月下旬，华约在捷境内举行军事演习，演习结束后迟迟方撤。7 月之后，局势有所缓和。8 月 3 日晚华约在捷签署联合声明，危机似乎已经过去了。

不过，事态在转瞬间发生了改变。8 月 20 日晚 11 时，布拉格机场接到一架苏联民航机信号"机械事故，要求迫降"。客机一降落，数十名苏军突击队员冲出机舱迅速占领机场。几分钟后，苏第 24 空军集团军巨型运输机开始降落，一分钟一架。1 小时后，一辆苏联大使馆的汽车引路，苏军空降师直扑布拉格。

与此同时，苏陆军总司令帕夫洛夫斯基大将指挥 4 个苏军装甲师，1 个空降师，1 个东德师从波兰直捣布拉格。驻德 4 个苏军师，1 个东德师切断捷西部边界。驻匈苏军 8 个师，匈军 2 个师，保加利亚军一部从南部进攻。苏波合成军 4 个师进攻北部。同时，苏军对北约与捷军开始全面电子压制。

21 日拂晓，苏军占领布拉格，逮捕杜布切克。在进攻开始 6 小时后，苏军控制了捷克全境。几十万捷军被全部缴械，北约也没来得及做出任何反应。

这是苏军一次典型方面军群进攻战役。西方向主攻，西南方向配合，共动用4个方面军、1个坦克集团军、4个诸兵种合成集团军，26个师，约30万人。但由于进攻过快，两个战略方向的后备坦克集团军群均未出动，只动用了各集团军、师、团的直属坦克，共有9000余辆坦克和8000余辆装甲运输车。

布拉格之春是一次有重大意义的国际政治事件，标志着华约内部的裂痕已经渐渐显现，可视为东欧剧变的前奏与导火索。

🕊️ 越南战争

第二次世界大战后，越南、老挝、柬埔寨人民经过武装斗争和起义，先后取得了独立。1945年9月2日，胡志明在越南北方的河内以临时政府的名义宣告越南民主共和国成立，并积极采取行动恢复越南的统一。与此同时，在越南南方，一直坚持反共的吴庭艳，于1955年10月在美国的支持下，在西贡成立新的政府。

1961年5月，为防止吴庭艳政权垮台，美国派遣100名代号为"绿色贝雷帽"的所谓"特种部队"进入南越。1962年2月8日，美国在西贡设立了由保罗·哈金斯将军指挥的军事司令部，标志着美国开始直接介入越南战争。

1963年11月1日，美国在南越策动军事政变，杀了吴庭艳，换上了新的傀儡杨文明，并积极寻找扩大战争的借口。1964年8月4日，美国政府宣称，美国驱逐舰"马多克斯"号和"滕纳·乔埃"号在东京湾（即北部湾）离最近的陆地大约65海里处的公海上进行巡逻时，遭到数目不定的北越鱼雷艇的袭击。美国借此开始推行"饱和轰炸"和"焦土政策"，大规模轰炸越南北方。与此同时，美国不断增兵，到1967年，在越南的美军人数超过50万。

1968 年 1 月底，北越发动了规模空前的"新春攻势"。超过 8 万北越军队和越共游击队对南越几乎所有的大小城市发起了进攻，其规模和惨烈程度令美国人大为震惊：无数的军事设施和政府建筑被破坏；战斗最激烈的旧京顺化几乎全毁；美军溪山基地被围困 76 天，因为破坏太严重，解围后不得不放弃使用。

由于南方人民武装的坚决抵抗和越南军民团结一致，美国在越南耗费了巨大人力物力却没有取得预想效果，遭致国内外一致反对。越战期间，美国向越南投下了 800 万吨炸弹，远超过第二次世界大战各战场投弹量的总和，美国自己损失惨重，5.6 万余人丧生，30 多万人受伤，耗资 4000 多亿美元。美国经济出现大幅度滑坡，美元霸主地位遭到沉重打击，并出现了巨额财政赤字。1973 年 1 月 27 日，美国经过长期谈判，与越南民主共和国在关于越南问题的《巴黎协定》上签字，宣告美国在越南军事行动的失败。

越战彻底改变了美、苏两霸争夺的格局和冷战的态势：整个 20 世纪 70 年代，美国转为战略收缩，而苏联则处于战略攻势地位。面对苏联咄咄逼人的进攻，美国只有更积极地同中国等其他国家合作。

🕊东、西两德统一

自 1945 年之后，德国一直处于分裂的状况，德意志民主共和国（东德）实行的政策严格控制两德之间的人员流动。1989 年 3 月 28 日，民主德国开始实施新的边境管理条例，放宽了对公民出境的管制，从而直接引发了一定规模的逃亡潮，在此后的不到一年间，约有十余万东德公民通过各种途径辗转移民西欧。1989 年 9 月，东德进一步放宽边境管理，西德公民甚至可以在东德的领土过夜。更宽松的边境管理反而进一步激起了东德公民的抗议浪潮，在莱比锡等城市持续爆发群众集会和游行，要求东德当局发扬民主，实行改革，改善供应和服务，开放出国旅行、放宽对新闻媒介的限制。

10 月，在民主德国的四十周年国庆活动中，来访的苏联领导人戈尔巴乔夫公开要求民主德国领导人改变态度，实行改革，促使局势进一步紧张。东德各大城市包括莱比锡、德累斯顿、波茨坦、马格德堡、耶拿等地爆发不同规模的抗议示威，在首都柏林国庆庆典会场附近，七千余名市民聚集抗议，并与警察爆发了冲突，数百人被捕。不久，执政十八年之久的昂纳克被迫辞职，克伦茨成为总书记，接着又成为国务委员会主席和国防委员会主席。

新领导人的上台，并不能平息民众的抗议。在强大的压力下，11 月 7 日，民主德国政府集体辞职；11 月 8 日德国统一社会党政治局集体辞职，同日选出以克伦茨为首的新政治局。无奈之下，东德政府在 11 月 9 日做出决定，开放东、西德之间的全部边境，并实施拆除柏林墙。两天之内，从民德涌向西柏林和联邦德国的人数超过 400 万人次；两周之内，民德政府签发了 1000 万张出境签证，而当时民德全国的总人口不过 1670 万人。

十天后，成立了以德国统一社会党为主的五党联合政府。新政府呼吁全国团结，但局势仍然动荡不已。在反对派的压力下，最高检察长决定对昂纳克的"滥用职权和贪污腐化"的罪行进行调查，并公布了调查结果，人民对党的领导人更加不满，各地示威活动又起高潮。不久，以克伦茨为首的中央委员会和政治局集体辞职。在这种情况下，联邦德国总理科尔抓住时机，在 11 月 28 日提出了关于德国统一的"十点计划"，被民德方面拒绝。但是，在民德国内，社会经济形势日益恶化，人民要求统一的呼声越来越高。12 月，德国统一社会党改名，新党的党章中取消了关于党是工人阶级先锋队和党对社会的领导作用以及党的民主集中制原则等关键性内容。

为了结束国内的混乱局面，在征得戈尔巴乔夫同意后，民德领导人提出了德国统一的方案。苏、美、英、法四大国也意识到德国统一是大势所趋，2月，四国外长同两德外长在渥太华开会，定下了德国统一的基调，即所谓"2＋4"方案。1990年3月，民德举行大选，得到西德政府支持的以基督教民主联盟为主体的德国联盟获胜，组成民德大联合政府，基民盟主席德梅齐埃任总理，由德国统一社会党改名的"民主社会主义党"被排斥在政府之外。两德统一的步伐加快。7月1日，两德统一使用西德马克，东德马克停止流通。次日，拆除柏林墙。8月底，两德统一条约在柏林签字，民德正式解体，原民德被划分为五个州；10月3日，这五个州集体加入联邦德国。统一后的德国使用西德的国名、国旗、国歌和国徽，首都设在柏林，联邦德国的基本法为全德宪法，西德的所有国内法和所签订的全部双边和多边国际条约、协定以及欧共体的有关法律和条约，从统一之日起都自动延伸到前民德地区。

自此，在经过四十五年的分裂之后，德国终于实现了统一。

尼克松访华

1971年4月21日，中国政府就美方提出双方举行高层对话的建议给美国政府一个答复："要从根本上恢复中美关系，必须从中国的台湾和台湾海峡地区撤走美国一切武装力量。而解决这一关键问题，只有通过两国高级负责人直接商谈才能找到办法。因此，中国政府重申，愿意公开接待美国特使如基辛格博士，或美国国务卿甚至美国总统本人来北京直接交谈。"

尼克松总统于同年5月中答复说，为解决两国之间的分歧问题，并由于对两国关系的重视，他准备在北京同中华人民共和国诸位领导人进行直接交谈，并建议由基辛格赴华与中国高级官员举行一次秘密的预备会议。中国同意这一建议。

1971 年 7 月 9 ~ 11 日，基辛格秘密访华。中美双方讨论了国际形势及中美关系问题，并就尼克松访华一事达成协议，7 月 16 日发表了《公告》。公告说："获悉，尼克松总统曾表示希望访问中华人民共和国，周恩来总理代表中华人民共和国政府邀请尼克松总统于 1972 年 5 月以前的适当时间访问中国。尼克松总统愉快地接受了这一邀请。"

1972 年 2 月 21 日，尼克松一行抵达北京，对中国进行为期七天的历史性访问。访问期间，尼克松总统会见了毛泽东主席，同周恩来总理进行了会谈。双方就国际形势和中美关系交换了意见，着重讨论了印支问题和台湾问题。

1972 年 2 月 28 日，中美双方经过反复磋商，在上海发表了《联合公报》（又称《上海公报》）。中美《联合公报》的发表标志着中美两国关系正常化的开始，为以后中美关系的进一步改善和发展打下了基础。

🕊 海湾战争

1990 年 7 月中旬，由于石油政策、领土纠纷、债务等问题，伊拉克与科威特和阿拉伯联合酋长国之间的争端突然公开化。8 月初，伊拉克出兵侵占了科威特，并将科威特划归其第 19 个省。这次入侵，引发了海湾危机，成为海湾战争的直接导火索。

对于伊拉克的侵略行为，国际社会立即做出了强烈反应，要求伊拉克从科威特无条件撤军。经过五个半月紧张的军事调遣、部署和对峙以及频繁的外交斡旋，问题依然没有得到解决。最后，联合国安理会通过 678 号决议，授权联合国成员国在伊拉克于 1991 年 1 月 15 日之前仍拒不执行有关决议的情况下，使用一切必要手段，维护、执行有关决议，恢复海湾地区的和平与安全。然而，伊拉克仍表示拒绝接受决议。

1991 年 1 月 17 日，巴格达时间 2 时 40 分左右，以美国为首的多国部队向伊拉克发起了代号为"沙漠风暴"的大规模空袭，以执行联合国决议，海湾战争由此爆发。首先由停泊在海湾水域的美国"密苏里"号和"威斯康星"号战列舰向伊拉克的防空阵地和雷达基地等目标发射了一百多枚"战斧"式巡航导弹，随即从沙特、巴林等国的空军基地和停泊在海湾的美国航空母舰上出动了数百架轰炸机，对伊拉克境内的军事目标进行了轮番轰炸。此后，法国、意大利、荷兰等国的飞机也参加了战斗。到 2 月中旬，以美国为首的多国部队共出动作战飞机 7.6 万架次，从海上发射"战斧"式巡航导弹 280 余枚，严重打击了伊军的士气，并使伊拉克处于瘫痪状态。

在伊拉克再次拒绝接受安理会决议的情况下，2 月 24 日 2 时，多国部队在海空攻势配合下，向伊拉克发动了代号为"沙漠军刀"的大规模地面进攻。以美军为中坚的进攻分 4 路把侵科伊军包围在科威特境内，并切断了伊拉克共和国卫队与后方的联系。溃退的伊军只进行了"轻微的抵抗"，而后点燃了科威特近 600 口油井。与此同时，伊拉克首都巴格达遭到自海湾开战以来最猛烈的连日空袭。

迫于多国部队的军事压力，2 月 28 日伊拉克重新回到谈判桌上来，宣布无条件从科威特撤军，放弃对科威特的领土要求，同意向科威特支付战争赔款。4 月 11 日，驻海湾美军司令施瓦茨科普夫将军宣布海湾战争停火正式开始生效，一场第二次世界大战以来规模最大的战争由此宣告结束。

🕊 苏联解体

1985 年，戈尔巴乔夫当选为苏共中央总书记。他上台之初，把注意力集中在经济领域的改革上，困难重重，无法打开局面；从 1988 年起，转而进行政治改革。

在政治改革中戈尔巴乔夫对斯大林的全盘否定和苛刻谴责，造成了否定革命历史、丑化共产党和社会主义的严重后果，引起了人们的思想混乱。1990年，苏联局势更加动荡，苏联的国民经济开始大滑坡，潜伏已久的民族矛盾像火山一样爆发出来，民族分离活动愈演愈烈。

在政治改革过程中，一些加盟共和国的分离倾向日益严重。1989年，立陶宛、拉脱维亚、爱沙尼亚和乌克兰等国都有民族分离的活动。1990年，立陶宛率先宣布脱离苏联。接着，俄罗斯带头发表"主权宣言"，其他九个加盟共和国也相继发表"主权宣言"，宣布本国是主权国家，本国的法律高于全苏法律；全苏的法律只有在不违背共和国法律或经共和国最高苏维埃批准才具有合法性。

1991年，苏联就是否保留苏联举行全民公决，大部分公民表示赞同保留联盟和原国名。此后，戈尔巴乔夫与原联盟一些共和国领导人，就签订新的联盟条约进行磋商。8月，《苏维埃主权共和国联盟条约》公布。条约将苏联改名为苏维埃主权共和国联盟，并把它变成一个松散的邦联。这激起了党内一些高级干部的强烈不满，党内外的斗争急剧尖锐化。就在条约即将签署的时候，爆发了党内一些高级干部企图控制局势的"八一九"事件。

8月19日凌展，塔斯社发表了一条令人震惊的消息：苏联副总统亚纳耶夫宣布，鉴于总统戈尔巴乔夫健康状况欠佳，即日起由他本人履行总统职务。同时宣布成立国家紧急状态委员会，实行紧急状态。委员会发表《告苏联人民书》，称戈尔巴乔夫倡导的改革已"进入死胡同"，国家"面临致命的危险"，军队随即开进了莫斯科。

苏联紧急状态委员会的行动遭到了俄罗斯总统叶利钦等人的抵制，形成了军队同叶利钦支持者在俄联邦苏维埃大厦附近对峙的局面。美国总统布什发表声明，不承认紧急状态委员会，要求恢复戈尔巴乔夫的权力。各加盟共和国领导人纷纷声明支持叶利钦，军队也开始分裂。后来，叶利钦声明接管俄罗斯境内的全部苏军，命令所有部队返回原驻地，不要参与政变，控制了局势。局势变得对紧急状态委员会不利。21日晚上，戈尔巴乔夫声明他开始"完全控制局势"。为期三天的"八一九"事件结束。

"八一九"事件改变了苏联国内政治力量的对比。叶利钦及其支持者迅速掌握了国家大权。苏联共产党被排挤出政权，国家政权性质发生了根本的变化。各共和国分离势力急剧增长，纷纷宣布独立。仍试图维持联盟的戈尔巴乔夫与各共和国领导人多次磋商，均未成功。12月8日，俄罗斯、乌克兰、白俄罗斯三国领导人在明斯克签署协定，宣布成立独立国家联合体。此后，俄罗斯等11国领导人在哈萨克首都阿拉木图签署《阿拉木图宣言》，独立国家联合体扩大到苏联绝大部分加盟共和国。"独联体"是国家的联合组织，而不是一个国家。自此，苏联完全解体。

🕊亚洲金融风暴

1997年6月，一场金融危机在亚洲爆发，这场危机的发展过程十分复杂。到1998年年底，大体上可以分为三个阶段：1997年6月至12月；1998年1月至1998年7月；1998年7月到年底。

1997年7月2日，泰国宣布放弃固定汇率制，实行浮动汇率制，由此引发了这场遍及东南亚的金融风暴。在泰铢波动的影响下，菲律宾比索、印度尼西亚盾、马来西亚林吉特相继成为国际炒家的攻击对象。印度尼西亚虽是受影响最晚的国家，但受到的冲击最为严重。10月下旬，国际炒家移师国际金融中心香港，矛头直指香港联系汇率制。当时，台湾当局突然弃守新台币汇率，一天贬值3.46%，加大了对港币和香港股市的压力。10月23日，香港恒生指数大跌1211.47点；28日，下跌1621.80点，跌破9000点大关。面对国际金融炒家的猛烈进攻，香港特别行政区政府重申不会改变现行汇率制度，恒生指数上扬，再上万点大关。接着，又波及韩国、日本，于是东南亚金融风暴演变为亚洲金融危机。

1998年初，印度尼西亚金融风暴再起，面对有史以来最严重的经济衰退。受其影响，东南亚汇市再起波澜，新元、马币、泰铢、菲律宾比索等纷纷下跌。

1998年8月初，乘美国股市动荡、日元汇率持续下跌之际，国际炒家对香港发动新一轮进攻，恒生指数一直跌至6600多点。香港特别行政区政府予以回击，金融管理局动用外汇基金进入股市和期货市场，吸纳国际炒家抛售的港币，将汇市稳定在7.75港元兑换1美元的水平上。经过近一个月的苦斗，使国际炒家损失惨重，无法再次实现把香港作为"超级提款机"的企图。1999年，金融危机结束。

发生在1997～1998年的亚洲金融危机，是继30年代大危机之后，对世界经济有深远影响的又一重大事件。这次金融危机反映了世界和各国的金融体系存在着严重缺陷，包括许多被人们认为是经过历史发展选择的比较成熟的金融体制和经济运行方式，在这次金融危机中都暴露出许许多多的问题，需要进行反思。这次金融危机给我们提出了许多新的课题，提出了要建立新的金融法则和组织形式的问题。从这个意义上来说，这次金融危机也算有积极的一面。它为推动亚洲发展中国家深化改革，调整产业结构，健全宏观管理提供了一个契机。

🕊 科索沃战争

科索沃本是塞尔维亚共和国内的一个自治省，但这个地区始终存在着要求更高程度民族自治的潮流。90年代后，阿尔巴尼亚族的民族主义运动高涨，并于1992年5月自行组成议会和行政机构，还选举民主联盟领导人鲁戈瓦为"科索沃共和国"总统，形成了与塞族政权并行的另一个政权。1996 年，阿族激进分子成立武装组织"科索沃解放军"，开始了运用暴力手段的分离运动。

面对阿族人的反抗，以米洛舍维奇为首的南联盟和塞尔维亚当局采取强硬镇压措施，派遣大批塞族军队和警察部队进驻科索沃，试图消灭"科索沃解放军"。

科索沃危机的发展使代顿协议后力图控制巴尔干局势的美国等西方国家感到不安，从 1998 年底起，以美国为首的北约开始介入科索沃危机，北约与南联盟的矛盾逐渐成为主要矛盾。

1999 年 2 月 6 日，在美国和北约的压力下，塞尔维亚和科索沃阿族代表在巴黎附近的朗布依埃举行和平谈判，谈判的基础是美国特使希尔草拟的方案。该方案的主要内容是：尊重南联盟的领土完整，科索沃享有高度自治，南联盟军队撤出科索沃，"科索沃解放军"解除武装，按当地居民人口比例组成新的警察部队维持治安，北约向科索沃派遣多国部队保障协议实施。

但双方对这个方案都难以接受，阿族坚持要最终走向独立，并且不愿解除武装，南联盟则不同意科索沃获得自治共和国的地位，亦反对北约部队进驻科索沃。但是，主持谈判的美国和北约表示，这个方案的 80% 内容不许改变，必须接受，否则拒绝的一方将受到惩罚，其中对南联盟而言将遭到北约的军事打击。在谈判陷入僵局后曾一度休会，3 月 15 日复会，阿族代表于 18 日签署了协议，但塞尔维亚方面仍然拒绝签字。3 月 19 日，北约向南联盟发出最后通牒。3 月 24 日，北约发动了对南联盟的空中打击，科索沃战争爆发。

与海湾战争不同，北约这次战争行动没有得到联合国安理会的授权，违反了《联合国宪章》，在国际关系史上开创了一个危险的先例，因此受到世界舆论的广泛批评。

美国为首的北约凭借占绝对优势的空中力量和高技术武器，以大规模空袭为作战方式,对南联盟的军事目标和基础设施进行了连续78天的轰炸,给南联盟造成了重大财产损失和环境破坏,也造成了许多无辜平民（包括阿族难民）的伤亡。5月8日,北约战机用导弹袭击了中国驻南联盟大使馆,导致3人死亡、多人受伤和馆舍的毁坏,制造了世界外交史上罕见的重大事件,严重侵犯了中国的主权,激起了中国人民的极大愤慨。

在北约空袭的巨大压力下,经过俄罗斯、芬兰等国的斡旋调停,南联盟最终软化了立场。6月9日,北约代表和塞尔维亚代表在马其顿签署了关于南联盟军队撤出科索沃的具体安排协议,南联盟军队随即开始撤离科索沃。6月10日,北约正式宣布暂停对南联盟的空袭。同一天,联合国安理会以14票赞成、1票（中国）弃权通过了关于政治解决科索沃问题的决议。历时两个半月的科索沃战争至此落下帷幕。

🕊 美国 9·11 事件

2001年9月11日,19名恐怖分子劫持了美国4架民航客机,并对美国的几个标志性建筑发动恐怖袭击,制造了震惊世界的"9·11"事件。

9月11日上午,四架美国国内民航航班几乎被同时劫持,其中两架撞击位于纽约曼哈顿的世界贸易中心,一架袭击了首都华盛顿美国国防部所在地五角大楼。而第四架被劫持飞机在宾夕法尼亚州坠毁。

纽约世界贸易中心的两幢110层摩天大楼在遭到攻击后相继倒塌,除此之外,世贸中心附近5幢建筑物也受震而坍塌损毁;五角大楼遭到局部破坏,部分结构坍塌;袭击事件令曼哈顿岛上空布满尘烟。

在9·11事件中共有2998人遇难,其中2974人被官方证实死亡,另外还有24人下落不明。遇难人员名单中包括:四架飞机上的全部乘客共246人,世贸中心2603人,五角大楼125人。共有411名救援人员在此事件中殉职。

2001 年 9 月 11 日当天的恐怖袭击对美国及全球产生巨大的影响。这次事件是继第二次世界大战期间珍珠港事件后，历史上第二次对美国造成重大伤亡的袭击。这次事件是人类历史上迄今为止最严重的恐怖袭击事件。美国政府对此次事件的谴责和立场也受到大多数国家同情与支持；全球各地在事件后都有各种悼念活动，事发现场的清理工作持续到次年年中。

9·11 事件发生后，美国以保障国家安全为由，实行先发制人战略，在全球范围内发动"反恐战争"。由于美国认定本·拉登藏匿在阿富汗并受到塔利班庇护，2001 年 10 月 7 日，美国开始对阿富汗实施大规模的军事打击。在不到两个月内，美国推翻了阿富汗塔利班政权。此后，美国派大量兵力，利用高科技手段搜捕本·拉登，但未抓获其人，直到 2011 年 5 月 1 日，美国政府才宣布在巴基斯坦击毙本·拉登。

2003 年 3 月 20 日，美国又以伊拉克拥有大规模杀伤性武器及与本·拉登相勾结为借口，发动伊拉克战争。虽然萨达姆政权被推翻，但美国对伊发动战争的理由，至今查无实据。

伊拉克战争

9·11 事件后，美以反恐怖为名，通过阿富汗战争实现了首次进驻中亚，增加了对南亚局势的影响力。同时，美国把伊拉克列入"邪恶轴心国"，把它看作继阿富汗塔利班和基地组织后全球反恐的战争的打击对象。

2002 年下半年，美国以伊拉克支持恐怖主义、研发大规模杀伤性武器，对美在中东的利益构成了"潜在威胁"作为理由，并称美国掌握了伊拥有大规模杀伤性武器的确凿证据，对伊政权一再隐瞒事实、欺骗国际社会的行为已经失去了耐心，公开表示将以武力推翻萨达姆政权，并随之在海湾集结了大量兵力。

2003 年 3 月 20 日，美国以伊拉克隐藏有大规模杀伤性武器并暗中支持恐怖分子为借口，绕开联合国安理会，公然单方面决定对伊拉克实施大规模军事打击。伊拉克战争是一场引发争议，遭到世界大多数国家与民众质疑和反对的战争。

一开始，美英联军发动代号为"斩首行动"和"震慑"行动的大规模空袭和地面攻势，先后向巴格达、巴士拉、纳杰夫、摩苏尔、基尔库克、乌姆盖斯尔等十余座城市和港口投掷了各类精确制导炸弹 2000 多枚，其中战斧巡航导弹 500 枚。由于供给线太长和伊拉克方面的抵抗，美英联军"速战速决"的目标未能实现，地面进攻曾一度受阻。随后，美英联军凭借空中优势和机械化部队，兵分几路发起强大攻势，先后攻陷伊南部巴士拉等重要城市和战略要地，并对巴格达形成合围，从而使战事呈现一边倒的态势。

战争爆发大约三个星期之后，美军顺利进入巴格达市区，途中并没有遇到任何顽强抵抗。伊拉克官员则突然消失，去向不明，大批伊拉克军队向美军投降。4 月 9 日，美军入侵巴格达，萨达姆政权垮台。4 月 15 日，美国宣布伊拉克战争的主要军事行动已结束，联军"已控制了伊拉克全境"。

伊拉克战争摧毁了萨达姆的专制统治，但也给这个国家的人民带来了人民带来了深重的灾难。战后的伊拉克满目疮痍，暴力袭击事件不断，安全局势动荡不安，美军鼓吹的建立自由民主的伊拉克的目标并没有实现，伊拉克人逐渐由战前支持美军到战后的反美。

和平与发展

第二次世界大战后，世界出现的第三次科学技术革命（新科技革命），深刻地改变了当今经济社会生活和世界面貌。新科技革命引起的经济全球化发展，使世界各国的生产、流通、投资等日益联结为一个整体，各国经济发展只有在相互依存、相互渗透的条件下才能真正实现。同时，各国之间又充满了矛盾和激烈竞争，而矛盾和竞争的核心是经济问题，或者说是发展问题。新科技革命和世界经济的发展，使世界政治格局也发生了重大变动。世界多极化的趋势逐渐显现，国际形势总体上出现了相对和平的发展趋势。尽管世界并不太平，局部地区的战争仍有发生，但制止战争的因素也在逐步增长，在较长时期内不发生大规模的世界大战是有可能的。总而言之，世界要和平，人民要合作，国家要发展，社会要进步，成为时代的潮流。

美国是当今世界唯一的超级大国，但一家独霸世界力不从心；欧洲联盟的建立，加快了经济和政治一体化进程，成为国际经济、政治中一支举足轻重的力量；日本正在积极努力，争取由经济大国向政治大国迈进；俄罗斯现有的实力，决定它仍会在国际舞台上发挥重要作用；中国改革开放以来，国际地位不断提高，国际影响不可低估；发展中国家的崛起，必将在世界事务中发挥愈来愈大的作用。

不过，世界和平与发展也遇到一些挑战。一些西方国家坚持要把它们的政治经济制度和价值观强加于别国；冷战时期形成的军事集团正在进一步扩大，并公然违背国际公约，悍然武装干涉他国内政；不公正、不合理的国际经济旧秩序还在损害着发展中国家的利益；贫富差距不断扩大；利用"人权"等问题干涉他国内政的现象还很严重；因民族、宗教、领土等因素而导致的局部冲突和战争时起时伏，世界仍不安宁。由于霸权主义、强权政治等因素作祟，世界和平与发展这两大问题，至今一个也没解决。因此，世界各国人民反对霸权主义和强权政治，维护世界和平的任务仍然十分艰巨。